2년 안에 반드시 오른다!
지방 아파트 소액 투자 비법

이메일 vegabooks@naver.com   **홈페이지** www.vegabooks.co.kr
블로그 http://blog.naver.com/vegabooks
인스타그램 @vegabooks   **페이스북** @VegaBooksCo

2년 안에 반드시 오른다!

지방 아파트 소액 투자 비법

1000만 원으로 시작하는 건희아빠의 부동산 실전 매뉴얼

건희아빠(김용성) 지음

베가북스
VegaBooks

건희에게 지방 부동산을 알려줘!

경제교육에 대해 어떻게 생각하시나요? 건희아빠 블로그(blog.naver. com/kim15888)를 즐겨 찾는 독자님들이라면 잘 아시겠지만, 저는 모든 이에게 경제교육이야말로 아주 중요한 일상의 필수 덕목이라 생각하고 있습니다. 독자님께서 지금 제 책을 힘겹게 구입해 이 글을 읽고 계시는 이유도 경제 문제 때문이 아닐까요?

아쉽고 안타깝지만, 주변엔 '경제적 자유'를 누리지 못하는 분들이 대부분입니다. 경제적 자유가 없으니 늘 시간이 모자라고, 매일매일 다람쥐 쳇바퀴 돌아가는 듯한 삶에 힘겨워 다른 방편을 찾고자 주변을 둘러보다가 마침내 이 책을 펼치고 계시는 것이리라 짐작합니다.

왜일까요? 그 누군가처럼 경제적 자유를 움켜쥐지 못한 것은!

아마도 독자님께선 어렸을 때부터 경제교육을 체계적으로 받지 못했을 가능성이 큽니다. 저도 그랬으니까요. 그렇다고 우리의 부모 세대를 원망하자는 것은 아닙니다. 그때는 그때 나름대로 다른 경제가치가 있었고, 그것만 해도 먹고 살기에 부족하지 않던 시절이었을 것입니다. 하지만 우리 세대는, 그리고 다음 세대도 같을까요?

그래서 저는 아이 때부터 경제교육이 필요하다고 강조합니다. 학교에서 가르쳐주지 않는 실제 경제교육과 사업, 그리고 재테크 상식을 물려주는 것이 현명한 부모라고 믿고 있습니다. 저는 종종 부동산에 가거나 모델하우스를 방문할 때 큰아이 건희를 데리고 갑니다. 그냥 함께 가는 것이죠. 맛있는 것 사준다고 꼬시거나 용돈을 주겠다며 유혹하고, 더러는 학원 수업에 빠져도 좋다고 협상하기도 합니다.

같이 다니면서 대단한 스킬이나 테크닉을 가르칠 필요는 없습니다. 그냥 이런 시장이 존재하고, 분주하게 움직이고 있다는 사실만을 알려주면 되는 것입니다. 그렇게 이런 시장이 숨 쉬고, 그것이 우리 경제에 제법 도움이 된다는 사실 정도만 자연스레 알려주면 부모의 도리는 다했다(?)고 저는 생각합니다. 거창하게 지분을 태우거나 사전 상속을 하거나 아이 명의로 집을 마련해줄 필요는 없습니다. 내가 언제까지 살지도 모르는 이 세상에서 큰 고기를 낚아주기보다는 고기를 꾸준히 낚는 법을 스스로 자연스럽게 배울 수 있도록 그 환경을 만들어주는 것이 제 역할이 아닐까 합니다.

거창하게 매매와 전세 세팅을 어떻게 하고, 임장을 어떻게 하는지에 대해 시시콜콜 가르칠 필요도 없습니다. 그저 계약할 때 곁에 있으면서 중개사와 법무사, 대출중개인들과 아빠가 하는 말을 듣고만 있어도 훌륭한 공부가 될 것입니다. 가령 저는 원주 이지더원 2차 단지를 줍줍하러(?) 갈 때도 건희와 함께 가서 "미분양 아파트도 이런 식으로 돈이 되더라!" 하고 귀띔했습니다. 아파트 사전점검도 같이 가서 둘러보며 "신축 아파트는 이렇게 생겨 좋겠다"고 다양한 의견을 나누기도 했습니다. 아이는 원주의 한 재건축 아파트를 보러 갔을 때 중개사 사장님에게 용돈을 받더니, 아빠를 좇아가면 용돈도 받는다면서 잘 따라다니더군요.

어느덧 건희는 광주에 내려갈 때마다 서구에 꼭 들러야 한다고 말하곤 합니다. 서구에 계신 중개사님께서 자신을 아주 이뻐하셔서(!) 꼭 들려야 한다고 말이에요. 그게 다 아빠 주머니에서 나오는 건데 말입니다. 그러다가도 가끔 아이가 "아빠, 아까 그 아저씨, 아빠가 누누이 얘기하던 호구라는 거야?"라는 말을 던지면 흠칫 놀라면서도 묘한 만족감에 휩싸이기도 합니다.

이 책은 경제에 대한 인식을 미처 갖추지 못한 이들이 펼치셨으면 좋겠습니다. 경제교육을 마땅히 체계적으로 습득할 수 없었던 우리 시대의 어른과 다음 세대의 아이들이 함께 읽어도 좋을 것입니다. 불황의 시대를 살아가고 있는 우리가 누구나 작은 투자로도 흡족한 경제적 가치를 손에 쥘 수 있는 지방 부동산에 눈을 돌려보시기를, 그리고 그 새로운 시야를 통해 지금껏 잘 몰랐던 경제의 흐름을 분명히 알 수 있다면 저는 그것으로 만족할 수 있을 듯합니다. 글을 엮는 데 도움을 준 아내와 큰아이 건희, 둘째 가인이에게도 고마운 인사를 전하고 싶습니다.

　　감사합니다.

2022년 8월

건희아빠 김용성

| 차례 |

⊙ PART 1 | 직장인은 슬프다

⊙ PART 2 | 지방 아파트 투자의 모든 것

⊙ PART 3 | 강원도 소액 투자

PART 4 | 전라북도 소액 투자

PART 5 | 충청북도 소액 투자

PART 1
직장인은 슬프다

당신도 미래가 불안한가요?

─ 김 과장, 나는 김 과장을 특별히 생각하는데, 김 과장은 나를 그렇게 생각하지 않나 봐?

언젠가 회사에서 퇴근하려는데, 우리 부서 직속 부장님이 커피 한잔 하자며 불러세우곤 했던 말이다. 돌이켜보자면 이야기가 길다. 평범한 직장인이라면 집에 있는 시간보다 회사 사람들과 지내는 시간이 절대적으로 많으니 말이다.

때는 바야흐로 '직딩'에게는 아주 중요한 인사이동 시즌이었다. 나도 이번에 다른 부서로 이동한다고 통보를 받았는데, 다른 부서로 가는 마당에 우리 부장님은 서운한 게 있던 모양이었다. 이런저런 이야기를 해주셨다. 나에 대한 기대치가 참 컸는데 주위에서 들리는 말은 안 좋은 이야기만 있단다. 그 점이 너무 안타깝다고 했다.

그리고는 앞으로 회사 생활하면서 나대지(?) 말고 너무 잘난 체도 하지 말라신다. 내가 지나치게 나서서 나불거렸던 것일까? 아니면 잘난 체해서 찍혔던 것일까…? 예전 같으면, 다시 말해 부동산 관련업에 입성하기 전이이었다면 직속상관에게 저렇듯 한 소리 듣고 나면 인생에서 패배자라도 된 기분에 휩싸였을 것이다. 당연하지 않았을까? 한 세대의 가장으로서 회사는 우리 가족의 젖줄이며, 생명줄인 것을. 며칠 동안 회사에서 잘리는 악몽을 꾸면서 밤잠을 설치는 것이 나와 같은 미생들에겐 당연한 것이다.

에고, 이제 건희아빠는 어쩌지?

나의 롤 모델은?

나에게는 좀 특별한 회사 동기가 있다. 회사에서 항상 밝고 긍정적이며 자신감에 넘치는 동기다. 회의할 때 선배들 앞에서 항상 자신감 있게 자신의 주장을 말할 줄 알고, 주변엔 언제나 사람이 많다. 다들 그런 동기를 좋아한다.

나 또한 그 동기가 싫지 않았지만, 사실은 조금 꼬운(?) 점도 있었다. 일단 우리 시대의 기업에서 직장 상사는 군대의 고참에 해당한다. 상명하복이 절대적인 데다 고지식하고 경직된 조직 분위기를 가지고 있다. 이런 조직에서도 동기는 언제나 자신의 의사를 드러내며, 할 말을 할 줄 알았다. 나라면 찍소리도 못했을 어려운 자리에서도 그는 맡은 업무를 자기식으로 끌어갈 줄 알았다. 더욱이 그는 눈치마저 빨랐다. 적당히 개

기다가도⁽?⁾ 수위가 넘친다 싶으면 이내 고분고분해지는 것이다! 주위 선배들은 대부분 그 동기를 좋아했다. 사람을 다룰 줄 알고, 주변 사람들에게 긍정적인 영향을 미치기 때문이었다.

어느 날, 그 동기가 나에게 한 가지 제안을 해왔다. 여느 때처럼 사무실에 나와서 시간만 죽이고⁽?⁾ 있는데, "한번 집을 보러 가자"는 것이다. 심심하기도 했고, 이사 갈 때도 되었기에 한번 따라가 보자고 나선 곳이 경기도 일산에 있는 한 부동산이었다.

얼마나 말을 잘하고 설명이 휘황찬란하던지, 나는 그날 한번 부동산을 돌아보고 난 다음에 동기에게 물어보지도 않고 도장을 찍어버렸다. 지금 생각하면 참 아찔하기만 하다. 그렇게 중요한 일을, 그리도 쉽게 결정하고 말았다니! 그런데 이것이 내가 부동산업에 입성하는 직접적 계기가 되었다.

그 이전까지 나의 롤 모델은 회사 선배 가운데 한 분이었다. 성실하고 똑똑하며 나름의 기술을 가지고 계셔서 진급도 빨라, 다른 월급쟁이들에게도 부러움을 사는 선배였다. 하지만 이후 나의 롤 모델은 바뀌었다.

지금 회사를 어떻게 다니고 있는가

내가 어떻게 회사 생활을 했기에 직속상관에게 저런 말을 들어야 했을까?

부동산 투자에 발을 들여놓으면서, 나는 '건희아빠'라는 닉네임(혹은 부캐릭터)을 얻은 것과 동시에 회사에서 내 목소리를 내기 시작했던 것 같다. 회사 일에 쩔쩔매기보다는, 아니 정확히 말해서 끌려다니기보다 나의 할 일을 서둘러 마치고 나서 네이버부동산을 둘러보는 데 집중했다. 그러다 보니 직속상관이 보기에 좀 재수가 없지 않았을까?

어디 그뿐이랴. 나는 본사에서도 사업부서에는 절대 가지 않겠다고 결심했다. 잘 아시겠지만, 대기업이나 공기업 직장인은 속된 말로 본사에 가서 '뺑이를 좀 돌아야' 진급이 빨라진다. 하지만 어느새 진급을 서둘러 하고 싶은 마음도 사라졌다.

부동산 카페에서 '눈팅'하는 것이 재미있고, 부동산 가격을 둘러보는 일이 즐거웠으며, 관련 동호회 자료를 살펴보는 게 정말 좋았다. 어느덧 회사에서 잘리는 악몽 같은 것은 꾸지 않고, 업무 때문에 스트레스도 받지 않았다. 내 미래를 상상하고 실현해 나가는 데 보다 집중하게 된 듯했다.

한때 대한항공 조 아무개 상무의 갑질이 공분을 사던 때가 있었다. 흥미로운 사실은 지금 그 사건을 기억하는 사람은 많지 않다는 것이다. 한 통계에 의하면 직장 상사에게 갑질을 당해본 사람이 97%라고 한다. 건희아빠는 직장 시절 부장님의 갑질에 어떻게 대처했을까? 이제 와 생각해보면 갑질 자체가 없었던 것 같다. 그런 상황을 만들지 않았으니 말이다.

부장님의 시선

짐시 당시의 우리 부상님을 문석해봤다. 동기들보다 일찍 진급하고, 남들보다 오랫동안 사무실에서 일했으며, 늘 한 시간씩 일찍 출근한다. 아직 본인 명의로 된 집이 없고, 평촌에서 전세로 거주 중이다. 본인 말로는 여기저기 투자했다가 한 방에 날아갔단다. 그리고 나를 측은하게 보면서 빨리 부동산에서 손 떼라고 조언해주곤 했다. 작은 성공에 안주하지 말라면서 말이다.

전형적인 샐러리맨의 모습 같다. 정말 열심히 살고 있는 분이다. 회사에서는 엘리트 코스를 밟았다. 그런 그분의 눈에는 건희아빠가 참 얄미웠을 수 있다. 사사건건 목소리를 높이고, 회의 때 말도 안 듣는가 하면, 일을 시켜도 바로 처리하지 않으니 말이다.

나 역시 부장님에게 아쉬운 게 많았다. 기껏 투자를 하고선 왜 일찍 발을 빼셨을까? 지역 분석을 제대로 하셨던 것일까? 입지에 대한 공부는 얼마나 하셨을까? 부장님에게도 멘토가 있었을까? 지금은… 왜 자신이 한 방에 날아갔는지 깨달으셨을까?

그렇다면 당신의 롤 모델은!

다시 처음으로 돌아가 보자. 그 특별했던 동기는 지금도 선배들과 잘 어울리며 회사에 잘 다니고 있다. 그 동기는 이전부터 일찍이 부동산 투자에 눈을 떠서 여러 방면에 투자하고 있었다고 한다. 그렇게 자신의 위치를 찾아가며 자존감을 높이고, 사회 생활에도 자신감을 붙였던 것이 아닐까? 반면 부장님은 그동안 회사라는 테두리가 제공하는 안락함과 월급에 자신의 인생을 막연히 맡기고 있었는지 모른다.

그럼 당신의 주위에 있는 사람 가운데 어느 누가 롤 모델이 될 수 있다고 생각하는가? 나이는 어리지만 당당한 후배 사원, 아니면 화려한 업무 경력과 높은 직급을 가진 부장님 가운데 누구? 스스로에게 질문을 던져보면 좋을 듯하다.

②

퇴직 후에도
존경받을 수 있을까?

나도 얼마 전까지는 직장인이었다. 정년까지 별다른 걱정 없이 회사에 다니면서 평온하고 자연스러운 인생을 살고 있었다. 이전에 다니던 회사에서는 그래도 회사 선배가 정년퇴직을 하면, 하청업체나 협력업체로 이직을 하거나 퇴직 후에도 회사 일을 이어가는 경우가 많았다. 정년이 60세이니 한창 일할 나이에 나가서 할 일이 없는 것도 좋은 상황은 아닐 것이므로 이해가 갔다. 그런데 이게 좀 문제가 있는 듯했다.

일단 정년을 채우면 부장이나 처장 같은 직책의 감투(?)를 쓰고 진두지휘를 하다가 퇴사하는 경우가 많은데, 다시금 회사 업무와 관련된 허드렛일을 하려니 성에 차지가 않는 것이다. 게다가 자신이 데리고 있던 부하 직원들과 일하려니 컨트롤도 어렵다. 일이 잘 풀리지 않는 것 같으면 상관에게 전화해서 갑질(?)을 하기도 하는 것이다. 일부 퇴직자의 이야기지만, 좀 고민해볼 문제라고 생각한다. 전관예우는 우리에게도 해당할 수 있을까?

여기저기서 전관예우라는 말이 종종 등장한다. 찾아보면 전관예우라는 말은 어떤 조직에서 잘 나가던 최고참이 회사 퇴직 후에도 후배들에게 영향력을 행사한다는 의미로 쓰인다. 다들 잘 알고 있는 상황일 테니 시시콜콜한 설명은 보태지 않아도 될 것이다.

그런데 말입니다.

모든 퇴직자가 전관예우를 받을 만한 가치를 가지고 있을까? 물론 퇴직 시의 자리와 처신 등 상황에 따라 달라지겠지만 가장 중요한 것은 어느 조직에 있었느냐 하는 것과 그만한 능력이 뒷받침되느냐 하는 것이 아닐까 싶다. 과연 이러한 전관예우의 상황을 누구나 누릴 수 있을지는 의문이다. 판검사 혹은 대기업의 부사장이 아닌 다음에야 퇴직 후에 그러한 혜택을 얻기란 불가능할 테니 말이다.

당혹스럽던 전관예우

이번에 이야기할 주제는 평범한 회사에서 퇴직한 분들에 해당하는 회고다.

한때 내가 본사에서 대형 프로젝트를 담당하고 있을 때였다. 워낙 큰 프로젝트다 보니 조금 부담스럽게 시작하기는 했지만, 그럭저럭 이끌어가고 있었다. 그러다가 용역 발주가 계약되어서 하청업체를 선정해 프로젝트를 이어가게 되었다. 설계 일이었는데, 법적으로 얼마 가량은 도급으로 넘길 수 있었다.

도급업체가 정해지고, 계약이 체결되어 첫 미팅을 하는 날이었다. 나도 어떤 사람이 올지 무척 궁금했다. 한창 더울 때 첫 미팅이 잡혔는데, 팀장님께서 회의를 마친 후 서로 인사를 나누라고 권했다. 첫 만남의 자리에서는 거래처 간의 문화가 더욱 중요해지곤 한다. 설계에 대한 회의를 마쳤는데, 웬 어르신(?) 3명이 멀뚱멀뚱 앉아 버티고 있었다. 당연히 인사를 나누러 다가올 줄 알았는데 분위기가 싸늘했다. 누가 먼저 인사를 하러 오는지 서로 눈치를 보고 있던 것이다. 어정쩡하게 있다가 내가 먼저 다가가 인사를 건넸다.

— 어, 그래. 반갑다… 너, 나 알지?

첫마디가 반말이었다. 이게 무슨 상황일까. 발주처 담당자를 만나러 온 용역업체 관계자가 갑자기, 그것도 첫 만남에 반말이라니…. 일단 연세가 있으니 그냥 맞춰드렸다.

— 아, 네~ 어디서 뵌 것 같기는 한데요.
— 어, 나 여기 00처장 했었어. 00팀장 하다가~. 000, 000 알지? 내가 걔들 데리고 무슨 무슨 사업 했었는데~ 혹시 알아? 다 내가 데리고 있던 애들이야.

알고 보니 우리 회사 퇴직자들이었다. 까마득한 후배가 발주 담당이라고 앉아 있으니, 인사 올 때까지 버티고 있던 것이었다. 어떻게 외주 업체 입찰 공고가 나는 것을 알고 일찌감치 들어왔던 것 같은데, 말을 이어가기가 어려웠다. 프로젝트가 쉽지 않을 것 같다는 느낌이 밀려들었다.

실력 없는 퇴직자들

첫인상은 그렇다손 치고 넘어갔다. 나이도 나보다 20살은 족히 많으니, 어르신으로 대접해 드리는 게 맞을 것 같았다. 눈치 빠르신 독자님들은 아시겠지만 이런 사람들을 대부분 '바지'라고 부른다. 실무자는 따로 있고, '얼굴마담'만 한다. 대부분은 실무신이 따로 들어와 일을 하는 것이다. 관례적으로 어느 집단이나 이러한 움직임이 존재해서 나는 서둘러 실무진이 오기만을 기다렸다.

그런데 웬걸, 어르신들은 자신들이 실무진이라며 키보드를 잡고 있었다. 미치고 환장할 노릇이었다. 우리 시스템을 잘 꿰고 있다고 생각하지를 않나, 이 큰 사업을 설계 한 번 제대로 안 한 채로 그냥 하겠다는 태도를 보이지 않나…. 어떻게 해야 좋을지 혼란스러웠다.

우선 순발력과 PC 문서 작성 능력이 현저하게 떨어졌다. 아니 작성 능력은 아예 없었다. 지금까지 관리자로 결재만 했지, 직접 문서를 작성하거나 캐드(CAD)로 뭘 만들어본 적이 없었을 것이다. 그들은 기본적인 자료 조사조차 타 부서에 요청해 수집하거나 취합했지, 스스로 해본 적이 없었다.

하염없이 시간은 흐르고

첫 달, 그들의 자신감은 하늘을 찔렀다. 그래도 자신이 왕년에 이곳의 '짱'이었다고 여기저기 관리자들에게 전화를 돌린다. 하지만 현장 관리자들은 한두 번 전화에 응대해주는 척하다가 반복되는 연락에 이리저리 핑계를 대며 멀리하게 마련이다. 이후로는 이리저리 직접 찾아다니며

찝쩍댄다. 하지만 마찬가지로 한두 차례 만나준 다음에는 다들 꺼리기 시작한다. 프로젝트 담당자인 나에게는 일언반구도 하지 않는다. 나는 뭘 한 걸까?

둘째 달, 한때는 어디에 가나 자신들이 왕이었었는데, 이제 아무도 자신들을 만나주지 않는다는 사실을 깨닫고 만다. 계약은 계약이니 이것 저것 제출할 서류들에 대한 마감 일정이 다가오자, 그들은 남 탓을 한다. 탓할 곳을 찾고 찾다 그제야 그들은 나를 찾아왔다.

― 이래저래 이런 것 저런 것 좀 조사해줘 봐요.
― 그런 것 조사하라고 용역 맡긴 겁니다.
― 아, 원래 다 있어. 찾아봐.
― 있겠죠. 그런데 그걸 찾는 게 일이니깐 돈 들여 발주한 거잖아요.
― 아니 좀 알아봐. 문서 처리하면 되잖아.
― 최대한 찾아봐 드릴게요. 그런데 저에게 협조받는 게, 떠넘기는 일 이라는 건 아시죠?

부서장으로 재직했을 때처럼 자료 수집시켜서 취합이나 하면 될 줄 알고 자신 있게 들어왔는데, 지금의 현실은 그게 아니라는 걸 그들도 그 제야 조금씩 느꼈을 것이다. 하지만 본인들이 이런 대형 프로젝트를 수 행할 능력치가 부족하다는 사실을 알아차려야 하는데, 그것이 쉽지 않다.

셋째 달. 안 봐도 뻔하다. 우왕좌왕 그들은 뭘 어쩔 줄을 모른다. 여기 저기 투덜투덜 불평불만만 넘쳐난다. 당연히 일은 뒷전이다. 석 달 동안 아무것도 한 것 없이 그저 허송세월만 지나가고 책임자인 나는 입 안이 바싹바싹 타들어간다. 내부에서는 전임자들에게는 대놓고 말을 못하고, 나에게만 쓴소리를 던진다.

— 프로젝트 잘해라. 노인네들인데, 어떻게 할 거냐?
— 설계하는 건 잘 되고 있냐? 사람 바꿔야 하는 것 아니냐? 그 사람들 회사에 있을 때도 능력 없던 사람들이다.
— 빨리 사람 바꿔서 가라!
— 아니다. 그래도 큰 잘못한 것은 없으니 좀 더 지켜보자….

이제 와 나더러 어쩌라는 것인지, 다들 나만 쳐다본다. 퇴직자들은 그 사람들 자체적으로 '쫄따구'들이 알아서 가져다 바칠 줄 알았는데 적극적으로 협조해주지 않아서 답답하고, 나는 능력 없는 설계사들이 들어와 투덜거리기나 하고 있으니 답답하다. 주변에서는 자기 선배가 들어왔으니 직접 말은 못한 채 힘없는 나한테 압력을 넣는다. 자기한테 전화 오게 만들지 말라고.

모두가 피해자

이쯤 되면 누군가는 나서서 사태를 해결해야 한다. 정해진 기간이 있는데 아무것도 못 하고 서로 불만만 품게 된 것이다. 어쩔 수 없는 상황에서 내 입장은 선택을 강요받게 되었다. 하청업체에게 이리저리 끌려다니는 것도 자존심이 상하고, 선배라고 와서 '알박기' 하고 있는데 봐주는 것도 한계에 이르렀다.

설왕설래하던 어느 날, 결국 감정이 폭발해버리고 말았다. 이럴 때는 나 같은 경매 전문가 출신이 정말 시원하게 잘 뚫고 나가기 마련이다. 무슨 말인가 하면, 경매를 통한 명도(明渡)라는 게 별것 없다. 그저 오늘만 살고, 내일은 생각하지 않으면 되는 것! 한번 결정하면 쉴 새 없이 몰아쳐야 한다. 미리 생각해둔 대로 폭풍처럼 몰아치는 것이다. 일단 퇴직자 3명 가운데 가장 말을 듣지 않던 사람을 잘라버렸다. 일종의 본보기였다. '자른다'는 말보다 프로젝트에서 제외한다는 표현이 맞을 듯하다.

— OO 이사님, 이제 내일부터 나오지 마세요. 집에 가서 쉬시든가, 내근하시든가 앞으로는 나오지 마세요. OO 사업체 가신다면서요. 잠깐 기다리시는 동안 여기서 일하는 거라면서요. 거기 가세요. 여기가 무슨 인력대기소인가요? 앞으로는 이런 자리 나오지 마세요.

다음에 하청업체 대표에게 전화를 걸어서 한바탕 난리를 친다. 이런 경우에는 가장 높은 사람을 치는 것이 효율적이다.

— 지금 석 달이나 지났는데, 아무것도 가져온 게 없습니다. 프로젝트 관리를 하시는 건가요? 능력 없는 사람 박아놓고 잠이 오시던가요? 사람 추가해준다고 해놓고, 왜 아직까지 연락이 없는 건가요? 지금 발주처를 뭘로 보는 겁니까? 지금처럼 사업 관리하시면 우리와 계속 사업하실 수 없습니다. 대표님의 대책은 뭔가요?

이 모든 게 동시다발적으로 이뤄져야 한다. 서로 연계해서 대처하게 만들면 안 된다.

내부적으로는 이러저러한 이유로 프로젝트 인력을 바꾸겠다고 언질만 해놓는다. 지금까지 안 돌아가던 상황을 잘 알고 있으니 팀장님도 그냥 모른 체 할 수밖에 없다. 남아있는 사람들에게는 본인들도 교체될 수 있다는 경고만 주면 된다. 첫 번째 사람처럼 갑질하면 당신도 날려버리겠다는 의지만 드러내는 정도로 말이다. 지금까지 퇴직자 3명을 밀어 넣고 방심하고 있다가 뒤통수를 맞은 용역업체 대표는 이튿날 사람을 한 명 더 투입했다.

누가 승자인가?

그다음부터는 일이 조금씩 돌아간다. 그렇게 목에 철심을 박고 갑질과 왕고집을 부리던 퇴직자들도 그날 이후로는 묵묵히 프로젝트를 수행했다. 물론 업무 능력이 최하위에 가까운 것은 어쩔 수 없다. 갑자기 능력까지 키워줄 수는 없으니 말이다.

결국 그렇게 하나씩 풀어가게 되었다. 그래도 내 페이스에 맞춰 풀어갔으니 다행이라면 다행이었다. 제대로 일할 줄 아는 사람이 붙어주면 좋겠지만, 그렇다고 전원을 교체하는 것은 나로서도 부담스러운 일이었다.

혹시 본인이 검찰과 법관 쪽에서 전관예우를 받을 만한 직종이 아닌, 보통 회사에서 최고참 자리 몇 해 하다가 퇴직해 나오는 상황이라면 본인의 실력부터 키우는 게 현실적이지 않을까 싶다. 당신이 전임자를 보던 눈빛으로 당신의 후임자들이 당신을 바라보고 있을 것이니 말이다. 이것이 우리의 결론이다. 전임자로서 대우받고 싶다면 실력을 키우라는 것. 그런데 그것이 아니라면 전임자로 가지 않도록 나의 노후대비를 위해 열심히 투자하고 재테크에 더욱 '열공'해야 하지 않을까?

자신의 능력도 모르면서 달려들었다가는 남에게 민폐가 되는 동시에 싸바늑한 후배에게 하대받을 수도 있다. 우리의 미래는 우리가 만드는 것이라고들 하지 않던가. 우리의 전관예우는 우리 스스로 만드는 것이다.

이러한 상황을 겪으면서 나도 크게 배운 점이 있다. 좋은 직장, 근사한 직업을 가졌다 하더라도 자신의 실력이 부족하다면 그 어디서도 반기지 않는다는 당연한 사실이다. 물론 나 자신도 그렇게 될 수 있다는 위기의식을 다시 한번 절감하는 계기였다. 퇴직 후의 삶은 그 누구도 책임져주지 않는다. 그래서 더욱 빨리 주도적으로 경제 활동을 해야 하고, 투자의 의미를 이해해야 한다.

3

나는 흙수저,
그렇다면 내 아이는?

이 글을 읽는 독자님 대부분은 흙수저일 가능성이 크다고 생각한다. 왜냐면 아직까지 경제적 자유를 찾지 못하셨으니 소액 투자에 관심을 가지고 이 책을 펼쳤을 가능성이 높기 때문이다. 하지만 반대 관점에서 본다면 자신의 현실에서 열심히 노력하고 생활하는 독자님들이 대부분일 것이다. 자신에게 주어진 삶에서 정말 열심히 살고, 회사에서 밉보이지 않으려 온갖 눈치를 다 보면서 자신의 자리를 지키고 있는 서민들이 '우리'이기 때문이다.

그러나 걱정하지 마시라! 이제야 부동산 투자를 시작했다손 치더라도 10년 안에는 분명히 흙수저에서만큼은 벗어나 적어도 돌수저나 은수저급으로는 성장했을 것이니 말이다. 건희아빠는 믿어 의심치 않는다.

그런데 이렇게 열심히 투자하고 피나게 노력해서 나 자신은 은수저급으로 다시 태어날 수 있겠지만, 과연 우리 아이들은 어떤 수저를 물게 될까. 또 흙수저는 아닐까?

여러분은 자신의 아이에게 재산을 물려줄 생각보다는 아이가 자립적으로 살며 스스로 독립하기를 바라고 있을 가능성이 있다. 본인이 그렇게 힘들게 몸부림치면서 이 사회에 적응하고 투자해 얻은 결과만을 아이에게 넘겨줄 투자자는 없는 것이 당연하다. 과연 우리 아이는 스스로 흙수저에서 벗어날 수 있는 기회가 있을까? 평범한 대학에 입학하고 학과를 졸업한 뒤, 고만고만한 회사에 취직해 다시 나와 같은 시행착오를 겪지는 않을까?

우리는 아이를 좋은 대학에 보내려 노력했다. 덕분에 우리나라는 학군이 성장했고, 우리는 학군이 발달한 그 지역에 진입하기를 원했다. 좋은 학군이 공부하기에 좋은 환경을 제공하고, 훌륭한 입시전략을 만들어주며, 이름난 대학이 우리 아이의 빛나는 인생을 만들어줄 것이라는 장밋빛 전망을 꿈꾸었다. 그런데 학벌 위주의 사회체계에 살며 나 자신조차 뿌리 박힌 맹신에 아무런 의심을 못 했던 것은 아닐까?

언젠가 JTBC 〈썰전〉에서 유시민 작가님이 우리나라 입시 환경의 교육개혁을 비판한 적이 있다. 노동시장의 학벌 우선주의가 결국은 대학 서열화를 조장했고, 대학의 서열화는 입시 위주의 학군 정책이 자리 잡게 된 주요 원인이라는 의견이었는데, 건희아빠는 이 의견에 전적으로 공감한다. 이것이 우리 사회의 현실적 자화상이라고 생각이 들기 때문이다. '에듀푸어 시대'를 겪어가면서 아이를 위해 희생했지만, 정말 올바른 교육관을 가지고 아이들을 이끌고 있는지 잠시 생각해볼 필요가 있지 않을까?

우선 현실은 제대로 들여다봐야 할 필요가 있다.

― 4년제 대학 정규직 취업률 49.2%

2017년에 봤던 통계 가운데 4년제 대학교 졸업자 가운데 평균 정규직 취업률이 절반 정도 된다는 내용이 있었다. 2022년이 되었지만, 비슷한 통계의 내용은 크게 달라지지 않았을 것이다. 하지만 평균의 함정에 빠지면 안 된다. 대학교 졸업자 가운데 2명 중 1명이 비정규직으로 근무하고, 그나마 정규직으로 들어간 이들 가운데 5명 중 2명만이 원하는 직장에 들어가는 현실이라는 사실을 간과해서는 안 된다. 물론 이 역시 시간이 좀 지난 통계이기는 하지만 무시해서는 안 될 사회현상이라고 생각한다.

대졸 취업자 고용지표 변화		
		단위 : %
구분	2006년	2015년
고용률	76.6	72.0
정규직취업률	63.1	52.5
선망직장 취업률	29.1	19.8
월 평균 임금	219만 원	210만 원
주당편균근로시간	45.3시간	44.6시간
만족도	58.8	56.4

출처 : 한국직업능력개발원

평균의 함정에서 벗어나 현실을 직시하면 실제는 1/10 정도로 보는 것이 무난하다고 한다. 그렇다면 나머지 9명은 어떠한 삶을 살고 있을까? 다시 재취업을 위해 취업전선으로 들어갔거나 '취포생'이 되기도 할 것이다.

그렇다고 입시를 포기한 채로 다른 인생을 준비하라고 아이에게 가르쳐야 할까? 대한민국의 현직 엄마아빠들에게 대안이 있을까, 아니 현실적인 대안이 있기나 할까? 어려운 문제지만, 고민하지 않으면 안 될 현실이다.

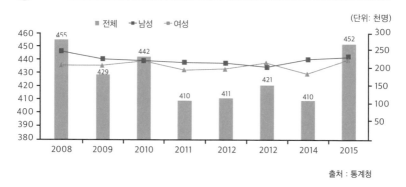

출처 : 통계청

다시 처음으로 돌아가 보자. 여러분이 왜 경제적 자유를 얻기 위해 이토록 힘겹게, 주변의 따가운 시선을 받아가면서 투자자의 길을 걷고 있는 것인가? 내 경험상으로는 독자님들 중에는 고등교육이나 좋은 학벌을 지닌 분도 제법 많을 것이다. 또 학창 시절에 학구파였던 분도 종종 있었을 것이다. 모두 열심히 본연의 역할에 충실히, 또 열심히 노력하며 살아온 분들이라 생각한다. 그렇다면 왜 당신은 아직 흙수저일까?

아마도 당신은 투자에 대한 경제관념이 늦게 성장했거나 인식의 변화가 필요했을지 모른다. 학창 시절부터 경제교육을 충분히 받지 못했을 가능성이 크다. 즉 자신도 모르게 대출은 모두 빚을 지는 것으로 인식해 적대적이었을 것이고, 어려서부터 투자는 투기라는 이분법적인 흑백논리를 주입식으로 공급받았을 수 있다. 그러한 성장이 교육을 통해 본인의 기준이 바뀌어 가는 순간에도 자신도 모르게 투자에 소극적으로 대응하게 만드는 마인드로 작용하지 않았을까? 나 또한 그랬으니까.

우리 아이의 경제교육이 필수적인 이유가 바로 여기에 있다. 내가 이 투자 세계에 입성하고 나서 가장 많이 바뀐 부분이 바로 아이의 교육관이다. 부모가 스스로 투자자로서 성장하는 모습을 보고 자라는 아이들은 자기도 모르는 사이에 경제와 더불어 투자자의 DNA까지 얻을 수 있지 않을까? 그렇다면 아이가 스스로 흙수저에서 빠져나올 수 있는 길을 자립적으로 깨우치고, 경제 DNA를 갖추는 길이 열리지 않을까?

건희아빠가 어린 건희를 현장에 자주 동반해 다니려 노력하는 것은 다 이유가 있었다. 지방의 미분양 모델하우스를 가보고, 부동산에서 계약서를 작성하는 모습과 부동산 사장님과 대화하는 모습을 자연스레 보여 주는 것만으로도 아이는 직·간접적인 경제 공부를 하는 셈이다.

오늘부터라도 아이와 함께 집 근처에 있는 부동산부터 방문해보라. 그냥 가서 안녕한지 인사하고, 이런 시장이 있다는 사실만 알려주면 된다. 그리고 그다음은 아이의 몫으로 남겨두면 되니, 얼마나 가성비 높은 경제교육인가! 아이 입장에서도 학원에서 배우는 입시교육보다 몇 배는 훌륭한 인생 교육이 될 것이라 믿는다.

4

경제교육이 필요해

— 미래를 알고 싶다면, 네 선배를 봐라.

직장인이라면 한 번쯤 들어봤을 이야기다. 내가 지금의 회사에 들어가기 전에 관련된 전공과목을 가르치는 학원에 다녔는데, 어느 강사님께서도 같은 이야기를 해주었다. 내 선배의 모습이 미래의 나의 모습이며, 내 모습이 내 후배의 미래라는 의미다. 당시에는 무슨 말인지 잘 몰랐지만 10년차 '짬밥'을 먹고 나서 부동산 투자의 길에 들어서고 보니 이제야 조금 이해가 되는 것 같다.

어렸을 때부터 우리는 늘 교육을 받으며 성장해왔다. 그 교육은 가정교육이 될 수도, 학교와 학원에서 듣는 수업이거나 과외와 같은 다양한 교육이 될 수도 있다. 분명한 것은 직간접적으로 수많은 교육의 테두리 안에서 우리의 지식과 가치관을 키워왔다는 사실이다. 하지만 그 어디에서도 우리에게 현실적 경제교육을 가르쳐 준 사람은 없었다.

내가 어렸을 때만 해도 부모 세대에게 배운 경제관념은 고작 아래와 같았다.

— 빚은 절대 지면 안 된다. 망하는 지름길이다.
— 근검절약해라. 아껴 쓰고 또 아껴 써라.
— 공부 열심히 해서 좋은 대학 가라.

빚지는 것은 과유불급이니 대출은 꿈도 꾸지 않았을 것이고, 근검절약만 강조하니 저축 이외의 투자를 생각할 수도 없었으며, 공부를 강조하니 학교 입시교육에만 길들여 있던 게 아니었을까? 그렇게 나는 성장하는 동안 그 어디에서도 경제교육을 제대로 받아본 기억이 없다. 그렇다 보니 좋은 직장에 들어간다고 해도 경제관념이 부족해 무엇부터 시작해야 할지 몰랐다. 빚에 대한 강박관념으로 대출을 만드는 것에 대한 거부감도 심했다.

혹시 지금 이 책을 읽는 독자님들 주위에는 부자가 있는지 넌지시 묻고 싶다. 있다면 다행이지만 불행하게도 대다수는 나처럼 경제적으로 엇비슷한 사람들만이 주위에 있을 가능성이 높다. 지금 내가 몸 담고 있는 회사나 지인 주변의 사람들을 살펴도 대부분은 부자가 아니다. 이것은 우리 주위의 사람들 역시 입시 위주의 경쟁만 교육받았을 뿐, 그 어디에서도 경제교육을 습득하지 못했다는 증거인지 모르겠다.

무서운 점은 부의 대물림이 고착되는 이 시대에 가난 또한 대물림되고 있다는 사실이 아닐까? 즉 내가 부자가 아니라면 내 아이도 결국 부자가 되지 못하고 가난을 물려받아야 하는 운명으로 만들어지는 것이 나는 두렵다. 그러니 우리 아이들에게는 어떻게 경제관념을 교육해야 할지 고민해봐야 하는 것이다.

미국의 금융전문가 데이브 램지(Dave Ramsey)는 그의 저서 《내 아이에게 무엇을 물려줄 것인가》(흐름출판)를 통해 부모가 자녀에게 교육해야 할 첫 번째가 '올바른 경제관념'이라고 꼽았다. 실제로 성공한 사람들의 배경에는 조기 경제교육이 자리 잡고 있다고 한다. 종종 영화와 드라마, 혹은 뉴스에서 만나는 재벌 3세는 멍청하거나 일탈을 즐기고, 흥청망청 소비하는 무능력한 모습으로 보이지만, 부를 대물림받은 금수저들이 그렇게 무능력하기만 할까?

젊고 돈 많은 남자 주인공이 가련하고 가난한 여자 주인공과 만나 주위의 반대를 무릅쓰고 결국 결혼한다는 로맨스도 마찬가지다. 일명 '신데렐라 스토리'나 무능한 재벌 3세의 범죄 이야기가 우리를 대리만족시켜 그저 지금의 상황에 안주하게 만드는 것일지도 모른다. "어차피 돈 벌어봤자 애들이 다 말아먹을 거고, 지금의 졸부들도 애들을 망나니로 키우는 꼴이지 뭐…"라는 생각을 계속 반복 학습시키는 게 아닌지 두렵기도 하다. 부자들이 무너지는 과정을 드라마에서 반복적으로 학습하게 하고, 지금의 힘든 현실을 우회적으로 비꼬면서 우리의 관점을 흐리게 하고 있다는 생각이 들곤 한다.

흔히 부동산으로 막대한 부를 축적한 사람들을 '부동산 졸부'라고 부른다. 내가 활동하는 여러 인터넷 카페에는 정말 훌륭한 여러 투자자 선배님들이 존재한다. 그들은 내 자신을 공손하게 만드는 마법을 가지고 계신데, 그 투자 일지를 들여다보면 눈물이 앞을 가리는 사건을 허다하게 겪은 분들이라는 사실을 알 수 있다. 상식적으로 이런 분들까지 졸부라 불러도 괜찮은 것일까?

그들은 아이들을 훈육하는 데도 정말 훌륭하게 키우고 있다는 것을 나는 알 수 있었다. 서울 강남이나 목동에 거주하면서도 거드름을 피우는 법이 없다. 당연히 항상 친절하고 공손하다. 더러는 여전히 콩나물 값도 깎으려 노력하며 근검절약하며 생활한다. 또 아이들과 함께 투자할 매물을 보러 다니고, 같이 토론하기도 한다. 자녀들에게 직간접적으로 투자관념을 심어주려 노력하고, 낭비하지 않는 삶을 살아가는 모습을 스스로 증명한다. 이런 부모를 둔 아이들이 과연 영화 속 재벌 3세처럼 탐욕적으로만 성장할까?

문득 이런 생각이 들기도 한다. 사회를 손쉽게 끌어가기 위해 정치는 물론 교육의 영역에서조차 빈자가 가진 자를 시기하게 하고, 다수인 빈자의 불만을 대리만족시켜 현실이 보이지 않도록 호도하며, 빈자들의 상대적 박탈감을 역이용하려는 건 아니었을까? 인류가 존재한 이래 빈자가 가진 자를 이긴 적은 역사적으로 단 한 번도 없었다고 한다.

왜 그럴까? 가진 자는 항상 옳은 선택만 하기 때문이라는데, 많은 의미를 내포한 말인 듯하다. 왜 가진 자는 옳은 선택을 하는 걸까? 그들에겐 실패의 두려움이 아예 없을까?

그렇다. 옳은 선택을 내리기 위해 수많은 고민과 변수를 체크하며 외로운 투자를 이어 왔기 때문에, 더 신중하게 차곡차곡 노하우를 쌓아왔을 것이다. 그렇다면 이러한 이분법적인 패러다임이 고착화하고, 그 흐름과 격차가 점점 커지는 요즘 같은 현실에서 우리는 어떤 마인드를 가지고, 또 아이들에게 어떤 경제교육을 해야 할까? 한 조사에 따르면 청

소년들이 경제 지식을 습득하는 경로는 대부분 인터넷을 통해서라고
한다.

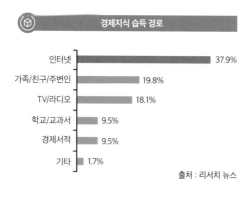

왼쪽 표에서 확인할 수 있듯, 청소년들의 경제 지식 습득 경로는 인터넷 37.9%, 가족/친구 등 주변인 19.8%, TV/라디오 18.1%, 학교/교과서 9.5%, 경제 서적 9.5% 순이었다.

인터넷으로 정보 지식을 찾으니 수동적이었을 것이고, 자신이 알고 싶어하는 키워드만 찾는 방식이었을 것이다. 내가 보기에 우리 시대 아이들조차 학교나 학교 바깥에서 체계적이지 못한 경제교육을 받아왔거나 그 필요성을 아예 느끼지 못하는 경우가 대부분이었다. 그렇다면 제도권 내에서의 경제교육은 잘 되고 있을까?

'학교 경제교육의 문제점'이라는 주제로 조사를 진행한 '사교육걱정없는세상 교육통계(data.noworry.kr)'의 자료를 인용하자면 우리나라 학생 가운데 경제교육의 문제에 있어 학교에서 경제교육을 받은 적이 없다는 응답이 53%로 과반수를 차지했다. 28.8%가 학교에서의 경제교육에 불만족한다고 응답했으며, 학교 경제교육이 가진 문제점에 대해서는 실생활에 도움이 안 됨 25.9%, 주입식 교육 19.8%, 이해하기 어려움 12.1%, 전문교사의 부족 11.2% 순으로 응답률이 높았다. 학교 바깥에서 진행되는 경제교육에 대해서는 74%가 경험이 없는 편이라고 응답했다. 경제교육의 필요성은 인식하면서도 제도권 내이 학교 경제교육은 그다지 도움이 되지 않거나 불필요하다고 생각한다는 결과다.

지방 아파트 소액 투자 비법

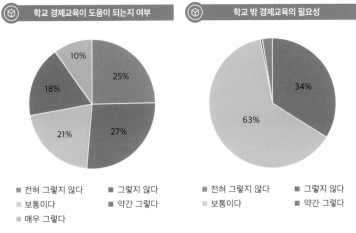

이러한 결과는 입시 위주로 펼쳐지는 우리 교육환경에서 학과의 편성과정에서도 경제교육의 필요성이 두드러지지 않기 때문은 아닐까? 그래서 교과과정 위주의 형식적인 경제교육이 제공되고, 더더욱 불필요한 전시 행정적인 교육이 진행되는 것일지도 모르겠다. 즉 우리 아이들은 성인이 될 때까지 대체로 경제교육의 필요성을 느끼지 못한 채 청소년기를 지내고 있다고 볼 수 있다.

그렇다면 우리의 아이는 언제쯤 체계적인 경제교육을 받게 될까? 아니 받을 기회가 있기는 할 것일까? 제도권 내에서의 경제교육은 거의 없다고 보는 것이 맞아 보인다. 설사 있다고 하더라도 아이들에게 미치는 영향은 그리 크지 않을 것 같다. 입시 위주의 제도권 교육이 갖는 특성상 시험에도 나오지 않는 고리타분한 경제교육을 별도로 학습할 필요성을 느끼지 못할 테니 말이다.

그러니 우리 아이들은 학교 경제교육을 받아봤다거나 아르바이트 경험을 통해 겨우 일자리와 화폐의 필요성을 느끼는 정도에 머무는 것이 아닐까 싶다. 조기 경제교육의 필요성을 느낀다고 하더라도 평범한 가정에서 이것을 교육하기란 만만하지 않은 것이 사실이다. 초등학교 자녀를 둔 학부모들에게 경제교육에 대한 설문조사를 실시한 결과 "가정에

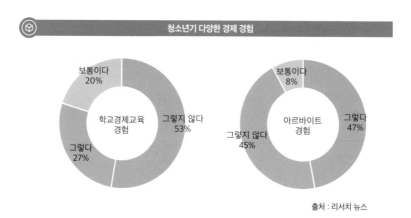

출처 : 리서치 뉴스

서 자녀에게 특별히 하는 경제교육이 있냐?"는 질문에 "없다"는 대답이 54.2%가 나왔다는 조사도 있을 정도이니 말이다.

그렇다. 필요성을 느끼지만, 경제교육 환경이 부족한 것이 현실이다. 어떻게 해야 할까? 우리의 학군은, 아니 제도권과 비제도권의 학교 교육은 전적으로 입시 위주의 학업에 편중되어 있다. 지난 30년간의 산업발전에 따른 결과물이므로 이를 비판할 생각은 없다. 다만 이러한 사교육 시장이 앞으로의 제4차 산업혁명 시대를 살아갈 우리 아이들에게 어떤 영향을 줄 수 있을지에 대한 고민 정도만 있으면 된다.

조사에 따르면 응답자의 63.7%가 제조업 노동자의 일자리가 줄어들 것으로 전망했다고 한다. 다음으로 은행원, 사무직 노동자 등 사무직 일자리와 판매사원, 택배(배달)기사 등 사무직 일자리와 비교적 단순 노동 형태의 직종에 일자리 위협이 발생할 것이라고 평가되었다. 즉 지금 있는

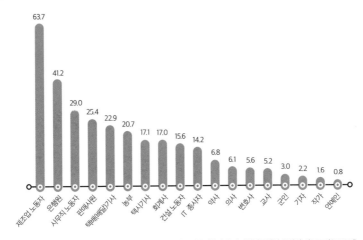

일자리의 75%가 머지않아 사라지고, 패러다임이 변하는 것을 알고 있으면서도 과거의 추세를 그대로 좇고 있는 우리 자신이 정말 옳은 것일까에 대해서 고민해봐야 하지 않을까?

평범한 시민들조차 제4차 산업혁명이 경제성장을 이끌 것이라는 사실에는 대부분 동의하고 있다. 더불어 일자리 감소로 인해 소득격차가 늘어날 것이라 걱정하고 있다. 이점이 중요한 대목이다. 지금도 부의 격차는 계속 벌어지고 있는데, 앞으로는 더욱 벌어질 것이 명백하니 말이다. 우리는 어떻게 해야 할까?

"인류가 존재한 이래로 빈자가 가진 자를 이긴 적은 역사적으로 단 한 번도 없었다." 제4차 산업혁명 이후에도 빈자가 가진 자를 이기는 일은 발생하지 않을 것이다. 그러니 우리 아이가 가진 자는 되지 못하더라도 빈자는 되지 않도록 하는 것이 우리 부모의 의무이자 권리일 것이라는 생각이 든다. 입시 위주의 교육환경에서 앞으로는 어떤 변화가 진행되어야 할지 살펴야 한다. 그리고 그 변화의 출발 지점에 나 자신이 있어야 한다.

경제교육. 언제 시작하지?

아이의 경제관념에 언제부터 영향을 주는 것이 좋을까?

아래 통계를 참고해 보면, 학생은 자신의 진로 결정에 가장 큰 영향을 주는 사람으로 부모를 가장 많이 뽑았으나, 성장할수록 그 비중은 줄

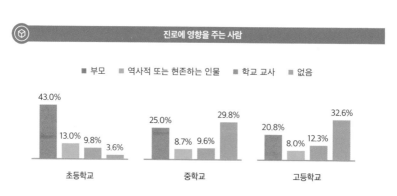

진로에 영향을 주는 사람

■ 부모　■ 역사적 또는 현존하는 인물　■ 학교 교사　■ 없음

	초등학교	중학교	고등학교
부모	43.0%	25.0%	20.8%
역사적 또는 현존하는 인물	13.0%	8.7%	8.0%
학교 교사	9.8%	9.6%	12.3%
없음	3.6%	29.8%	32.6%

출처 : 사교육걱정없는세상 교육 통계

어든다. 특이한 점은 중고등학생의 '없음' 응답률이 높았던 것인데, 이 시기에는 학생 스스로 진로를 결정하는 비율이 높다고 생각할 수 있을 것 같다. 그러니 아이가 어리면 어릴수록 일찍 경제교육을 시작하는 것이 좋지 않을까?

건희는 올해 14살이다. 9살 때부터 임장 다니며 집을 보여주고, 계약서를 쓸 때마다 데리고 다니려 노력하고 있다. 물론 아이는 귀찮아하며

잘 따라오지 않으려 할 때가 많지만, 이러한 노력이 더해지는 동안 아이의 경제관념이 아주 조금씩 바뀌고 있다는 사실을 확인하면서부터 더없이 만족스러웠다. 아이들이 성인이 되어 어떤 경제 문제에 직면했을 때 합리적으로 선택하고 판단할 수 있는 능력, 그 경제적 사고능력을 갖추도록 조기교육에 힘쓰는 것이 절실하게 필요하다는 전문가의 조언을 인용하지 않더라도 아이들에게 경제교육은 성장의 큰 지지대가 되어줄 수 있을 것이다.

나는 집을 팔 때마다 아이 엄마와 아이들에게 얼마간의 용돈을 건네고, 집 근처에서 외식을 했다. (그동안 고생한 나에 대한 자그마한 보상이기도 했다) 아이들은 참 좋아한다. "아빠 또 집 팔았어? 다음엔 또 언제 팔 거야?" 아이는 말이 많아지고, 관심이 생기는 것이 확연히 느껴진다. 나는 아이들이 그저 경제의 필요성을 느끼게 해주면 그만이라고 생각한다. 그 다음은 아이의 몫으로 남겨두어도 충분한 것이다. 엄마와 아빠가 관심을 갖고 있는 재테크 분야가 어디인지, 어디에 집을 사고 어떻게 투자했는지에 대한 소소한 대화부터 시작해보길 바란다. 처음부터 어려운 경제 용어와 금융 지식을 알려줄 필요는 없다. 오늘부터라도 하교 시간을 틈타 아이와 함께 집 근처의 부동산에 들려 우리 집 주위의 지도부터 보여주고, 부동산 사장님과 잠깐이라도 이야기를 나누어 보는 것이 어떨까?

아프면 아플 권리,
싫으면 안 할 권리

잠시 미생으로 살아가는 우리의 모습에 대해 이야기해 보려 한다. 미생(未生)이란 바둑에서 완전히 죽지는 않았지만, 그래도 완벽하게 안전하지 않은 돌을 일컫는다. 미생 세대를 검색해 보면 '청년실업과 비정규직 문제를 다룬 웹툰 원작의 tvN 드라마 〈미생〉이 전 국민적으로 큰 화제를 일으키고, 많은 청년이 그 드라마에 공감했던 세대를 일컫는 신조어'라고 나오기도 한다. 그러고 보면 미생은 우리의 일상생활을 간접적으로 풍자한 말이기도 한 셈이다.

독자님들은 아마도 미생의 삶을 살기보다 경제적 자유를 얻기 위해 지금도 열심히 노력하는 분들일 가능성이 크다. 그렇다면 경제적 자유란 뭘까?

아플 권리?

날씨가 더운 어느 날이었다. 종일 무더운 회사에서 들볶이다가 저녁에 집에 들어가면서 마트에 들렸다. 시원한 맥주와 아이스크림을 사는데, 문득 즉석조리해 먹을 수 있는 냉면을 할인 판매하는 게 눈에 들어왔다. 갑자기 냉면을 집에서 해 먹어 봐야겠다는 생각이 들었고, 그 냉면조리 제품을 사서 기분 좋게 집으로 들어왔다.

집에 들어가서는 냉면을 제 딴에는 열심히(?) 만들어보았다. 그런데 건희가 맛을 보더니 맛이 없다고 안 먹는단다. 집사람도 냉면 맛이 좀 이상하다며 젓가락을 내려놓는다. 나는 그래도 아까워서 두 그릇씩 얼음을 띄워서 먹어 치웠다. 그런데 그날 밤 잠자리에 들고 얼마 지나지 않아 갑자기 식은땀이 나면서 몸에 이상 기운이 감지됐다. 심한 두통이 오면서 메스꺼움이 밀려왔다. 나는 날이 더워서 그런가 하고 샤워를 가볍게 한 번 더 하고 다시 자리에 누워 잠을 청했다.

그런데 얼마 지나지 않아 구토가 밀려들더니 두통은 더욱 심해졌다. 연거푸 설사도 나오는데, 환장할 노릇이었다. 눈치 빠른 분들은 이미 아실 것이다. 식중독이었다. 새벽 4시까지 잠 한숨 못 자고 식은땀을 흘려가며 몸부림쳐야 했다. 평상시 아침 6시에 일어나서 6시 30분에는 집을 나서 출근하는데, 몸을 일으킬 힘이 없었다. "정말 쉬고 싶다!"라는 마음의 소리가 들려왔다.

싫으면 안 할 권리?

선택을 해야 했다. 물론 하루 결근한다고 뭐 내가 어떻게 되는 것도 아니고, 회사가 안 돌아가는 것도 아니지만 가만히 앉아 생각에 빠져들었다. 오늘 내가 출근하지 않으면 어떤 일이 벌어질까. 사무실에서는 월초라고 처리해야 할 기안문이 산더미인데…. 상사들이 일 처리 늦는다고 지켜보고 있을 텐데…. 회사는 그렇다고 쳐도 집에서 여름방학을 맞은 아이들과 놀아주다 보면, 제대로 쉬지 못할 가능성도 있었다. 집사람이 아이들을 데리고 나가면 조금 쉴 수 있을 테지만, 내내 에어컨을 틀면 전기세가 얼마일까…? 전기세 폭탄 맞는 건 아닐까? 나는 별의별 머저리 같은 생각을 했다.

조금 늦더라도 회사에 출근하는 쪽으로 생각을 모았는데, 샤워를 하다가 헛웃음이 나왔다. 처음부터 나에게는 선택권이 없었을지 모른다. 전형적인 비자발적 노예근성이 아닐까 싶었다. 제 딴에는 열심히 살고 있다고 위안하며 10년이 넘게 월급쟁이로 살아가고 있는 나 자신은 여전히 미생으로 남아있었다. 아프면 쉬고, 싫으면 안 해도 되는 권리가 나에게는 없는 듯했다.

경제적 자유란

아프고 힘든 몸을 이끌고 지하철에서 1시간 20분가량 서서 어디에 빈자리가 안 생기는지 눈치를 보다가 회사에 도착했다. 사무실에 앉았더니 역시나 업무가 밀려 있다. 뭔 놈의 전화는 그리도 많이 오는지. 결재 잘못 올렸다고 여기저기서 타박하며, 고쳐 달라는데 몸이 아픈 탓인지 이해도 잘 가지 않았다. 작성해야 할 기안 문서는 밀려 있었다. 나는 점심 식사 후 잠시 쉬는 동안에도 휴대폰을 손에 쥐고 있었다. 당연히 오후는 어떻게 지나갔는지도 모르게 시간이 흘렀다.

식중독에 걸려서 몸이 천근만근인데도 이렇듯 헌신하는 것이 맞는 걸까? 경제적 자유에 대해 다시 한 번 생각하는 계기였다. 내가 하고 싶은 것이 있다면 주저 없이 하고, 쉬고 싶을 때 마음 편히 쉴 수 있는 권리를 가지고 있을 때 — 즉 나에게 평화로운 선택권이 주어질 때가 경제적 자유를 얻은 때가 아닐까?

그래도 우리에게 큰 무기가 하나 있다면 '희망'이다. 언젠가는 내가 싫은 일을 안 해도 되고, 아프면 편히 쉴 수 있는 능력을 갖추기 위해 열심히 투자하고 분석하고 수업 듣고 인터넷 카페 활동을 하는 것이다. 예전에는 투덜거리며 출퇴근하는 게 다반사였지만, 지금의 희생이 투자가 되어 언젠가 경제적 자유를 얻게 될 것이라는 희망을 품으면서 출퇴근 길의 불평불만은 사그라들었다. 천만 미생 인생 가운데 우리와 같은 투자자들은 1% 정도도 안 된다고 한다. 경제적 자유를 꿈꾸는 독자님들에겐 희망이라는 확실한 무기가 있으므로 생각보다 가진 게 많은 것일 수도 있다.

PART 2
지방 아파트 투자의 모든 것

① 지방 부동산 투자에 앞서

　많은 사람이 부동산 투자를 처음 접하는 경우, 크게 2가지 산맥을 맞닥뜨리게 된다. 특히 우리같이 경제교육을 받지 못하고 그저 입시 위주의 교과과정을 거치면서, 실전에서 한계를 드러내는 교과서 중심의 지식을 가진 사람들이라면 더욱 그렇다.

　첫째로 넘어야 할 산맥은 '두려움'이다. 시작도 하지 않은 상태에서 실패에 대한 두려움을 먼저 느낄 수 있다. 당연한 현상일지도 모른다. 생전 처음 그 누구도 알려주지 않는 분야에 큰돈을 투자해야 한다고 하면 두려울 수밖에 없다. 지금껏 우리는 부동산 투자는 적폐들이나 하는 짓거리고, 부동산에 투자하는 사람은 투기꾼이며, 불로소득을 얻는 데 현안이 되는 일이라고 배우고 기억했을 것이니 말이다.

　가령 1억 원 하는 아파트 하나에 투자한다면, 당장 1억 원이 다 필요한 줄 아는 경우도 많다. 1억 원짜리 아파트를 투자용으로 매수한다면 그중 약 8000만 원은 전세 세입자의 자금으로 채울 수 있다. 그리고 나머지 2000만 원가량이 순수한 자본금으로 필요한데, 전세 대금을 맞추지 못하는 최악의 상황만 고려하고 두려움에 정색하는 경우가 참 많은 것 같다. 물론 틀린 말은 아니다. 전세를 맞추지 못하면, 잔금을 치러야 하니 1억 원이 모두 필요할 때가 있을 수도 있다. 당연히 리스크 관리를 해야 하겠지만, 시작도 하기 전에 미리 겁부터 먹고 포기하는 것은 그 어떤 일에도 바람직하지 않다.

그렇다면 그 두려움을 이기는 방법이 있을까? 결론부터 말씀드리자면 나는 투자에 대한 두려움을 한 번도 이겨본 적이 없다. 모든 투자에서 투자에 대한 두려움을 가지고 시작했고, 그 공포감과 두려움을 이겨내기 보다는 감당하고 견뎌내려고 노력했다. 사실 투자에 대한 리스크와 공포를 이겨냈다는 사람이 있다면 십중팔구는 거짓말이거나 허언일 가능성이 크다. 인간의 가장 큰 약점 가운데 하나가 두려움이므로 그것을 완전히 이겨내는 것은 신만이 할 수 있는 영역이다.

그래서 처음 투자를 시작하는 분들은 이러한 리스크 관리를 하면서 접근하는 게 좋다. 투자금이 적게 들고, 자기가 감당할 수 있는 범위 내의 작은 아파트부터 직접 가 보고 분석하며 가상 투자해보라는 것이다. 자신이 감당 가능한 리스크 범위를 찾아내야 한다.

처음부터 10억~20억짜리 아파트를 쳐다보면 자연스럽게 주눅 들고 만다. '저기는 내가 가야 할 곳이 아니구나' 하면서 흥미를 잃어버리는 경우가 발생하는 것이다. 아파트 가격은 천차만별이다 C급 지역이나 D급 지역이라고 항상 하락하는 것만도 아니니 가벼운 물건부터 관심을 가지며 시작해보는 것이 좋다. 예를 들어서 5대 광역시의 외곽 지역의 저렴한 아파트들부터 둘러보면서 자신의 포트폴리오를 점검하는 것도 한 가지 방법이다.

둘째로 부딪히는 산맥은 '주변의 시선'이다. 지난 정부에서는 부동산 투자자나 임대사업자 같은 다주택자들을 거의 적폐로 몰아세웠다. 즉 일하지 않고 일확천금만 얻으려 하는 불로소득자라는 프레임을 만들어 다주택자들을 탈세나 하며 부류로 몰아세우는 인식이 보편화된 것이다.

더불어 부동산 투자하면서 제일 많이 듣게 되는 것이 "이제 꼭지다", "부동산은 끝이야, 희망 없어. 이제 상투인데, 지금 뭘 할 거라고?" 같은 부정적인 말들이다. 이는 지금까지 주위에 부동산 투자와 경제에 대한 지식을 가지고 당신을 이끌어 줄 사람이 없었기 때문일 것이다. 고작해야 주식 해서 얼마를 손해 봤다며 '라떼놀이'나 하는 수준이었으리라. 그 주변 사람들에게 내가 부동산 투자를 하려고 하는 것에 대해 의견을 물었다면 답은 뻔하다. 물어볼 만한 분위기가 있기나 할까? 주위 지인뿐 아니라 가족과 친지도 이러한 비관론을 가지는 사람들만 만나고 있지는 않은지 돌아봐야 한다.

특히 회사에서 부동산 투자를 한다고 하면 주변의 시선이 좋지 못한 것이 사실이다. 윗사람들은 일 안 하고 다른 데 신경 쓰고 있다고 생각할 것이니 말이다. 내가 투자를 한답시고 학원을 다니네, 임장을 가네 그러면 동료들은 뭐라고 할까? 뱃속에 바람 들어서 저런다고 뒤에서 흉이나 보든가 노골적으로 따가운 시선만 다가올 수도 있다.

하지만 걱정하지 마시라. 일단 주변 사람들의 시선은 신경 쓰지 말기 바란다. 한 번 부동산 투자를 시작하면 해야 할 일들이 너무 많다. 주변의 시선 따위는 이제 신경쓸 여유도 없을 수 있다. 부동산 공부에 빠져들면 거기서 빠져나오지 못할 테니 말이다.

투자자는 불로소득자가 아니다. 다주택자들은 일하지 않고 앉아서 돈이나 벌려고 하는 나쁜 놈들이라는 인식은 어불성설이다. 다주택자들은 임대소득을 얻기 위해 수많은 일을 처리해야 한다. 공인중개사를 섭외해야 하고, 인테리어 비용과 수리비를 투자하며 시기에 맞춰 임차인을 들이고, 중개수수료는 물론 재산세와 부가세, 주민세, 법인세, 종부세까지 내가면서 투자를 이어가야 한다. 이것이 어떻게 불로소득이며 탈세인가?

시세차익이 불로소득이라는 이들도 있지만, 나는 지금까지 임차인에게 집을 사보라고 강요한 적이 단 한 번도 없다. 청주 하락장에서도 그 어려운 시기를 겪으면서도 역전세금을 마련하기 위해서 카드빚까지 내가면서 전세금을 돌려줬다. 이런 경우라면 임차인이 불로소득자가 아닌가? 입장에 따라서 그 가치가 달리 보이는 법이다.

획일적인 기준으로 자신과 주변을 바라보지 말고 다양한 사람들과 넓은 시야로 경제를 바라보기를 추천한다. 그래야 주위 사람들과 같은 쪼잔한(?) 삶에서 벗어날 수 있는 기회가 생기기 때문이다. 얼마나 쉬운가! 관점만 바꾸면 된다. 그리고 실행하기만 하면 된다. 그러기 위해서 열심히 공부도 해야겠지만 말이다.

초보 부동산 투자자는 처음부터 성공할 확률이 그다지 높지 않다. 당연한 이야기겠지만 막상 현장을 가보면 단 한 번의 투자로 큰 수익을 가져다줄 것 같은 미끼 상품들이 천지에 널려있다. 이게 옳은 물건인지 호객용 물건인지 판단도 서지 않고, 지나고 나서야 제대로 된 물건인 것을 알고 조바심만 늘어나는 상황과 만나기도 한다. 열심히 찾아서 투자

한다는 게 이상한 물건에 투자해서 속만 썩이는 경우도 초보자들이 겪는 흔한 시행착오다. 그러다 보면 생각지 못한 비용이 많이 들면서 투자금이 장기간 묶이기도 한다. 추가 투자의 여력이 없어지게 되는 셈이다.

그래서 건희아빠는 한 방의 큰 투자보다 소액 투자를 추천한다. 보유 자금을 어느 정도 분산해서 자신이 지킬 수 있을 만큼만 투자하자는 것이다. 상대적으로 저렴한 지방 부동산에 먼저 접근해서 투자 경험을 충분히 쌓아보기를 추천하는 이유다. 이미 많이 급등한 서울과 수도권 부동산 시장은 위험할 수 있다.

지나치게 큰돈이 들어간 뒤 실패하면 돌이킬 수 없다는 것을 가족도 알고 있기에, 큰돈보다는 자신이 감당할 수 있는 범위 내에서 시간과 자금을 투자해야 한다. 그래야 주변 사람들의 지지도 얻을 수 있고, 가족의 따가운 시선도 중화시킬 수 있다. 시간은 많다. 단지 내가 투자해야 할 시간의 범위가 줄어든다는 것을 인지하지 못하는 것뿐이다.

지방 아파트 소액 투자 비법

소액 지방 투자가 안전한 이유

끝도 없이 상승할 것 같았던 서울·수도권 부동산 시장이 2021년 9월을 기점으로 소강상태에 빠지고 있다. 정확히 말해서는 서울·수도권뿐 아니라 전국의 부동산 거래량이 급감하고 있다.

지난 문재인 정부의 부동산 정책은 공급 기반의 부동산 정책이 아니라 수요억제 정책이었다. 시장에 각종 규제를 강화하는 방식을 채택해 부동산 시장 가격을 통제하려 했다. 결과적으로 과도한 규제와 수요억제는 시장의 반발을 가져와서 부동산 가격 폭등이라는 이질적인 시장을 만들어 냈다. 즉 부동산 규제를 시장에 내놓을 때마다 일시적인 하락은 있을지언정 일정 시간이 지나면 부동산 가격의 폭등이라는 결과를 가져왔다는 것이다.

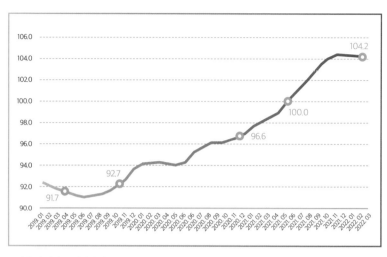

▲ 서울시 아파트 매매가격지수   코시스 국가통계포털(kosis.kr) 자료를 바탕으로 건희아빠가 작성한 그래프.

　　그러나 영원한 상승도 영원한 하락도 불가능한 것이 부동산 시장이 라고 하던가? 하늘 높은 줄 모르고 상승하던 서울 부동산 시장이 2021 년 하반기부터 상승 폭을 줄이더니 약보합 상태로 2022년 상반기를 마무리하게 되었다. 물론 일시적인 조정장이나 하락세라고 분석할 수도 있을 것이다. 지금까지 규제가 나올 때마다 3개월 정도는 시장이 얼어붙어서 거래량이 급감하고 하락세를 유지했지만, 그 3개월이 지난 시점에는 어김없이 상승 폭을 키웠기 때문이다.

　　하지만 이번 조정장은 좀 다르게 느껴진다. 1년이 넘는 시간 동안 반등하지 못하고 있기 때문이다. 거래량 자체가 좀처럼 늘지 않고 있으며, 심리도 회복할 기미가 보이지 않는 것이 현장의 분위기다. 내가 말하고 싶은 것은 2022년 하반기 이후 서울·수도권 부동산 흐름이 계속 하락장으로 간다는 이슈가 아니다. 이렇듯 서울이든 지방이든 리스크가 존재

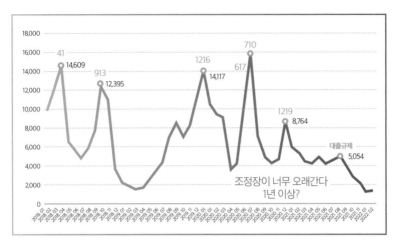

▲ 서울시 아파트 매매 거래량　　　코시스 국가통계포털(kosis.kr) 자료를 바탕으로 건희아빠가 작성한 그래프.

한다는 사실에 대한 대비가 있어야 한다는 뜻이다.

　부동산은 폭락한다는 비관론도, 일시적인 현상이니 무조건 상승한다는 긍정론도 둘 다 위험하다. 즉 우리 투자자들은 조정장이 올 때를 대비해야 하며, 그러한 시장이 우리 앞에 나타나면 버틸 힘과 멘털이 있어야 한다는 뜻이다.

　— 이번의 상승장이 얼마나 갈까요?
　— 어느 지역까지 상승장의 영향이 퍼져 나갈까요?
　— 또 언제까지 하락하게 될까요?

　건희아빠는 이런 질문을 수없이 받아왔다. 물론 전문가들조차 의견이 다르고, 보는 시각에서 차이가 나니 수요자 입장에선 얼마나 불안할까 싶다. 과연 우리는 어느 장단에 춤을 춰야(?) 할까? 어디가 얼마나 언제까지 오르고, 어디는 그만 하락할 것 같다고 말하기는 누구라도 어려운 시기다. 그래도 분명히 한마디 거들자면 지방 소액 투자에 희망을 걸 수 있냐고 말하고 싶다. 건희아빠는 초보자나 자신의 크기를 늘려야 하는 사람일수록 지방 소액 투자를 추천하곤 했다. 앞으로 다가올 조정장에 대비할 수 있는 크기도 서울보다 작고, 분산투자도 가능하기 때문이다.

지방 소액 투자가 안전한 3가지 이유

건희아빠는 지방에서부터 소액으로 투자를 늘려왔다. 그래서 실제 경험을 바탕으로 느낀 확신을 귀띔하자면, 이제 투자를 시작하는 시기에는 지방 소액 투자로 경험을 쌓으면서 관심을 늘려볼 만하다. 그 이유는 다음과 같다.

첫째, 소액이라서 분산투자로 인한 리스크 관리가 가능하다. 지방은 수도권과 다르게 도시가 아주 넓다. 5대 광역시는 물론이고 여러 지역에 소액으로 투자해놓으면 리스크 햇지(Hedge)의 장점을 십분 발휘할 수 있는 것이다.

가령 경상남도의 두 지역을 비교해보자. 진주와 사천이다. 같은 경남의 도시면서 지방 도시고, 수요와 공급을 공유하는 가까운 지역이다. 물론 인구수와 도시의 크기, 입지 등이 다르지만 소액 투자의 관점에서 비교해보기 위해서 가져왔다.

경남 부동산 시장은 2020년 상반기까지 지역 대부분이 하락장이었

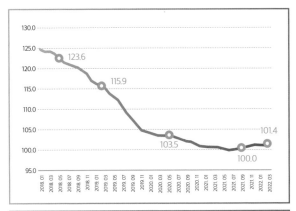

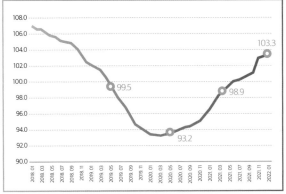

▲ 사천시와 진주시의 아파트 매매가격지수 코시스 국가통계포털(kosis.kr) 자료를 바탕으로 건희아빠가 작성한 그래프.

다. 어느 지역이고 분위기가 그다지 좋지 못했으며, 어느 지역이 먼저 반등할지 아무도 모르는 상황이었다. 이럴 때 1억 원짜리 아파트를 하나씩 사서 보유하고 있다면 어떻게 될까? 진주의 물건이라면 거의 2배 가까이 상승했을 것이고, 사천의 물건은 비슷한 가격이거나 약간 가격이 빠지는 상황이 되어 있을 것이다. 아직 팔지 않았다면 말이다. 한 군데 여러 물건을 매수하는 것보다 상승이 가능해 보이는 여러 지역에 나누어 분산투자를 해야 한다. 이는 리스크 방어에 최적의 조건이 될 것이다.

또 다른 예를 들어서 광주광역시와 부산광역시에 1억 원 언저리 물건으로 월세 투자를 한다고 가정해보자. 2017년 상반기에 임대수익으로 투자를 해놨다면 어떻게 될까? 상황에 따라 다르겠지만, 2017년의 광주는 하락장이었고 부산은 상승장이었다. 2019년 매도를 한다고 예상한다면 부산의 하락장의 손실분을 광주의 상승분으로 리스크 관리가 가능했을 것이다. 물론 임대수익은 별도겠지만 말이다.

지방 시장은 지역별로 시기별로 상승장과 하락장이 순차적으로 나타나게 되므로, 어느 한 지역에 '몰빵'하는 것보다는 분산투자가 안전성을 확보하는 장점을 가진다. 초보자일수록 지방 투자에 분산투자는 선택이 아닌 필수라고 강조하고 싶다.

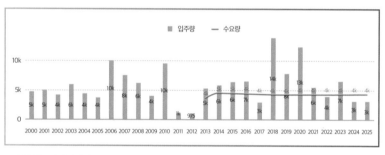

▲ 충북 청주시기기간별 수요/입주   출처 : 부동산지인(aptgin.com)

둘째, 지방은 추가 하락 가능성이 낮아지고 있다. '10년 주기설'은 제외하더라도, 지방에 따라서 5년 이상 하락장을 맞이하고 난 뒤 반등에 나서는 지역이 늘고 있다. 골이 깊으면 산도 높다고 했던가. 영원한 하락도 영원한 상승도 없는 것이 부동산 시장이다. 순차적으로 경기가 좋아지는 도시들이 보이는 것이다.

위 그래프는 충청북도 청주의 입주 물량 추이다. 2021년을 기점으로 물량이 과대 했으나 그 이후에는 적정한 입주 물량이 대기하고 있다. 그에 따라서 2021년부터 청주 시장은 불타오르기 시작해서 대장주들은 상승하고 B급과 C급 지역들의 부동산 시장에도 온기가 퍼지고 있다. 그럼 앞으로는 어떻게 될까. 청주는 아파트 가격이 약 6년 동안 하락한 지역이다. 이제 반등을 시작했다고 치면 최소한 3~4년은 더 올라갈 수 있는 체력이 남아 있다고 보아야 하지 않을까?

과거에 청주의 부동산 시장이 무너진 것은 과도한 입주 물량의 악영향 때문이었다. 이제는 입주 물량이 정리되고, 택지에 들어선 신축들은 거의 3억 원 넘게 상승했다. 이런 상황에서 앞으로 청주는 입주 물량이 부족한 상황이 벌어질 것으로도 보인다. 이보다 더 안전하면서도 확실한 투자처가 있을까? 청주의 입지 분석을 통해서 소액으로 접근 가능한 단지와 매물을 찾아서 투자하고 기다린다면 훌륭한 소액 투자가 될 것이다.

이렇듯 지방에서는 과도한 물량 공급기가 지나고 시세 반등에 성공한 지역들이 지속적으로 늘어나고 있다. 우리는 이런 추세에 따라서 흐름을 읽고, 자신의 포트폴리오에 맞는 투자처를 찾아내기만 하면 된다.

서울의 상승장이 언제까지 갈지는 그 누구도 확신할 수 없고 예측하기도 어렵다. 이에 반해 더 이상 하락할 수 없는 여건을 가지고 있는 지방 시장이 열리고 있다. 그렇다면 더 안전한 자산시장으로 자신의 투자금을 이동하는 것이 옳지 않을까? 그래서 건희아빠는 지방 시장이 앞으로 더 밝다고 확신한다.

셋째, 부동산에 대한 다양한 경험을 할 수 있다. 지방은 수익의 관점

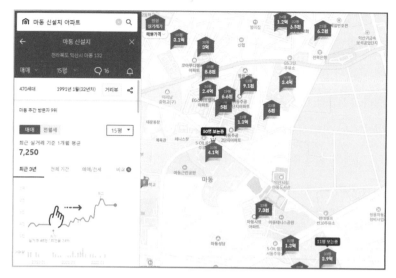

▲ 전북 익산의 마동 신설지 아파트의 시세 현황.

보다는 수익률의 관점에서 접근할 수 있는 시장이 많다. 즉 초보 투자자일수록 '한방투자'나 '몰빵투자'에 크게 의존해서는 위험하다는 것이 선배 투자자들의 공통된 의견이다.

즉 소액으로 다양한 경험과 투자 사례를 학습하면서 나에게 맞는 투자처를 찾아가는 것은 정말 중요한 투자 방향이기 때문이다. 처음부터 무리하게 큰돈 들여서 한꺼번에 투자하는 것보다 차근차근 경험을 쌓고 실력을 키워가는 것이 바람직하다는 뜻이다.

다음은 익산의 한 아파트 단지다. 당시에 건희아빠가 익산을 돌아보는데 인근 지역이 개발되고 브랜드 아파트가 들어오면서, 5층짜리 저층 아파트라서 추후에 재건축도 바라볼 수 있는 단지가 있다는 것을 발견했다. 부동산 사장님께 투자금을 물어봤더니 약 1000만 원이면 매수가 가

🍸 지방 아파트 소액 투자 비법

능하다는 것이다. 아직 호재가 발현되기 전이었다. 익산 실거주자들에게도 마동 주거개발의 파괴력이 얼마 정도일지 알려지지 않던 때였다. 건희아빠는 이 단지를 4600만 원에 매수해서 4000만 원짜리 전세를 세팅했다. 실투자금이라면 1000만 원 안팎이었던 것으로 기억한다. 운이 좋았다.

그렇다면 이런 단지들을 3곳 매수했다고 가정해보자. 그 수익률은 얼마나 될까? 건희아빠가 이 단지를 매수한 가장 중요한 이유는 더 이상 떨어질 것 같지 않은 가격대였다는 데 있었다. 그래도 마동 주거개발이 진행되면 그즈음에는 오를 것 같다는 느낌이 있었고, 설사 오르지 않더라도 손해는 보지 않을 것이라는 확신이 있었다.

지방에서는 소액 투자가 가능하다 보니, 부동산 물건을 매수·매도하는 경험이 늘면서 그에 따르는 경험치가 쌓인다. 이러한 경험치가 투자자의 시각을 넓혀주며 내공으로 축적되는 것은 당연하다. 나중에 서울·수도권의 재건축 단지에 투자하고자 하는 시점이 되면 큰 물건도 안전하게 접근하는 노하우를 갖게 될 것이다.

사람은 완벽하지 않다. 어떤 일이든 시행착오를 안 겪을 수는 없다. 차라리 겪어야 할 시행착오라면 좀 더 리스크가 작아야 한다. 일이 잘못되어도 나의 인생에 큰 타격을 줄 수 있는 상황은 맞닥뜨리지 말아야 하는 물건들로 경험하는 게 맞지 않을까? 그런 면에서 지방 부동산 소액 투자는 초보자들이나 자본금이 얼마 되지 않는 이들에게 경험과 가치를 발견할 수 있는 기회까지 제공해준다. 당신의 투자금을 지켜주며 자산을 증식할 수 있는 확실한 방어막이 지방 부동산 투자가 되어줄 것이다.

3

지방 부동산 투자에 앞서

　지금까지 지방 부동산에 투자해야 하는 이유와 근거를 간단하게 설명했다. 그런데 어디나 마찬가지지만 지방 투자에도 지켜야 할 몇 가지 조건이 있다. 건희아빠는 지방 투자를 하면서 참 많은 시행착오를 겪어야 했다. 초보일 때는 이렇게 부동산 커뮤니티가 많지 않았고, 강의도 서울·수도권 위주이다 보니 지방에 대한 투자 여력을 가지고 있는 강사나 투자자가 많지 않았다. 조심해야 할 것은 무엇인지, 어디를 어떤 기준으로 들어가야 하는지에 대해서 아무도 알려주지 않았다.

　독자님들을 위해 건희아빠가 온갖 '삽질'과 시행착오를 겪으면서 일궈낸 3가지 법칙을 귀띔하려 한다. 이것만 지키면 지방 투자에서 절대로 실패하지 않을 것이다.

첫째. 입주 물량이 끝나는 시점

지방 시장은 입주 물량에 취약한 특징을 가지고 있다. 지방 모두가 그렇다는 것은 아니지만, 그래도 입주 물량이 지방 투자 타이밍을 잡는 데 절대적인 변수로 작용하는 것만은 사실이다.

지방에는 소도시가 많다. 이런 지역에서 수천 세대씩 입주가 시작되면, 아무래도 인근의 실수요층과 전세 시장은 요동치는 것이 당연한 현상이다. 그런데 한두 단지만 입주해도 전세가가 요동치면서 폭락하는데 몇 년씩 입주 물량이 과도하게 잡혀 있다면 어떻게 될까? 지방에서 장기간 부동산 가격이 하락하는 경우가 발생하는 시기는 이렇듯 입주 물량이 연속적으로 과도하게 잡혀 있을 때다.

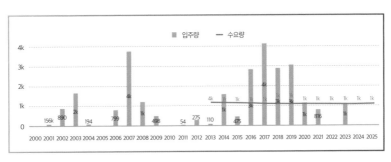

▲ 충북 충주시 시간별 수요/입주   출처 : 부동산지인(aptgin.com)

위 그래프는 충청북도 충주의 입주 물량 추이다. 2017년 입주 물량이 최고로 잡혀 있다가 2020년부터 물량이 줄어드는 것을 볼 수 있다. 그렇다면 2019년까지는 입주 물량이 많아서 부동산 시장이 별로 좋지 못할 것이라고 유추해 볼 수 있을 것이다.

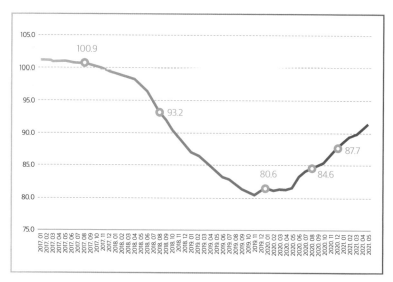

▲ 충주시 아파트 매매가격지수　　　코시스 국가통계포털(kosis.kr) 자료를 바탕으로 건희아빠가 작성한 그래프.

　　실제 충주의 아파트 매매가격지수를 보면 2017년을 기점으로 꾸준히 하향곡선을 그렸다. 즉 입주 물량이 과도하면 인근의 전세가와 매매가에 상당한 타격을 입힐 수 있다는 것을 보여주는 것이다.

　　이렇듯 입주 물량이 과도한 시기에는 아무리 좋은 입지와 매물이 있다고 해도 투자하지 않고 지켜보는 것이 좋다. 언젠가는 오르겠지만, 기회비용의 차원에서라도 다른 지역을 먼저 투자해서 상승의 기운을 맛보고 다시 돌아와도 늦지 않는다는 뜻이다. 입주 물량이 마무리되던 2019년 하반기부터 하락세가 멈추는 듯하더니 2020년부터는 반등에 성공해 아파트 가격이 많이 오르는 모습도 확인할 수 있다. 결국 지방 도시에서는 입주 물량이 과도하면 부동산 시장에 악영향을 미치고, 전세가 하락을 부채질한다는 사실이 분명해진다. 여기서 우리는 힌트를 하나 얻었다고 볼 수 있다. 이러한 과도한 입주 물량이 잡혀 있는 지역만 피하면서 투자를 하면 되지 않겠나.

어느 관심 지역에 입주 물량이 과도하게 잡혀 있는 시장이 만들어지고 있다면 일단 소액 투자처로는 고려하지 말자. 그리고 내가 투자할 시점에는 물량이 없었지만, 어느 순간부터 분양 물량을 과도하게 밀어내기하고 있는 것이 보인다면 빠른 출구전략을 고민해보길 바란다. 입지도 중요하지만 이러한 투자 타이밍이 더 중요하다는 점만 인지하고 있어도 지방 투자에서 시행착오를 줄여줄 수 있을 것이다.

둘째, 수요와 호재

지방 시장은 인구수가 줄어드는 지역이 갈수록 늘고 있다. 특히 2035년쯤에는 인구수 감소로 인해 지방 자치단체를 통폐합해야 하는 지역도 나타난다고 한다. 즉 지방이라고 다 같이 좋아지는 것도, 다 같이 나빠지는 것도 아니라는 얘기다. 5대 광역시라고, 현재 인구수가 많다고 무조건 오르거나 하락하는 것도 아닌 지금의 현실을 똑바로 바라봐야 한다.

일단 입주 물량이 적정하게 소화되는 시점이 좋다고 우리는 인식했다. 그런데 입주 물량이 끝났다고 해서 무조건 오르는 것도 아닌 것이 지방 시장의 특징이다. 애초부터 수요 자체가 없던 지방 도시들이 있다는 것이다. 그래서 수요와 호재가 어느 정도 받쳐주는 도시를 기준으로 투자하는 것이 좋은데, 가령 특정 기업이나 단체의 수요가 들어오거나 철도망이 개선되어 지가상승에 도움이 되는 지역들이 대표적이다.

거제시 홈페이지에 들어가 보면 조선 동향이 정리되어 있는 자료를

▲ 거제시의 조선 동향   출처 : 거제시 홈페이지

들여다볼 수 있다. 여기서 조선업이 호황일 수밖에 없는 상황을 예상해 볼 수 있다. 거제는 조선업이 발달한 지역이다. 그런데 한동안 글로벌 경제위기와 조선업의 불황으로 인해 거제의 수요와 부동산 시장은 함께 무너질 수밖에 없었다. 그런데 불황의 시기가 지나가고 경기가 좋아진다는 징후가 여러 곳에서 나타나고 있다. 일단 2021년을 기준으로 2015년 최대 호황기에 맞았던 선박 수주량을 회복했다고 한다. 그러면 어떻게 될까?

예전에 거제를 빠져나갔던 수요층이 다시 들어오면 인근 지역의 부동산 시장도 다시 활황으로 갈 수 있지 않을까? 이제는 거제에서 일할 사람이 부족하다고 난리들이다. 수요층이 지속적으로 들어오면 어느 순간 이 수요층이 거주할 집이 부족해지게 될 것이고 전세는 꾸준히 부족하게 될 것이다. 매매가라고 가만히 있을 리 없다.

이왕이면 다홍치마라고 했다. 물량이 끝나서 하락장 추세가 끝났다면, 확실한 수요가 받쳐주는 지역이 더 상승 여력이 높을 수 있다. 그러니 우리는 이러한 호재와 수요의 움직임을 반드시 인지하고 공부해야 한다.

호재 또한 중요하다. 지방 투자에서는 특히 교통망 개선효과를 가져오는 철도망 호재가 파괴력을 가진다. 단 그 전제조건으로 철도망이 핵심지역과 연결되어야 한다. 작은 소도시끼리 연결해봤자 그다지 수요층을 끌어올 만한 호재로 남지 않는 경우가 많은데, 핵심지역 즉 서울·수도권과 연결하는 KTX 개발 호재는 지방 시장에서는 분명한 호재임에 틀림 없다. KTX 호재 덕분에 그동안 거리가 멀어서 서울과의 접근성이 좋지 않았던 일부 지역도 더 높이 날아오를 수 있는 기회를 맞았다고 봐도 무관할 것이다.

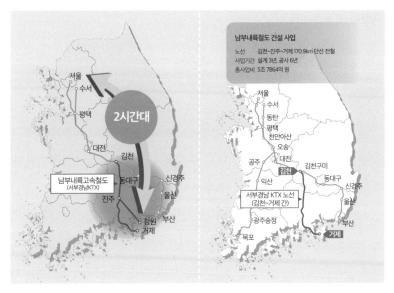

▲ 남부내륙철도 건설사업의 계획도

출처 : 국토교통부

거제는 조선업의 도시일 뿐 아니라, 유명한 관광도시이기도 하다. 천연의 바다 자원을 가지고 있으며, 남해의 아름다운 풍광을 지닌 도시기도 하다. 그런 훌륭한 관광자원을 가지고 있음에도 불구하고 서울과의 접근성은 그다지 좋지 못했다. 가령 서울에 사는 4인 가족이 거제 여행을 하려 한다면 차로 6시간을 움직여야 한다. 차 안에서 아이들은 난리가 난다. 실제 건희를 비롯한 아이들을 데리고 갔을 때 정말 멀다는 느낌을 받은 지역이었다. 거제에 다녀오기 위해 왕복 12시간을 소비해야 한다는 뜻인데, 2박 3일로 휴가를 떠나더라도 실제로 쉴 수 있는 시간은 그다지 많지 않은 셈이다.

그런데 이 지역에 KTX가 공급되면 그때부터 이야기는 달라진다. 수서에서 탑승해서 거제까지 2시간이면 도착할 수 있는 것이다. 서둘러 출발하면 오전 9시경 거제에 도착해 하루 종일 관광하다가 6시쯤 거제를 떠나 서울에 8시쯤이면 도착할 수 있다. 거제의 관광산업은 물론 도시적 위상도 기존과 달라진다.

일일생활권으로 자리 잡으면 관광산업은 더욱 활성화될 가능성이 높다. 제주도같이 렌터카 시장도 성장할 것이고, 인근 인프라와 상권도 추세에 맞춰 확장할 것이다.

인근 부동산 시장도 좋아지지 않으려야 않을 수 없다. 이렇게 서울과의 접근성이 대폭 개선되는 지역은 꾸준하게 관심을 가지며 장기적인 관점으로 투자한다면 훌륭한 소액 투자처로 자리매김할 것이다.

개인적으로 이렇게 조선업이 성장하는 지역들은 여전히 투자가치가 높다고 생각한다. 울산, 거제, 군산, 그리고 대불공단을 배후에 두고 있는 목포 등은 수요가 꾸준히 들어온 지역이므로 지금이라도 지역분석을 해보고 임장도 다니면서 지역이 바뀌어 가는 모습을 직접 모니터해보기를

지방 아파트 소액 투자 비법

바란다.

명심하자. 물량이 끝나는 것도 중요하지만, 이왕이면 이렇게 수요와 호재가 어느 정도 받쳐주는 지역이 상승 여력도 크다는 것을.

셋째, 미분양이 감소하는 지역

지금까지 수요와 공급의 관점에서 지역을 바라보는 방법을 알아봤다. 여기에 팁 하나를 주자면 그 지역에서 미분양이 감소하는 상황이 나타나는 지역을 주시하는 것이 좋다. 그 지역의 분양이 잘 되지 않아 미분양 수치가 높다면, 부동산 시장이 안 좋을 수 있다. 신규 분양이 너무 많은 것일 수도 있다. 결국 그 지역의 부동산 시장은 상승 여력이 별로 없다고 보는 것이 정설이다. 왜냐면 신축을 구입하는 사람이 없는데, 하물며 구축 아파트를 사줄 사람이 있을 리 만무하기 때문이다.

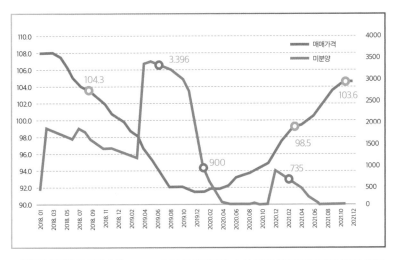

▲ 원주시 미분양 및 매매 추이   코시스 국가통계포털(kosis.kr) 자료를 바탕으로 건희아빠가 작성한 그래프.

그래서 어느 지역을 바라볼 때 미분양이 증가하는 지역은 투자하지 말고 지켜보기만 해야 한다. 아직은 때가 아니다. 반대로 미분양이 감소하면서 주가적인 공급이 없는 지역이 눈에 들어온다면 그때는 적극적으로 미분양 단지를 투자 대상에 올려놓기를 바란다. 미분양이 사라지고 있다는 것은 그 지역의 심리가 살아나고 있다는 증거고, 신축에 대한 선호도가 올라가고 있다는 뜻이기 때문이다.

앞의 그래프는 강원도의 한 지역에서 나타나는 미분양과 주택 매매가격지수의 흐름을 보여주고 있다. 원주는 미분양의 천국이라고 불릴 만큼 분양 시장이 안 좋았고, 심리 또한 바닥을 드러내는 지역 가운데 하나였다. 원주 편에서 자세히 설명하겠지만, 당시 기업도시라는 원주 외곽의 입주 물량이 과대했고, 분양해야 하는 단지들은 미분양을 피할 수 없는 상황이었다.

그렇지만 2019년 말부터 원주 미분양이 감소하기 시작하면서 아파트 매매가격지수는 반등하는 모습을 보여주고 있다. 부분적으로 미분양 단지가 하나씩 나타나기는 했지만, 전체적인 추세는 가격 상승세라고 생각하기에 합당해 보인다. 이처럼 지역 내 미분양이 감소하면 그지역은 바닥을 찍고 상승하는 국면을 맞이하는 타이밍이 될 수 있으니, 관심을 증폭시켜야 할 것이다. 어느 지역에서 미분양이 소진되는 모습이 보인다면 한번쯤 현장을 방문해 보는 것도 좋겠다.

개인적으로 이렇게 바닥을 찍고 올라오는 지역에 투자해 제법 수익을 낼 수 있었다. 건희아빠도 미분양 투자가 어려운 것은 알고 있다. 심리가 다 회복하지 않은 상태에서 단점만 보이는 시기인데, 이 물건 가격이 상승할까 하는 두려움과 실패에 대한 거부감이 높을 수 있으니 말이다.

그래도 이러한 투자 방법이 옳다는 것이 우리의 투자 경험에서 증명되었으므로 이 책을 펼친 소액 투자자라면 꼭 미분양이 감소하는 지역들에 관심 가져 보기를 권한다.

기타 : 신축으로 접근할 것

실수요든 투자자든 구축 아파트보다는 신축 아파트를 선호하는 것은 당연한 현상이다. 지금은 신축의 시대다. 당연히 선호도를 따지자면 구축보다 신축을 선호하고, 신축 가격이 구축 가격보다 많이 오르게 되어 있다. 가격방어도 구축보다는 신축의 상품성이 더 좋기 때문에 한 번

▲ 충북 청주의 비하동 서청주파크자이 아파트의 시세 현황.　　　　출처 : 호갱노노(hogangnono.com)

세팅하면 그 가격에서 잘 빠지지 않는 안전성도 가지고 있다.

청주 비하동의 한 신축 아파트 시세다. 분양가 대비 거의 2.5억 원이 상승했다. 무서운 상승세지만 어쩌면 당연한 수순일지 모르겠다. 청주 실거주민들이 보였던 신축에 대한 높은 열망이 시세에 반영된 것이기 때문이다.

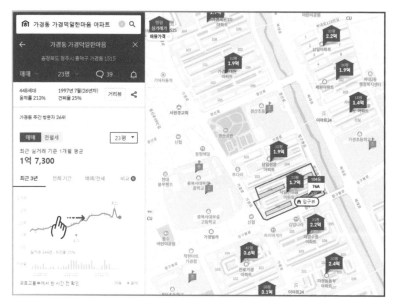

▲ 충북 청주의 가경동 가경덕일한마음 아파트의 시세 현황.　　　출처 : 호갱노노(hogangnono.com)

반면에 같은 청주에서 가경동의 한 구축 아파트 시세의 움직임은 조금 다르다. 이 단지도 가격대가 많이 올랐다. 상승 폭으로만 보면 50%를 넘게 상승했다고 한다. 하지만 가격으로 보면 약 5800만 원이 상승 폭의 최대치다. 물론 변수와 타이밍이 다르지만, 같은 시기에 비슷한 투자금으로 투자하기 위해 이 두 단지를 둘러봤다면 어느 것을 선택히는 게 옳았을까?

실제로 서청주파크자이는 미분양 아파트였다. '줍줍(1)'도 많이 나왔고, 계약금만 있으면 투자가 가능했다는 뜻이다. 계약금 3500만 원이면 청주의 준대장을 매수할 수 있는 기회가 있었다는 말이다. 그리고 가경 덕일한마음도 투자금으로 보면 1000만 원 정도면 투자가 가능했다. 어느 단지가 앞으로도 더 잘 오를 것 같은가?

이왕이면 돈을 조금 더 주고서라도 바닥장에서 반등하는 지역이라면, 미분양 단지를 선점해서 신축에 투자하는 것이 더 좋은 투자 방법이라고 생각한다. 안전한 투자의 방향성을 위해서라도 구축보다는 신축을 추천할 수밖에 없다. 신축을 소액으로 접근하는 가장 좋은 타이밍을 잡기 위해서라도 미분양 아파트를 선점해야 한다.

지방 소액 투자의 노하우와 팁

지방 부동산에 투자하려면 여러 기술과 노하우가 필요하다. 물론 앞에서 설명한 물량이 끝나는 시점, 수요와 호재, 미분양 감소 지역, 신축 등이 가장 중요하지만, 이는 기본에 가깝다고 봐야 한다. 이에 더해 지방 소액 투자 시 반드시 알아야 할 팁 몇 가지를 귀띔하고자 한다.

첫째. '갭충이'를 조심하자.

흔히 말하는 '갭충이'를 조심해야 한다. 즉 상승 여력이 없는데 갭(전세가와 매매가의 차이)만 붙어서 투자금이 거의 들지 않는 지역을 의미한다. 입주 물량이 기간 대비 과대하거나 수요 대비 시장에 나와 있는 매물이 너무 많을 때 나타나는 현상인데, 주의해야 하는 타이밍에 널려 있는 투자 물건들을 보고 혹할 수 있다.

전세가는 매매가와 근접하고, 투자자 입장에서는 거의 투자금이 들지 않거나 집을 살 때마다 플러스 비용이 형성되기도 한다. 초보 투자자로서는 솔깃한 제안일 수밖에 없다. 그런데 이런 시장에서는 실거주자는 매매보다 전세를 선호한다. 새 아파트 입주에 맞춰서 전세를 살고자 하거나 분양을 받기 위해 눌러앉는 수요가 넘쳐나는 시기여서 그렇다.

한때 청주를 비롯한 충청도 지역에서 물량이 과도함에도 불구하고 갭은 붙어있고, 심리는 계속 하락하는데 투자금이 얼마 되지 않아 일부 투자자들이 진입하는 경우가 있었다. 2017년 같이 물량이 잠시 소강상태고, 전세는 없고 매매 물건만 많이 나와 있는 상황이었다. 하락장에서 투자자들의 잘못된 판단으로 이런 갭충이 물건을 매수하면, 2년 후 절대적으로 역전세를 맞이하게 된다. 건희아빠가 이때 갭투자를 하겠다고 청주에 많이 투자해봤기에 잘 알고 있다. 그 뒤는 어찌 되었냐고? 그냥 상상에 맡기겠다. 반드시 입주 물량을 확인하고 들어가도 늦지 않다는 점을 잊지 않았으면 좋겠다.

둘째, 물건 분산은 필수

분산투자는 아무리 강조해도 부족함이 없다. 수요와 공급, 그리고 호재 등에서 조건이 맞아 투자한다고 해도 한 지역에 '몰빵투자'는 지양해야 한다. 이것은 투자라기보다 도박에 가까운 행동이다. 잘 되면 수익과 여러 가지 이익이 생길 수 있지만 잘못되어서 하락장이라든지 입주장에서 역전세라도 맞는 날이면 1개당 3000만 원씩, 5개만 되어도 1.5억 원을 손해로 내주어야 한다. 이것을 감당할 만한 개인 투자자가 몇이나 될까?

물론 그전에 대책을 세우고 빠져나와야겠지만, 리스크 관리는 꼭 필요하다. 그래서 건희아빠는 한 지역에 아무리 좋은 물건이 보이더라도 3개 이상은 투자 물건을 세팅하지 않는다. 그래야 분산투자도 되면서 손실 상쇄효과도 얻을 수 있기 때문이다. 아무리 좋은 지역과 조건이 있더라도 한 지역에 몰아넣는 투자는 지양하길 바란다.

셋째. 명의 분산도 고려하자

지방에서 소액 투자를 하다 보면 개수가 많아질 수밖에 없다. 가령 광주의 5개구에 각각 3곳씩만 투자하더라도 물건은 15개로 늘어난다. 몇 번 투자하지도 않았는데 벌써 종부세 구간을 넘어버리는 상황을 가져올 수 있는 것이다. 보유세와 양도세를 생각하더라도 부담스럽지 않는 범위 내에서 투자하는 것이 현명하다. 본인 명의만으로는 금세 한계에 도달할 수 있으니 법인이나 개인사업자를 활용해서, 또 부부 공동명의 등을 적극적으로 이용해 명의 분산을 하는 것이 좋은 방법이다.

종부세는 개인당 6억 원까지 비과세이므로 남편과 아내가 12억 구간의 매물을 보유하고 있으면 종부세의 부담으로부터 자유롭게 장기투자할 수 있다. 하지만 한 명이 12억 원을 가지고 있다면 수천만 원의 종부세를 피할 수 없다.

더 중요한 점은 양도세 계산 시 종부세는 비용 처리가 안 된다는 사실이다(법인 종부세는 별도로 다루겠다). 괜스레 오래 보유했다가 종부세만 많이 내고, 매도 시 양도세를 내고 나면 오히려 손해인 경우가 발생할 수 있으니 각별하게 주의하도록 하자. 이 또한 리스크 관리 차원이라고 볼 수 있다.

지방 아파트 소액 투자 비법

넷째. 욕심을 버리자

마지막으로 너무 큰 욕심을 내지 않았으면 좋겠다. 소액으로 지방을 투자하는 이유는 적은 투자금으로 여러 물건을 힘들게 굴려서 목돈을 만들고자 함이다. 그래서 자신의 투자금 대비 수익률에 도달했다고 판단하면 더 상승할 것이 아까워 보유하는 것보다는 다른 큰 물건에 투자하는 것이 현명한 방법이다. 영원한 상승도, 영원한 하락도 없는 것이 부동산의 진리이므로 지나치게 큰 상승률에 기대를 걸기보다 적정한 매도가 장기투자에 더 좋다.

어느 정도 수익이 발생했으면 추가 상승 여력이 있더라도 후속 매수자에게 이러한 메리트를 넘겨줘서 출구전략으로 사용하고, 기본 투자금과 투자 수익을 합한 금액으로 더 좋은 물건으로 갈아타는 것이 현명한 투자법인 것이다.

2022년 어느덧 윤석열 정부가 들어섰다. 부동산 시장에 대한 기대감과 규제 완화에 대한 시그널이 나오면서 부동산 시장에 대한 심리가 살아날 것이라고 보는 견해가 많다. 하지만 속단하기는 시기상조가 아닐까 싶다. 지금까지 규제로 인해서 다주택자들이 적폐로 몰리며 불이익을 받았다면, 반대로 그 규제로 이익을 본 집단도 있을 것이니 말이다. 반대로 말하면 지금의 규제를 반기는 집단도 존재한다는 뜻이다. 규제를 다시 완화하면 기존 이익집단들의 반발도 무시하지 못할 것이기 때문이다.

아마도 규제를 완화하되 속도 조절을 하면서 정책을 추진하지 않을까 예상되는 대목이다. 너무 갑작스러운 규제 완화에 대한 기다림은 투자의 방향성을 해칠 수 있으므로 지금의 규제와 세금 정책에 따라서 투자의 방향을 설정하고 나아가야 한다. 종부세 완화 메시지가 나오고는 있지만, 정말로 완화한다고 결정되면 그때 매물을 정리해도 늦지 않는다.

시장이 어렵다 어렵다 하지만, 지금까지 우리에게는 그 어떤 시장도 쉬운 적이 없었다. 지금 내가 처한 시장이 가장 어려운 시장이니 말이다. 그러면 앞으로도 꾸준히 나아가야 하는 것이 우리 투자자의 몫이며 의무일지 모르겠다. 지금까지도 어려웠고, 앞으로도 어려울 것이지만 그중에서도 틈새시장을 찾는 노력을 계속해야 한다. 이런 와중에도 수익을 내는 이들이 있지 않은가. 다음 파트3부터는 지방 부동산에서도 가장 투자가치가 높다고 판단되는 몇몇 지역의 아파트 입지를 집중 분석했다. 지역에 대한 소개는 철저하게 부동산 투자자의 시각으로 이야기를 풀었으므로 다른 오해는 없기를 바란다. 더운 날씨에 임장 다니느라 공부하고 투자하는 우리 다주택 소액 투자자분들은 더운 여름 더욱 좋은 물건 무럭무럭 자라나기를 응원한다.

PART 3
강원도 소액 투자

강원도의 형님 _ 원주시

원주시는 강원도의 4개 중소도시 가운데 인구수가 가장 많은 도시다. 지역적으로 경기도와 가까워 서울·수도권과 접근성이 아주 좋은 지역이기도 하다. 특히 수도권과의 교통망이 개선되면서 출퇴근 인구도 늘어날 수 있으며, 중장기적으로 수요층이 정착하기 좋은 입지를 가지고 있다. 다른 도시에 비해 쾌적한 편이고, 도로 정비도 잘 되어 있는 편이다.

원주의 입지는 춘천의 입지와 비교해볼 수 있다. 비슷한 점이라면 두 도시 모두 수도권과 밀접한 지역이라 물량과 수요층에서 비슷한 영향을 받게 되는 점이다. 차이점은 춘천은 교통과 관광이 활성화된 지역인 반면, 원주는 기업도시와 혁신도시를 가지고 있는 산업도시 성격을 가진다는 점이다. 따라서 수요층과 투자 접근성에서 약간의 차이점이 있다고 보면 좋을 것 같다.

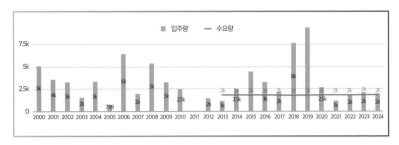

▲ 강원도 원주시 기간별 수요·입주.   출처 : 부동산지인(aptgin.com)

　　원주의 입주 물량을 보면 2019년까지 물량이 참 과대했다. 그리고 2020년 이후부터는 양호한 입주 물량이 예정되어 있는데, 이는 원주시 부동산 투자에 긍정적인 지표로 나타날 수 있다. 이럴 때 주의할 사항이 있다면 눈에 보이는 입주 물량만 보면 조금 위험할 수 있다는 점이다. 통계에 나타나지 않는 입주 물량이 존재하는 경우가 있기 때문이다. 가령 임대 물량, LH 전세 물량, 후분양 단지, 임대전환 단지, 그리고 미분양 물건 등이 남아 있는지 확인할 필요가 있다. 눈에 드러나지 않는 입주 물량이 있기 마련이다. 실제로 2022년 민간 임대로 행구동 골드클래스 402세대가 입주 예정인데, 지표에는 잡히지 않고 있다.

　　원주는 2014년 이후로 꾸준히 인구수가 증가했다. 전국 30만 인구 안팎의 중소도시 가운데 이렇게 인구수가 꾸준히 증가하는 지역은 원주가 유일하다. 게다가 증가하는 인구수 대부분이 젊은 연령대. 소비 여력이 높은 수요층이 유입되면서 성장 가능성이 더욱 높아진 지역이 원주다.

　　2021년 현재 원주의 인구수는 약 35만 명을 넘어서고 있다. 원주혁신도시가 안정화되고 있고, 원주기업도시에 기업들의 입주가 점진적으로 완료되면 인구 40만 명을 바라보는 중견도시로 성장할 것이라고 예상

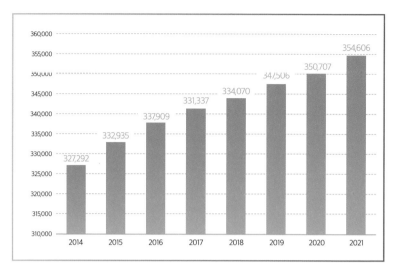

▲ 원주시 인구수 추이

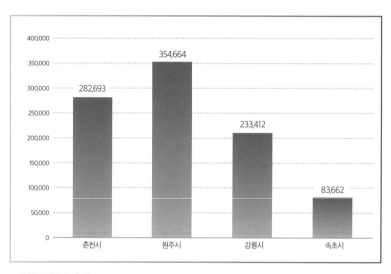

▲ 강원도 인구수 추이

🏆 지방 아파트 소액 투자 비법

된다. 이렇게 자체적으로 수요와 일자리를 갖추고 성장하는 중소도시는 전국에서 원주가 독보적이다.

건희아빠가 원주를 소액 투자처로 적합하다고 생각하는 이유 중 하나가 여기에 있다. 소비 여력이 충분한 젊은 수요층이 계속 유입되고 있기에 양질의 주거를 찾는 수요층이 늘 것이라 생각하는 것이다.

강원도 주요 4개 지역의 인구수를 보면 원주시가 35만 명으로 가장 많고, 다음으로 춘천시가 28만 명을 유지하고 있으며, 소도시이기는 하지만 강릉시와 속초시가 그 뒤를 따르고 있다. 뒤에 얘기하겠지만 인구수가 적다고 무시해서는 안 된다. 인구가 가장 적은 속초시가 강원도에서 가장 비싼 아파트를 가지고 있고, 아파트 매매상승율은 강릉시가 가장 높기 때문이다. 의외로 원주시와 춘천시가 더디게 상승하는 경향이

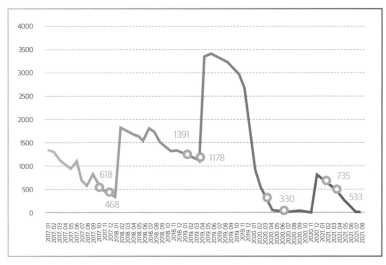

▲ 원주시 아파트 미분양 추이   코시스 국가통계포털(kosis.kr) 자료를 바탕으로 건희아빠가 작성한 그래프.

있어 보인다. 인구가 많다고 좋은 투자처고, 적다고 나쁜 투자처는 아니라는 의미이기도 할 것이다.

마지막으로 원주시 아파트 미분양 추이다. 2019년 말에 한 번 크게 미분양이 늘어났다가 급격하게 소진되는 그래프를 보여주고 있다. 곧 얘기할 원주의 대장주 원주더샵센트럴파크 단지의 영향이었는데, 지방 미분양이라고 무시할 것이 아니라 입주 물량과 입지를 생각해서 미분양에도 접근할 수 있다는 것을 명심하자.

이후 2021년 상반기에 일부 미분양이 있기는 했지만 대부분 소진되고, 2022년 현재 원주는 미분양이 없는 청정지대로 변해가고 있다. 즉 원주의 신축 분양 단지들은 프리미엄이 높게 형성되는 전형적인 가치투자의 상승장으로 가고 있다고 봐도 무방할 듯하다.

☑ 1_ 원주시의 주요 일자리와 호재

원주시는 크게 두 개의 자체 일자리를 가지고 있다. 원주혁신도시와 원주기업도시를 동시에 보유하고 있는 것이다. 우리나라 최초로 두 개 도시를 모두 성공시킨 유일한 지역이기도 하다. 건희아빠가 원주의 미래를 밝게 보는 이유도 여기에 있다. 혁신도시의 수요층이 점차 원주에 정착하고 있으며, 기업도시의 중소기업들이 젊은 일자리를 제공하면서 성장할 가능성이 크기 때문이다. 아직 원주기업도시는 100% 기업 입주가 완료된 지역은 아님에도 불구하고 미분양이 없다. 더욱이 앞으로도 기업과 공장들의 입주가 이어질 예정이다. 젊은 수요층은 더욱 많이 유입될 가능성이 크다.

교통망 호재

기본적으로 교통망 호재는 철도망과 도로망의 개통이나 연결 등의 계획을 가지고 있는 것을 의미한다. 국가철도망 계획에 따르면 서울에서 강원도까지의 연결성을 확대하려는 목표가 명확해 보인다. 서울에서 원주와 춘천으로, 원주는 강릉으로, 춘천은 속초로 연결되는 광역 철도망을 연결해 서울에서 2시간대에 강원도로 접근할 수 있도록 만드는 것이 주된 목표라고 볼 수 있다. 따라서 경유지라고 볼 수 있는 원주는 교통의 요지로 성장할 가능성이 크다.

또한 청량리에서 신경주를 거쳐 부산으로 이어지는 ITX 사업의 일환으로 원주~제천 구간이 이미 개통되었으며, 중앙선 복선화 사업의 경유지로 남원주 역세권 사업이 진행되고 있다. 동서 철도망이 연계되면 꼭 원주~강릉 구간이 좋아진다기보다는 경기도에서 원주까지 연결성이 높아진다는 장점이 더 부각될 수 있을 것이다. 왜냐하면 역세권 개발사업이 여주를 거쳐 서원주까지 연계되어 개발될 것이기 때문이다. 그러면 주거 입지와 함께 수도권의 접근성이 개선되어 수도권 출퇴근 수요층의 유입도 기대해볼 수 있다

철도망 호재뿐 아니라 이미 개통되어 운용 중인 제2영동고속도로 또한 원주와 동서울까지 한 시간 내의 연결성을 제공하므로 교통망의 획기적인 시너지효과가 나타나고 있다고 볼 수 있다. 도로와 교통이 개선되면서 원주의 자족 기능 또한 높아질 수 있지 않을까.

새로운 일자리

원주는 혁신도시와 기업도시를 모두 가지고 있다. 물론 형성 시점에는 수요(기업)보다 입주 물량이 먼저 공급되기 때문에 한동안 어려운 시기를 겪어야 했지만, 현재는 입주 물량에서 오는 리스크는 거의 해소됐고, 수요층이 꾸준히 공급될 가능성이 큰 지역으로 안정되었다.

먼저 원주혁신도시는 반곡동에 공공기관과 주거 입지를 동시에 공급하는 주거복합도시다. 전체 3만 1000명을 수용하기로 인구계획을 수립하고, 2008년에 착공해 현재 약 13개 공공기관이 입주해 있다. 주거 입지도 1개 단지를 제외하곤 모두 입주를 마무리했으며, 추가적인 입주 물량도 없는 편이다.

아쉬운 점이 있다면 혁신도시 종사자들의 원주 정착률인데, 서울과의 접근성이 좋다 보니 서울에서 통근하는 공공기관 종사자들이 많은 것이다. 하지만 이 또한 점차 원주에 정착하는 수요층이 많아질 것으로 보이는데, 그 이유는 신입사원에 대한 혁신도시 정착지원 정책으로 정착율이 높아지고 있고, 기존 종사자들도 원거리 출퇴근에 대한 피로감으로 원주 정착을 원하는 비율이 높아지고 있기 때문이다. 혁신도시가 자리 잡아가면서 주거안정도는 더 높아질 가능성이 큰 지역이라고 볼 수 있다.

다음으로 원주기업도시의 수요층을 살펴보자. 우리나라에는 5개 기업도시가 조성될 계획을 가지고 있었다. 그중에서 사업이 어느 정도 진행되거나 명맥이 남아 있는 도시는 두 군데인데, 충북 충주시와 강원도 원

지방 아파트 소액 투자 비법

주시다. 그나마 사업에 성공한 지역은 원주가 유일하다. 다른 지역 기업
도시 계획인 지지부진했던 것은 여러 변수가 작용했겠지만, 공공 성격이
아닌 민간(기업) 주도이다 보니 수익성에 포커스가 맞춰지면서 기업 유치
보다 아파트 공급 위주로 진행되어 원동력을 늦추는 결과로 왔다는 것이
대체적인 평가다.

지역		종류	출자사	진행 현황
충주		지식기반영	포스코건설, 글로웨이	2012년 준공, 분양률 92.5%
원주		지식기반영	롯데건설, 경남기업	2019년 준공, 분양률 88.6%
태안		관광레저형	현대건설	공정률 48.0%, 분양률 37.9%
영암해남	삼호지구	관광레저형	에이스투자, 한국관광공사	공정률 13.7%
	구성지구		전남도, 전남개발공사	공정률 27.0%
	삼포지구		SK건설, 전남도	사업 중단
무안		산업교역형	2013년 사업 취소	
무주		관광레저형	2011년 사업 취소	

▲ 우리나라 기업도시 추진 현황.　　　　　　　　　　　　　　　　출처 : 국토교통부

　　다행히 원주기업도시는 초반의 아파트 공급 위주의 정책에서 기업
유치 정책으로 바뀌면서 효과를 보는 단계로 넘어왔다. 분양률도 높고,
기업입주율도 50%가 넘었다고 한다. 따라서 추가적인 입주기업에 따른
주거 수요층도 높아질 것으로 예상되어 일자리에 대한 건설적인 예측이
가능해 보이는 지역이라고 볼 수 있다. 기업도시는 지금도 성장 중이다.
바이오 계열 중소기업들이 많이 입주해 있고, 추가적으로 친환경 기업들
이 입주할 예정이다.

　　건희아빠가 원주를 바라보는 중요한 포인트 중 하나가 기업도시의
입주율이었는데, 더샵과 단계주공을 투자하러 갈 때인 2020년 상반기에

벌써 입주율이 50%를 넘어서고 있었다. 게다가 분양률은 75%를 넘어서고 있었고, 단독주택 청약율은 10,000대1을 기록했다. 어느 정도 수요층이 늘어올 가능성을 확인하자 원주의 가치가 높아질 것을 예상했고, 고민 없이 투자할 수 있었다.

✅ 2_ 주요주거 입지

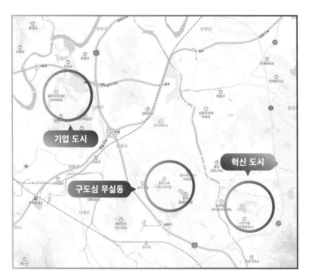

▲ 강원도 원주시 주요 주거 입지

　원주는 크게 3개 주거 입지를 가지고 있다. 구도심을 중심으로 한 무실동 지역, 공공기관이 내려와서 새로운 택지지구를 개발한 혁신도시, 그리고 마지막으로 롯데에서 택지개발한 기업도시다.

구도심의 최강자, 무실동

원주의 구도심은 기업도시와 혁신도시의 입주 물량으로 인해 한동안 힘을 쓰지 못하고 힘들어했던 시기가 있었다. 그런 시기가 지나가고 물량이 안정되고 나서 구도심도 반등하기 시작했는데, 구도심의 대장주부터 크게 상승하고 인근 재건축, 재개발, 그리고 그동안 조용했던 인근 택지개발지구들이 분양을 준비하고 있다.

그 중심에는 원주 구도심의 강자 원주 더샵이 있다. 구도심의 대장주가 될 것이며 중앙공원과 연계해서 개발되는 측면이 있어서 입주 후에도 원주 수요층의 선택을 받을 가능성이 아주 높다.

더샵원주센트럴파크 아파트는 총 4개 단지로 구성되어 있다. 개별 단지들이 원주 중앙공원을 감싸고 있는 형태다. 기존에 야산이었던 무실 택지를 중앙공원으로 개발하면서 아파트를 공급하는 환지 택지 방식이어서 개발되고 나면 신축의 프리미엄과 공원의 쾌적함, 그리고 구도심의 인프라까지 동시에 누릴 수 있는 원주 최고의 주거지가 될 전망이다.

다음으로는 단구택지개발지구가 있다. 단구동 일대에 들어오는 신축 단지로 총 6개 단지가 예정되어 있다. 그중 먼저 분양해서 입주한 단

▲ 4개 단지로 구성되어 있는 원주시 더샵원주센트럴파크 아파트.

지는 원주단구내안애(양우내안애) 단지다. 안타깝게도 이 단지는 핸디캡이 있는데, 단지 바로 옆에 송전탑이 위치해 있다는 점이다. 그래서 원주 실수요자들의 외면을 받아온 안타까운 사연을 가진 단지였다. 사람들 대부분은 이 송전탑 때문에 양우내안애 단지를 그렇게 좋게 생각하지 않고 투자하지 않았다. (추가적인 내용을 알고 싶다면 건희아빠 블로그에 당시의 자세한 분위기를 포스팅해놓았으니 참고하면 좋을 듯하다)

▲ 송전탑이 핸디캡으로 작용했던 원주단구내안애(양우내안애) 단지.

건희아빠가 이 단지에 투자를 한 이유는 바로 그 핸디캡 때문이었다. 지금은 송전탑 때문에 악재로 받아들여져 시세가 치고 나가지 못한다면, 반대로 송전탑이 없어지면 호재가 아닐까 하는 생각이 들었던 것이다. 개발 계획도에 보면 단구동 전반에 걸쳐 아파트 단지가 공급될 예정이다. 양우내안애 단지 우측에 개발 중인 단지가 제대로 공급되려면 송전탑은 어떻게든 지중화되어야 분양이 가능할 것이다. 따라서 그때까지만 기다리면 송전탑은 없어질 것이고, 악재가 없어지니 호재로 작용할 것이라는 생각이 들었던 것이다.

혹시 지방이나 수도권에 이러한 핸디캡을 가지고 있는 단지가 있다면 유심히 지켜보기를 바란다. 악재가 없어지는 것은 바로 큰 호재로 반전을 이룰 가능성이 높으니 말이다.

2021년 12월 현재 e편한세상 단지가 분양을 준비하고 있고, 연속적으로 자이도 분양을 대기하고 있다. 그러면 이 지역도 약 3500세대의 대단지로 이뤄진 주거 입지가 만들어진다. 원주에 또 하나의 큰 주거 벨트가 생길 가능성이 크다.

▲ 서곡리 e편한세상원주프리모원 아파트 단지 구성.　　　　출처 : 호갱노노(hogangnono.com)

다음은 원동나래 재개발지구를 알아보자. 원주에는 크게 3개 재건축 단지와 4개 재개발 지구가 있다. 그중 가장 큰 재개발 지역이 원동나래 재개발지구다. 그리고 원동주공이 인근에 위치해 있어 나래지구가 개발되고 나면, 주거 입지는 비약적으로 발전할 가능성이 크다.

이미 이주를 시작한 구역도 있고, 2022년 이주를 계획한 구역도 있다. 답사를 해보면 이 지역이 정말 낙후되어 있다는 것을 느낄 수 있을 것이다. 길도 위험하고 차도와 인도의 경계도 모호하다. 게다가 소방차도 못 들어가는 판자촌인 곳도 있고, 평지가 아닌 심한 경사도를 보인다. 그런데 3개 지구가 개발되면 평지 구조로 변화한다고 한다. 산을 깎아서 평탄화 작업을 하고, 도로가 정비되며, 근린공원이 조성될 계획이다. 한 마디로 주서 입지가 비약적으로 발전하는 셈이다. 이렇게 주거 입지가 개선되는 지역에 소액 투자 단지가 있다면 한 번쯤 관심가져 볼만 할 것 이다.

인근에 100~300세대 정도의 '나 홀로' 단지들이 많이 포진해 있다. 이런 단지들은 지금까지 소외되어 관심권에서 멀어져 있었지만, 앞으로 주거 입지가 개선되면 같이 좋아질 단지들이다. 소액으로 접근해서 개발 이 완료될 때까지만 보유한다면 나쁘지 않은 결과가 있지 않을까 예상해 본다.

공공기관과 함께, 혁신도시

반곡동에 형성된 혁신도시는 공공기관이 내려와서 개발된 택지지구 다. 당연히 수요층은 공공기관 임직원이 많다고 보면 되는데, 실제적으 로는 원주 구도심 수요층이 많이 유입되어 시세를 형성하고 있다.

이는 원주혁신도시에만 해당하는 분위기는 아니다. 전국에서 구도 심과 가까운 혁신도시들은 대체로 기존 구도심의 수요층을 혁신도시의 새 아파트로 많이 끌어들인다. 자연스러운 현상이라는 뜻이다. 반곡동 일원은 3만 인구를 계획하며 개발한 지역이며, 현재는 1개 단지만 입주 를 앞두고 있고, 공공기관은 정착률이 높아지는 상황이다. 따라서 전체 적인 원주의 수요층이 증가하는 원인 중 하나가 될 수 있으며, 이에 따라 주택 수요의 증가를 예상해 볼 수 있다.

원주혁신도시는 크게 4곳의 주거 입지를 눈여겨보면 좋을 듯하다. 첫째는 현재 원주혁신도시의 대장주인 힐데스하임 단지다. 상권과 인접하고 단구동의 인프라와 접근성이 좋은 장점이 있다. 지방 투자할 때 한 가지 팁을 드리면 같은 조건의 단지와 물건이 있다면 이왕이면 상권과 인접한 단지를 선택하라는 것이다. 물론 학군이나 자연환경을 선호할 수

▲ 원주혁신도시의 대장주인 힐데스하임 단지.

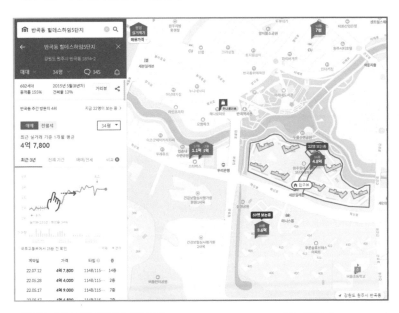

▲ 반곡동 힐데스하임 5단지의 시세 현황.　　　　출처 : 호갱노노(hogangnono.com)

있지만, 일반적으로 '슬리퍼 상권'이 형성할 수 있는 상업 시설 근접 단지를 엄마들이 선호하기 때문이다. 아이들 학원도 가깝고, 편의시설과 스타벅스도 편히 이용할 수 있기를 바라는 것이다.

힐데스하임 단지는 지난 상승장에서 거의 2억 원 가까이 올랐다. 대장주들은 상승장에서 뚜껑이 없다는 말을 들을 수 있는데, 이 단지도 그러한 대장주의 역할을 톡톡히 하는 것 같다.

원주혁신도시에서 관심을 두면 좋은 두 번째 아파트는 제일풍경채센텀포레다. 원주혁신도시의 마지막 입주 물량이며, 가장 신축급이라고 볼 수 있다. 2023년 2월 입주 예정이며, 중대형으로 구성된 대단지다. 아마도 머지않아 혁신도시의 대장주 역할을 할 것으로 예상된다.

▲ 반곡동 LH 푸름숲휴브레스 단지의 시세 현황.　　　　출처 : 호갱노노(hogangnono.com)

　　　　🍸 지방 아파트 소액 투자 비법

주변이 공원으로 둘러싸여 있는 데다가 지방에서 선호하는 중대형 평형으로 구성되어 있어서 원주 시민들에게 각광받는 단지가 될 듯하다. 아직 입주 전이라서 이 정도 가격을 유지하는 것이지, 입주가 시작되고 혁신도시 마지막 신축으로 인정받으면 가치는 더욱 상승할 전망이다.

실거래가는 분양가 대비 2억 원 정도 상승했는데, 아직 상승 여력은 충분해 보인다. 왜냐면 아직 입주 전이고, 혁신도시 마지막 신축이라는 희소성을 가지고 있기 때문이다. 탑층 같은 경우 희소성이 높아서인지 프리미엄만 6억 원으로 호가가 매겨지고 있다. 거래되고 나면 몇 개 남지 않은 물건에 대한 희소성은 더 높아지지 않을까 예상된다.

꼭대기 층의 경우 희소성이 높아서인지 프리미엄만 6억 원으로 호가가 매겨지고 있다. 거래되고 나면 몇 개 남지 않은 물건들의 희소성은 더

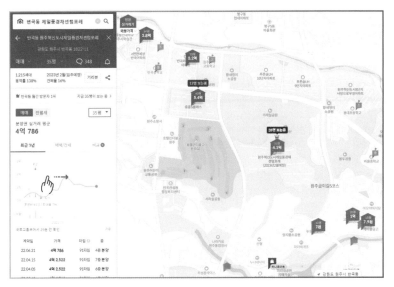

▲ 반곡동 제일풍경채센텀포레 단지의 시세 현황.   출처 : 호갱노노 (hogangnono.com)

높아지지 않을까 예상된다.

소액으로 접근할 만한 세 번째 지역은 반곡 LH 푸름숲 단지다. LH 라서 혁신도시에서 민영 단지 대비 가격이 저렴하고, 브랜드가 밀리다 보니 선호도가 떨어지는 단지로 인식되고 있다. 그러나 혁신도시 대장주들이 상승함에 따라 LH 푸른숲 단지도 같이 상승하고 있다. 시간과 상승률의 차이만 있을 뿐이지 상승하는 추세는 똑같다는 뜻이다.

앞 단원에서도 누누이 이야기했지만 이렇게 B급 단지들이 수익률은 높을 가능성이 크다. 매매가는 가장 마지막에 오르면서 전세가는 매매가 끝까지 좇아오면서 상승하기 때문이다. 투자금이 적은 소액 투자자들은 이런 단지들이 갭이 붙을 때를 유심히 지켜보고 있다가 접근하면 안전하면서도 높은 수익률을 올릴 수 있지 않을까 생각한다.

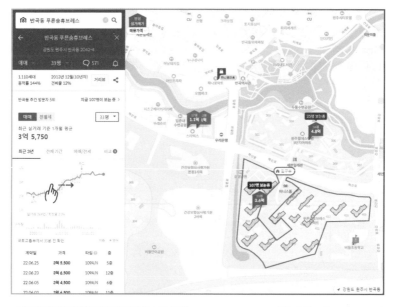

▲ 변곡동 제일풍경채센텀포레 단지의 시세 현황.　　　　출처 : 호갱노노(hogangnono.com)

　　마지막으로 살짝 추가하자면 모아엘가 단지가 있는데, 이곳은 외곽이라 상권도 멀고, 뒤편이 논밭이라서 입지적으로 후순위로 밀리는 단지다. 인프라가 들어오기에는 조금 시간이 필요해 보인다. 하지만 LH 단지처럼 갭이 붙는 순간이 온다면 적극적으로 매수해보는 것도 좋을 듯하다.

▲ 변곡동 변곡모아엘가 단지 주변. 현재는 인프라가 구축되어 있지 않다.

▲ 변곡동 제일풍경채센텀포레 단지의 시세 현황.　　　　출처 : 호갱노노(hogangnono.com)

성장하는 기업도시

실제로 차량으로 원주혁신도시와 기업도시에서 출발하면 경기도에 들어오기까지 20분 정도의 차이가 날 뿐이지만, 어찌 되었든 수도권 접근성은 20분 더 빠른 기업도시가 좋은 셈이다.

이러한 장점으로 기업도시를 긍정적으로 바라보는 투자자들이 늘어나고 있고, 특히 물량이 끝남으로 인해서 수요가 안정돼 투자 메리트는 더 높아질 지역이라 생각한다.

이곳은 신축들로 이뤄진 신도시라서 입지가 좋고, 부동산 가격도 많이 상승한 지역이다. 기업도시의 대장주는 골드파크 1차와 2차 단지다. 기업도시의 메인 상권과 인접하고 롯데캐슬이라는 브랜드를 가지고 있으며, 공원의 녹지에 둘러싸여 있어서 엄마들의 선호도가 높은 편이다. 당연히 가격도 기업도시에서 가장 비싸다.

기업도시의 마지막 입주 물량은 이지더원 3차다. 2024년 5월 입주 예정이며, 이 단지가 입주하면 기업도시의 모든 택지의 공동주택은 더 이상 공급이 없다. 이럴 경우 기업도시 수요층이 지속적으로 유입될 때 전세가 상승은 꾸준히 이어지지 않을까 조심스럽게 예상해본다. 2024년 이전까지 기업도시의 입주 물량은 전무하다. 갭이 붙을 수 있는 여건도 충분하다고 생각한다.

사실 기업도시는 신생 도시의 특성상 소액 투자가 어려운 지역이다. 아직은 매매가 대비 전세가가 충분히 따라오지 못했기 때문인데, 구도심의 대장주들이 상승하면서 전세가를 끌어올릴 때 기업도시의 대장주들도 전세가가 상승할 가능성이 크다. 이때를 잘 지켜보고 있다가 B급 단

▲ 원주기업도시의 모습들.

▲ 원주기업도시의 이지더원 3차 단지의 시세 현황.

출처 : 호갱노노(hogangnono.com)

지들의 갭이 붙게 되면, 투자할 수 있는 기회가 올 수 있다.

신흥 강자, 남원주 역세권

원주에는 크게 4개의 철도망이 계획되거나 확충될 예정이다. 머지않아 강원도 지역에서 교통의 허브 역할을 할 수 있는 도시가 될 것으로 보아도 무방하다. 그중에 남원주 역세권 개발사업이 있다. 남양주 역세권은 특례사업으로 개발되다 보니 공공택지 성격이면서도 전매가 가능한 장점이 있는 개발지구다. 앞으로 원주에서 주거 입지의 한 축을 담당할 지역이라고 생각한다. 개인적으로 원주기업도시보다 남원주 역세권 개발사업이 더 미래가치가 높다고 생각하고 있다. 왜냐면 기업도시에는 없는 철도망이 개통되었고, 고속철 구간이 더욱 늘어날 것이기 때문이다. 게다가 기업이 없는 대신 관공서들이 이전할 계획을 가지고 있어서 상권과 자족도시 성격도 강해질 수 있다.

남원주 역세권 개발사업은 남원주역(정식 명칭은 원주역) 인근의 택지를 중심으로 공동주택과 상가, 그리고 관공서 등을 이전시켜 명품 주거 입지로 개발하는 것이다. 택지는 대부분 호반건설에서 매수한 것으로 알고 있다. 물론 임대 단지와 LH 공공단지가 있기는 하지만, 브랜드 측면에서 조금 아쉬운 면모이기도 하다.

첫 타자로 호반 1차가 분양을 시작했고, 홈런에 가까운 성공적 경쟁률을 보여준 바 있다. 지방치곤 저렴한 분양가가 아니었지만, 높은 분양 경쟁률을 보이더니 프리미엄도 지속적으로 상승하고 있다. 초피(계약 전까지의 거래를 의미하며, 계약금에 피를 얹어 거래한다는 뜻) 프리미엄이 5,000만 원에서 시작해 1억 원대까지 높게 형성되어 있어서 관심도가 높은데, 앞으로도 더 높아질 단지다. 후속타로 호반 2차와 3차 등이 분양 예정인데, 호반 1차보다 입지가 더 좋은 단지들이다 보니 경쟁률과 프리미엄은 더 높아질 수 있을 것이다.

원주 실거주자들이나 강원도 1순위 통장을 가지고 있는 사람이라면 한 번 청약에 도전해 보기를 추천하고 싶다. 계약금 3,000만 원 정도로 안전마진만 1억 원 이상 되는 단지에 접근할 수 있으니 말이다.

외곽에 관심을, 태장동

원주는 중심부 가격이 상승하고 있고, 외곽의 택지개발지구도 상승률이 높게 형성되어 있다. 이럴 경우 소액 투자로 접근하기에는 약간 부담스러울 수 있다. 그렇다면 중심부나 A급 단지가 아니라 외곽의 A급 단지를 노려보면 어떨까?

가령 지금까지는 사람들의 관심 밖에 있었거나 외면받던 지역이었지만 중심부의 강세장에 부담을 느낀 수요층이 눈을 돌릴 가능성이 높은 지역의 신축이라면 충분히 관심가져볼 만하다.

태장동은 원주의 외곽 북부에 자리한 외딴 지역이다. 그래서 그동안 원주 실수요자들은 태장동을 그다지 선호하지 않았다. 그런데 백년만년 그 지역이 흐름이 멈춰있다면 모르겠지만, C급 지역이라 할지라도 개발의 힘이 넘어온다면 그때는 이야기가 다를 수 있다.

태장동은 원주의 군사 보호구역 중 하나였다. 그런데 군부대가 외곽으로 이전을 추진하면서 기존 군부대 자리에 녹지와 친환경 공공기여 시설물들을 건립할 예정이라고 한다. 물론 시간이 좀 걸릴 수 있겠지만, 이 지역도 사람들의 관심이 조금씩 늘 수 있는 지역이라는 얘기다.

▲ 태장동의 대장주라 할 수 있는 태장 e편한세상원주태장 단지.

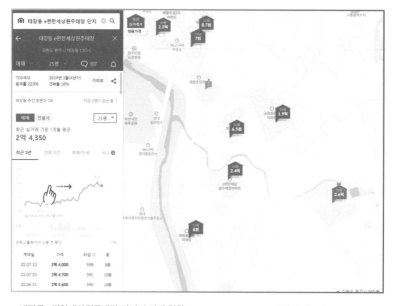

▲ 태장동 e편한세상원주태장 단지의 시세 현황.　　　　출처 : 호갱노노(hogangnono.com)

　　태장동의 대장은 태장 e편한세상원주태장 단지다. 태장동에서 가장 신축에 해당하면서 브랜드 인지도도 어느 정도 가진 단지라고 볼 수 있다. 아쉽게도 이 단지는 핸디캡을 가지고 있는데, 단지 바로 정면에 고물상(재처리장)이 떡하니 버티고 있다. 아무래도 주거 입지 가까이 이런 혐오

⑦ 시설이 있으면 주거 실소유자 입장에서 보면 선호도가 떨어질 수밖에 없다. 게다가 지방의 주된 기준은 84㎡형이 아니 76㎡형이다. 보니 상품성으로도 다소 떨어지는 단지라고 할 수 있다.

그런데 이런 관심 밖의 단지도 중심부 가격이 상승하기 시작하고 중심부 물량이 소진되니, 어느새 분양가 대비 1억 원 정도 상승가를 찍었고, 매매가격이 꾸준히 우상향하고 있는 것을 볼 수 있다. 외곽이라고 무시할 것이 아니다. 중심부 상승에 따라 키를 맞추기 위해 외곽도 상승할 타이밍이 온다는 것이다.

e편한세상태장 근방에 태장 2지구가 개발되고 있다. 미분양으로 한

▲ 태장동 원주대원칸타빌 단지의 분양가 현황.　　　　출처 : 호갱노노(hogangnono.com)

참 고생하다가 겨우 완판을 한 단지다. 대원칸타빌 단지로 주변에 아무것도 없이 택지 형태로 분양을 하다 보니 더샵의 호재에도 불구하고 별 관심을 못 받은 단지다.

건희아빠는 이 단지가 앞으로 3.5억 원까지는 상승할 수 있다고 생각한다. e편한세상태장보다 입지가 좋고, 연식도 7년 이상 차이가 나면 최소 5,000만 원 정도는 가격 차이가 나는 것이 일반적이기 때문이다. e편한세상태장이 2.9억 원 정도라면(30평형) 대원칸타빌 34평형은 얼마가 적정한 가격일지 고민해봐야 한다. 지금은 전매제한 기간이라서 매매가격이 정해지지 않겠지만, 입주장에서는 4억 원 언저리에서 시세가 형성되지 않을까 싶다. 시간이 답해줄 것이다.

그렇다면 태장동에서 신축 외에 소액으로 접근할 만한 다른 단지들은 어디가 있을까? 건희아빠의 생각으로는 태장동 인근 구축들도 어느 정도는 키 맞추기로 따라가지 않을까 한다. 개발의 축은 분명히 태장동 내에서도 존재한다. 그렇다면 신축이 먼저 치고 나간다면 뒤에 따라오던 10년차 구축들이 바로 따라갈 것이다. 그렇다면 C급 단지들도 어느 정도는 상승기류에 같이 탑승하지 않을까 예상해볼 수 있다.

☑ 3_ 원주시 소액 투자 접근 전략

원주는 한동안 혁신도시와 기업도시의 입주 물량이 과대해 힘들어하던 지역이었다. 하지만 그 시기가 지나가자 대장주들은 힘을 받으며 상승기류를 찾아가고 있으며, 외곽과 구도심의 입지 좋은 사업장마다 분양을 서두르고 있다. 이런 시기에 지역과 입지를 분석해가며 타이밍을 조절해서 접근한다면 쏠쏠한 수익률을 얻을 수 있을 것이다.

지역마다 특징이 있으니 임장을 꼼꼼히 선행해야 할 것이다. 손품만으로는 물건 세팅에 한계가 있다. 현장의 목소리를 듣지 못하고, 강사들의 멘트만 듣고 접근하는 것은 장기적으로는 추천할 만한 투자 방식이 아니다.

어느 정도 잔금 여력이 있다면 구도심의 무실동 지역에 있는 더샵의 입주장을 이용해보는 것이 좋다. 중앙1공원과 2공원이 완공되면 원주의 대장주로서 손색이 없는 주거 입지를 가지게 될 것이니, 실수요층이 더욱 모여들 만한 단지를 이루게 될 것이기 때문이다. 그리고 중앙 1·2공원 인근의 구축들도 소액으로 접근하면 인프라 개선으로 인한 키 맞추기 상승이 가능할 것으로 보인다.

또한 원동나래지구 인근의 구축 소형 아파트들도 관심 가져 볼 만하다. 나래 다박골 재개발과 원동주공이 개발되고 나면 C급 지역에서 A급 지역으로 변화가 가능할 지역이기 때문이다. 그렇다면 인근 지역의 소형 평수 단지들도 주거 입지의 변화 축에 같이 편승할 가능성이 높다.

외곽으로는 혁신도시와 기업도시가 있는데, 혁신도시는 입주가 마무리되어서 소액으로 접근하기 어려우니, 주변에서 따라가는 B급 단지들을 공략하는 것이 현명해 보인다. 지금은 갭이 벌어져서 소액으로 접근하기 어렵겠지만, 물량이 소진되고 전세가가 상승하는 시기가 도래하면 자연히 갭은 줄어들 것이고, 접근할 타이밍은 분명히 올 수 있다.

기업도시 또한 이지더원 3차 이외에는 입주 물량이 없다. 지금까지는 매매가격만 상승했지만, 어느 정도 안정화 기간이 지나면 전세가도 동반 상승할 시기가 올 것이다. 그때를 기회로 소액으로 접근한다면 안전한 투자처가 될 수 있다.

그리고 1순위 강원도 청약통장이 있다면, 남원주 역세권 개발사업의 분양 단지를 노려보는 것도 좋겠다. 청약 직후 초피 작업을 통해 접근해도 괜찮겠지만, 초피가 그리 낮게 형성되지는 않을 듯하므로 처음부터 청약 쪽으로 접근하는 게 현실적으로 좋을 것 같다.

마지막으로 원주의 외곽지역인 태장동은 원주 실수요자들에게 외면받던 지역이다. 하지만 개발의 축이 넘어오고 있고, 중심부의 가격에 부담감을 느끼는 수요층이 유입될 좋은 입지와 가격 조건을 갖춘 지역이다. 그렇다면 이런 지역에서 개발지 가까운 단지들을 소액으로 선점하고 있다가 흐름이 넘어올 때까지만 기다리는 전략도 좋다고 할 것이다.

개인마다 투자금 규모와 투자 성향이 다르다. 다양한 입지를 둘러본 뒤 자신에게 맞는 투자처와 단지를 찾아서 접근하기에 좋은 지역이 강원도 원주다.

② 강원도 행정의 중심지 _ 춘천시

강원도 중서부에 자리하고 있는 춘천시는 원주와 비슷하게 경기도와 가까운 도시 중 하나다. 동쪽은 인제군과 양구군, 서쪽은 경기도 가평군, 남쪽은 홍천군, 북쪽은 화천군과 접하고 있다. 시청은 교동에 자리하고 있는데, 춘천은 당연하고 강원도 전체의 행정 중심 역할을 하기도 한다. 경기도권과 가장 먼저 철도망으로 연결된 교통의 요지이면서도 강원도의 행정력이 집중되어 고소득 종사자들이 많이 거주하는 지역이기도 하다.

춘천의 부동산 시장 역시 입주 물량이 몰려 들어오면 하락하고, 입주 물량이 안정되면 반등하며 상승하는 지방 부동산 시장의 전형적인 사이클을 보이고 있다. 결론부에 이야기하겠지만 지금 춘천의 주거 부동산 사이클은 상승중반장으로 분양이 시작되는 시기, 즉 분양 물량의 초기 시장이라고 볼 수 있다. 넓은 친환경적 자연환경과 경기도와 인접한 장점, 행정도시로서의 발전 가능성, 그리고 관광도시로의 성장이 기대되는 도시가 춘천이다.

☑ 1_ 춘천의 부동산 상황과 개발 호재

아무래도 투자라는 것이 호재에 민감하게 반응하는 법이고, 호재는 곧 개발과 연계하므로 주거 입지와 상권의 변화와 성장을 가져오는 법이다. 현재 춘천의 부동산 상황을 브리핑하자면, 1차 상승장이 마무리되고 2차 상승을 위한 숨 고르기 시간에 들어간 것으로 보인다. 물량은 마무리되어 전세가는 상승 중이고, 그로 인해 신축에 대한 목마름이 더욱 높아지는 시기다. 입지가 좋든 나쁘든 분양만 하면 홈런을 치며 신축 분양권이 각광받는 시기가 현재의 춘천 부동산 시장이라고 보면 될 듯하다.

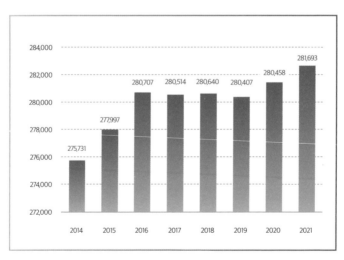

▲ 춘천시 인구수 추이   코시스 국가통계포털(kosis.kr) 자료를 바탕으로 건희아빠가 작성한 그래프.

춘천의 인구는 2019년까지 소폭 감소하다가 2020년부터 증가하고 있다. 춘천의 입주 물량이 마무리되고 있기 때문일 것이다. 수요층이 인근 도시로부터 '빨대효과'로 들어오는 것이다. 원주와 다르게 양질의 주거 입지를 찾아서 들어오는 수요층 덕분에 인구가 증가한다고 보면 될 것 같다. 2021년 춘천의 인구는 약 28만 명이었는데, 좋은 주거가 공급되면서 30만 명을 돌파할 것으로 보인다. 춘천의 부동산 시상에 긍정적인 요소로 작용할 것이다.

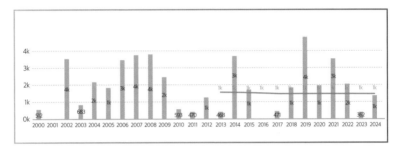

▲ 강원도 춘천시 기간별 수요·입주.　　　　　　　　　출처 : 부동산지인(aptgin.com)

누누이 강조하지만, 가장 중요하게 확인해야 할 사항은 수급이다. 수요와 공급이 가장 중요한 투자 포인트로 아무리 강조해도 부족함이 없다. 위 그래프를 보면 춘천시 입주 물량은 2022년까지 밀려들다가 2023년과 2024년에는 없는 것을 확인할 수 있다. 조심스럽기는 하지만, 2022년 춘천은 신축 분양권이 약진함에 따라서 소액 투자 단지들의 투자 수요가 많이 들어오지 않을까 예상해본다. 더 이상 입주 물량이 없고, 수요가 안정된 상태에서 전세와 매매가격이 동시에 상승하는 장으로 갈 것을 예상해볼 수 있다.

춘천의 입주 물량은 2019년 정점이었다가 2021년까지 포화 상태였다. 하지만 결과적으로 이 입주 물량이 다 소화되고 안정기를 거치자마자 상승 폭은 더욱 커졌다. 신축 프리미엄은 우상향으로 높아지는 것을 볼 수 있었다. 그렇다면 앞으로도 이러한 현상이 지속적으로 나타나지 않을까?

왜냐면 입주 물량은 없고 전세가는 안정된 상태에서 분양권이 치고 나가준다면 인근 신축의 선호도는 높아질 것이고, 그에 따른 개발의 힘이 기존 구축까지 끌어당겨 줄 것이기 때문이다.

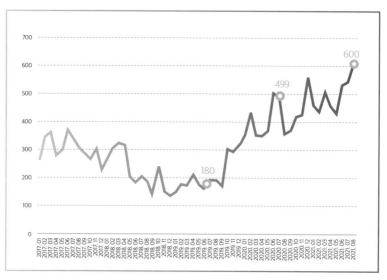

▲ 춘천시 아파트 매매거래량

춘천의 아파트 매매 거래량이다. 2018년 바닥을 찍더니 점차 늘고 있다는 사실을 확인할 수 있다. 특히 평균 매매 거래량은 최다 400여 건으로 침체 시기의 춘천 거래량 대비 2배 수준이다. 정부의 부동산 정책이 나올 때마다 약간의 출렁임은 있을지언정, 전체적인 우상향 곡선을 그리면서 성장하는 지역이 춘천이라는 이야기다. 이러한 추세는 당분간 계속

지방 아파트 소액 투자 비법

될 것으로 예상되며, 춘천 최대 호재인 레고랜드가 개장한 이후부터 수
요층의 기대심리는 더욱 높아질 수 있다.

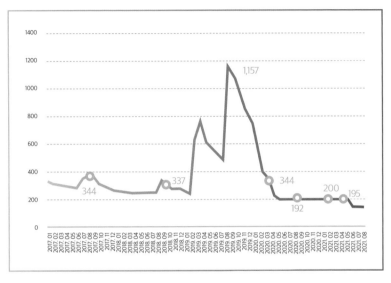

▲ 춘천시 아파트 미분양 추이   코시스 국가통계포털(kosis.kr) 자료를 바탕으로 건희아빠가 작성한 그래프.

　　춘천의 아파트 미분양 추이다. 2019년 미분양이 최대치를 기록하고
나서, 미분양이 급속도로 소진되는 것을 볼 수 있다. 지방 투자에서 미분
양 추이는 부동산 시장의 바로미터라고 해도 과언이 아니다. 미분양이
증가하는 지역은 유의해야 하지만, 미분양이 이처럼 감소하는 지역은 관
심을 꼭 가지고 있어야 한다는 뜻이다. 앞서 살펴봤듯이 원주의 경우 더
샵의 미분양이 소진됨에 따라 원주 부동산 시세의 반등 신호가 강해졌
다는 사실을 우리는 알고 있다. 마찬가지로 춘천도 e편한세상 한숲시티
의 미분양이 소진될 때가 아마도 춘천의 반등 신호가 아니었을까 생각
해 볼 수 있다.

지금 춘천은 분양의 시기다. 분양만 하면 대박을 치고, 프리미엄은 눈덩이처럼 높아지고 있으며, 입지 좋은 신축들을 건설사에서는 하루라도 빨리 밀어내서 분양하려고 분주하다. 즉 분양권이 힘을 가지는 시기며, 신축이 잘 나가는 시기가 현재의 춘천 시장이다.

주요 개발 호재

독자님은 '춘천', 하면 생각나는 단어나 키워드가 무엇일지 궁금하다. 강의 때 물어보면 소양강과 닭갈비, 레고랜드 정도였다. 춘천에는 주력으로 하는 특징적인 산업이 없다는 뜻이기도 하다. 평범한 관광도시 정도의 이미지로 떠오르는 도시가 춘천 아닐까.

이러한 관광도시 이미지와 산업화의 필요성으로 인해 진행된 테마파크가 레고랜드다. 춘천의 최대 호재이자 춘천의 숙원 사업이었다고 봐도 될 것이다.

레고랜드는 굴욕적인 계약조건과 수차례에 걸친 사업 진행의 어려움을 견뎌내고 2022년 부분 개장했다. 과정이 어찌 되었든 레고랜드 개장은 결과적으로 춘천의 경제는 긍정적인 영향을 줄 수밖에 없다. 비록 주력 자원과 수입 대부분은 대기업이나 운용사 측에서 가져가겠지만, 그로 인한 낙수효과 또한 부인할 수 없는 경제 호재임에 틀림이 없어 보인다.

현재 우리나라에는 크게 3군데에서 테마파크 개발이 진행되고 있다. 지방으로 임장을 나가 보면, 그 지역에도 이러한 테마파크가 계획 중이라는 이야기를 들을 때가 많다. 우리나라에 이처럼 테마파크를 조성하고자 하는 지자체가 12군데가 넘는다고 한다. 잊을 만할 때쯤 언론에

지방 아파트 소액 투자 비법

	춘천 레고랜드	화성 국제테마파크	영종도 복합 리조트
규모	0.28km	3.15km	0.55km
시행사	멀린	신세계그룹(우선 협상 대상자)	MGE, 파라마운트 픽처스
개장 시점	2021년 7월	2026년(부분)	2022년 6월
사업비(원)	5270억	4조 5700억	2조 8000억

▲ 주요 테마파크 사업 현황

한 번씩 보도되어 나오는 테마파크들도 있는데, 위 3개 지역을 제외하고
는 공식적으로 진행되는 곳은 없다고 봐도 무관하다. 즉 우리나라같이
작은 나라에서는 대규모 자원이 필요한 데다 '땅 따먹기'식 수요 예측이
통하지 않아 큰 수익성이 나오지 않는 테마파크 건설은 쉽사리 진행되지
않는다. 춘천 레고랜드도 15년 동안 인고의 시기를 견디고 견뎌서 겨우
개장하는 것을 보면 그렇게 쉬운 호재는 아니라고 봐야 할 것이다.

3개 테마파크 중에서 가장 큰 사업장은 화성 국제테마파크다. 2026
년 개장 예정이기는 하지만 일반적으로 예측해볼 때 신안산선이 개통하
는 2028년 무렵 사업이 본격적으로 진행될 가능성이 크다. 인프라 개선
없이 수익성이 나오지 않을 리스크를 사업 주체에서 감당하지는 않을 것
으로 보이기 때문이다.

영종도 테마파크는 진행되고 있다는 뉴스와 언론보도가 지속적으
로 나오고는 있지만, 이렇다 할 사업 진행은 아직 눈에 보이지 않는 편이
다. 마블이나 디즈니 테마파크 등도 언급되고 있지만, 시간을 두고 지켜
봐야 할 사업장이다.

춘천 레고랜드는 사업비가 가장 적은 5,000억 원 정도로 진행되는
관광소비형 테마파크다. 사업 좌초 위기를 수없이 겪었지만 2022년 개장

한 이래 춘천의 최대 호재로 손꼽기에 손색이 없다. 당연히 종사자와 낙수효과로 춘천의 관광경제에 긍정적인 영향으로 나타날 가능성이 크고, 그 기대감이 너욱 높아지고 있다.

어느 분양 사무소의 홍보 문구를 보면, 춘천 레고랜드 개장으로 인해 고용 창출 효과도 높아지고, 30%나 인구가 증가하며, 지역 발전에도 큰 영향을 미치게 될 것이라는 예측이 담겨 있었다. 진짜일까? 건희아빠는 다소 심한 과장이 담겨 있다고 보았다. 테마파크 하나 개장하는데 인구 30%가 증가한다고 한다면, 28만 인구를 보유한 춘천이 단박에 40만 인구를 가지는 지방 강자로 떠오른다는 것이다. 이것이 쉽게 가능할까? 모델하우스나 미분양 아파트에 접근할 때 이런 과대과장 광고에 유의할 필요가 있다. 물론 인구 증가와 지역 발전에 긍정적인 역할을 미칠 것임에는 틀림이 없겠지만 말이다.

레고랜드 현장을 둘러보면 중도로 건너가기 위한 춘천대교를 건너야 한다. 이러한 왕복 4차선 다리 하나가 어떻게 그 많은 관광객 수요를

▲ 춘천 레고랜드에 들어서기 위해 지나야 하는 춘천대교.

감당할지 조금 의문스럽고 아쉬운 마음마저 든다. 놀이동산 특성상 오전에는 입장객이, 오후에는 퇴장객이 많을 텐데, 교통 정체가 상당할 듯하다. 대안으로 중도대교가 거론되고 있지만, 실질적인 사업 진행은 지지부진한 상태다. 인근 중개사를 방문해서 물어보면 레고랜드 개장 전에 대교 하나를 더 건설한다는 이야기를 듣게 되는데, 2022년 5월 레고랜드 개장 후에도 진입로 추가 긴설은 아직도 이야기로만 전해지는 것을 알 수 있다.

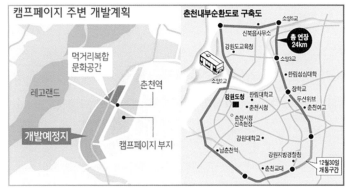

▲ 춘천 캠프 페이지 주변 개발 계획.   출처 : 춘천시 홈페이지

　　레고랜드 개장 외에도 춘천에는 작은 호재들이 있는데, 우선 캠프 페이지 부지와 연계해서 관광산업을 바탕으로 한 개발 계획이다. 춘천역 인근을 상업화해서 관광객을 더 오래 머물게 하고, 레고랜드 방문객을 레고랜드만 둘러보고 돌아가게 하면 춘천 경제에 큰 도움이 안 되니, 연계해서 시너지효과를 보겠다는 복안도 깔려 있을 것이다.

　　다음으로 춘천 내부순환도로 구축 호재도 있다. 기존 도로망을 연결하는 방식으로 개발할 예정인데, 춘천의 교통망에 긍정적인 효과를 줄 수 있을 것이다. 춘천의 교통망은 철도와 도로가 함께 만난다는 점이 훌륭한데, 따라서 강원도청 인근의 춘천역이 더 좋아 보인다. 사실 춘천의 교통 정체는 춘천 구도심 지역을 중심으로 심한 편이다. 굴곡이 심하고, 평지가 많지 않은 편이다. 구도심의 재건축과 재개발이 활성화되면 인프라도 같이 좋아질 것이라 예측할 수 있다.

더불어 춘천은 수도권과 동서를 연결하려는 광역교통망도 구축되어 있거나 구축 계획을 가지고 있어 수도권의 허브 역할을 하기에 충분해 보인다. 원주는 강릉으로, 춘천은 속초로 연결하는 광역교통망 계획은 교통난 해소에 일조할 수 있고, 나아가 신규 인구 유입을 기대하게 만든다.

실제로 춘천에 경춘선이 개통되고 나서 관광객 수요가 늘고 있다는 통계도 나와 있다. 동서 고속화 철도까지 개통되고 나면 춘천의 유입인구나 방문인구는 더 늘어날 것이다. 춘천의 경제 활성화에 도움이 될 것은 분명하다.

마지막으로는 강원도청 이전 호재가 있다. 관내로 청사를 이전하기로 한 것인데, 청사는 별도 부지에 개발하고, 이전의 청사 부지 일대는 또다른 수익원으로 남을 가능성이 커서 관심을 끌고 있다. 청사 부지로 거론되는 지역은 크게 3개 지역으로 알려져 있다. 우두지구와 다원지구, 캠프페이지 부지 등인데, 그중 캠프페이지가 유력하다는 이야기가 많다. 결과는 나와봐야 알겠지만, 구도심을 연계해서 개발하겠다는 의지가 있는 것으로 보인다. 반면에 우두지구나 다원지구 쪽 부지가 선정되면 인근 아파트 분양권 시장은 값어치가 높아져서 분양이 더 잘될 것으로 예상된다. 어찌 되었든 춘천 관내로 이전하는 것이기 때문에 춘천의 전체적인 호재로 볼 수 있으며, 인근 지가의 흐름에도 나쁘지 않은 영향을 미칠 개발 계획이 될 것이다.

✅ 2_ 춘천의 주요 입지

춘천은 크게 3개 지역으로 나뉜다. 구도심의 강자 퇴계동과 석사동, 신흥 강자 온의동, 그리고 외곽 택지개발지구 등이다. 이 가운데 가장 좋은 입지는 춘천의 자랑 중 하나인 석사동이다. 지방에서 학군을 따지는 지역이 그렇게 많지 않은데, 춘천은 학군으로 성장하는 지역 중 하나라고 보아도 무방하다. 원주와 다르게 학군 수요층이 높아서 학원가가 발

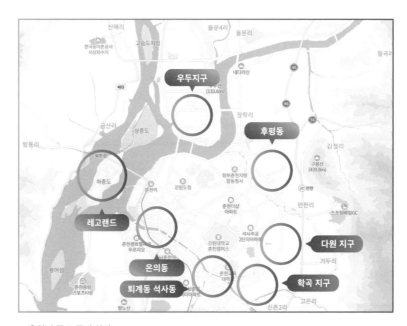

▲ 춘천의 주요 주거 입지.

달하고, 학구열이 높은 지역으로 성장하는 곳이라고 보면 좋을 듯하다.

구도심의 강자, 퇴계동과 석사동

퇴계동과 석사동을 들여다볼 때, 가장 중점으로 볼 점은 학원가가 형성되어 있다는 사실이다. 지방 투자할 때 학군을 보는 지역은 그리 많지 않다. 꼭 그 학교에 보내기 위해서 전입하려는 엄마들이 많은 지역이 많지 않다는 뜻이다. 그런데 춘천은 드물게 학군이 성장한 지역이다. 학원가가 형성되어 있고, 인근 주거용 아파트들의 선호도도 높다. 강원도에서 가장 높은 학구열을 보이는 지역답게 강원도 내 최고의 학원가가 형성되어 있다. 그래서 퇴계동과 석사동 인근 지역은 양질의 교육을 위해서 전입하는 수요층이 항상 넘쳐나고, 전세가가 쉽게 무너지지 않는 지역 중 하나다.

다만 아쉬운 점은 이런 지역에 새 아파트가 없었다는 점이다. 그런데 이 지역에 신축 아파트 1개 단지가 입주를 알렸으니, e편한세상춘천한숲시티 단지다. 약 2800세대의 대단지 아파트로 28만이라는 춘천의 인구수 대비 입주 물량이 지나치게 많다는 평가를 받은 단지이기도 하다. 하지만 입주장이 끝나고 나서부터는 무서운 상승세로 가격이 올라가고, 실거주 수요층의 선호도는 더욱 높아지는 단지다. 당연한 것 아닌가 싶기도 하다.

너무 큰 단지라서 리스크가 있기는 하지만, 구도심에서 머무르고자 하는 수요층이 많은데, 신축 아파트는 대부분 외곽에만 공급되어 '살고 싶은 지역에 신축은 이것이 유일'하니 그 선호도는 높아질 수밖에 없다. 이래서 '구도심의 신축은 불패'라는 말이 맞는가 보다. 입주장의 리스크

지방 아파트 소액 투자 비법

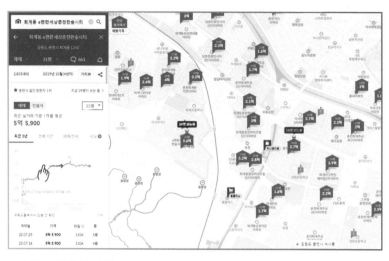만 견뎌낼 수 있다면, 이만한 투자처도 없을 것이다.

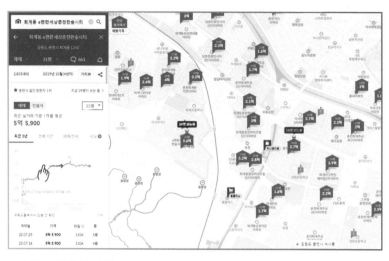

▲ 퇴계동 e편한세상춘천한숲시티 단지의 시세 현황.   출처 : 호갱노노(hogangnono.com)

e편한세상춘천한숲시티의 실거래가는 6억 원 구간을 넘어서고 있고, 호가는 7억 원대까지 나와 있다. 곧 '10억 클럽'에 도달하지 않을까 조심스럽게 점쳐본다. 3.6억 원에 분양했던 단지는 거의 2배 가까이 가격이 올랐고, 앞으로도 계속 오를 것이라는 기대감이 크다고 봐도 좋을 것 같다.

e편한세상춘천한숲시티는 신축의 상품성과 대단지의 편리함을 동시에 가지고 있는 단지다. 약간 아쉬운 점은 건폐율이 낮아서 쾌적성이 조금 떨어진다. 실제 답사를 해보니 신축이지만, 아침저녁으로 해가 들지 않는 단지가 있는 것을 확인할 수 있었다. 하지만 신축의 편리성과 상품성이 더 강하기 때문에 이제는 그 누구도 이런 단점을 논의하지 않는다.

여기서 배울 점이 있다. 어떤 단지나 분양 물건에 단점이 있다고 해도

▲ 퇴계동 e편한세상춘천한숲시티 단지는 신축이지만, 아침저녁으로 해가 들지 않는 단지가 있었다.

그 시기와 상황에 따라서 평가가 달라진다는 점이다. 그때는 안 좋아 보였지만, 지금은 그 누구도 그것이 불편하다고 말하지 않는다는 사실, 즉 가격이 오르면 단점은 소리 소문 없이 사라지고 장점만 남는다는 것을 투자자들은 알고 있어야 할 것이다. 그래야 객관적인 판단과 시각을 가지고 투자할 수 있기 때문이다.

신흥 강자, 온의동

온의동 일대는 춘천의 신흥 강자라고 보면 된다. 신축 아파트 단지들이 속속 공급되고 있어서 신축의 인프라와 상권이 같이 발달할 수 있는 최적의 요건을 가지고 있다. 기존에는 외곽이라 평가받던 지역이었지만, 신축 아파트들이 브랜드를 앞세워 공급되고 있기 때문에 춘천의 실거주 시장에서 선호도는 더욱 높아질 가능성이 크다. 특히 춘천센트럴타워푸르지오의 경우 상업지역에서 공급되는 아파트라서 높이가 49층이나 된다. 춘천의 랜드마크가 될 것으로 평가받는 단지인데, 많은 사람이 춘천의 대장주가 될 것이라고 평가하고 있다.

춘천센트럴타워푸르지오의 특징은 전형적인 프리미엄 시장이라는 점이다. 앞동과 뒷동의 프리미엄 차이가 크게 2억 원까지 차이가 난다. 조

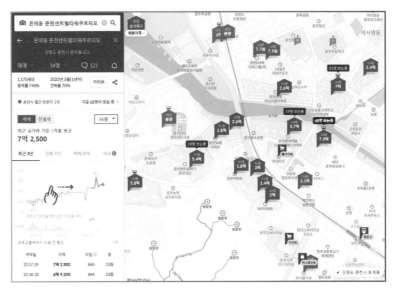

▲ 온의동 춘천센트럴타워푸르지오 단지의 시세 현황.　　　출처 : 호갱노노(hogangnono.com)

망권 프리미엄의 가격이 동별로 크게 차이 나는데, 이는 전형적인 상승
장에서 가치투자의 초반 시장이 반영된 게 아닐까 생각한다. 양적인 주
거 시장에서 질적인 주거 시장으로 변화하고 있는 시점에서 춘천센트럴
타워푸르지오 단지가 그 최전선에 나타나고 있다고 보이는 것이다.

　그 주위로 춘천 파크자이, 푸르지오 2차, 롯데캐슬 1차와 2차, 모아
엘가 등의 단지들이 입주했거나 입주를 위해 열심히 공사 중이다. 전체
적으로 온의동 상권과 인접한 장점이 있기 때문에 실거주 선호도는 더욱
높아질 것이고, 학군의 수요층이 새로이 형성될 가능성도 있다. 왜냐면
신축 아파트가 공급되면서 고소득 입주민들이 들어와서 살게 될 것이
고, 경제력이 기반이 된 수요를 충족시키기 위해서 학원가도 더 많이 공
급될 가능성이 크기 때문이다. 즉 새로운 신흥 주거단지가 형성됨에 따
라서 학군 수요도 같이 성장할 수 있다.

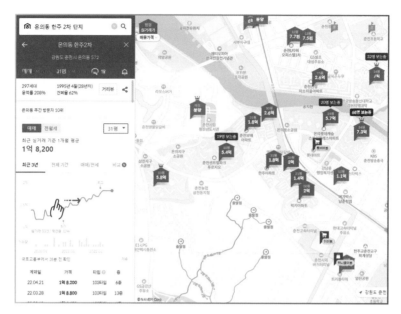

▲ 온의동 한주 2차 단지의 시세 현황.

출처 : 호갱노노(hogangnono.com)

여기서 소액 투자 대상으로 좋아 보이는 단지가 온의동 한주 2차, 금호 3차, 온의럭키 아파트 단지들이다. 타워푸르지오가 10억 원을 찍어준다면 인근 신축 롯데캐슬 단지들도 8억 원 구간으로 '키 맞추기' 하며 오를 가능성이 크다.

그렇다면 신축 대비 구축들이 너무 싸 보이는 현상이 나타나는데, 이런 단지들은 '흐름투자' 하기에 좋은 입지로 변화할 가능성이 크다. 현장을 가보면 번잡스럽고 그다지 좋아 보이지 않던 구축들로 보일 수 있다. 건희아빠도 답사를 가보곤 입주장 때 흔들리겠다고 생각했던 단지들이었는데, 입주가 마무리되고 나면 한 번쯤 같이 따라가는 상황이 올 가능성이 있다.

지방 아파트 소액 투자 비법

변화의 기회, 후평동

후평동은 춘천에서 C급 지역으로 평가받는 지역이다. 즉 주거 입지가 그리 좋지 못하고 외곽이라 평가받으면서 사람들의 관심 밖에 머물던 지역이었다. 하지만 C급이라고 언제까지 낮은 가격으로 남아 있으라는 법은 없다. A급 지역이 치고 나가면 B급과 C급도 같이 따라가는 것이 부동산의 법칙이기 때문에 이런 지역들도 같이 공부를 해놓을 필요가 있다. 게다가 개발이 예정되어 있고, 재건축과 재개발로 지역이 변화할 기회가 있다고 한다면 한 번쯤 눈여겨봐야 한다.

후평동의 대장은 석사주공 4단지를 재건축한 후평우미린 단지다. 입주 당시 춘천 전체에 입주 물량이 많아서 고전을 면치 못했지만, 개발이 완료된 후 주변 일대가 정비되면서 지금은 후평동 최고의 대장 아파트로 자리 잡고 있다. 실제 답사를 해보면 후평우미린의 입지는 썩 좋지 못하다는 느낌을 받을 수도 있다. 당연한 반응일 수 있다. 일단 평지도 아니고, 후평동 자체에 도로와 기반 시설이 부족하다. 하지만 이러한 지역에도 원주민이 있고, 지역을 떠나기는 싫지만 신축을 원하는 수요층이 늘 있다는 사실을 잊지 말아야 한다. 지금의 후평우미린의 시세가 이를 증명하고 있다.

2억 원대 후반대 가격으로 분양한 단지가 이제는 5억 원에 안착하는 모습을 보이고 있다. 게다가 입주 가능한 물건도 그리 많지 않다. 외곽의 물량이 소진되고 안정되는 시기가 오면 '구도심의 신축은 불패'라는 공식이 여기서도 증명되지 않을까?

후평동을 답사해보면 알겠지만, 입지가 그리 좋은 편은 아니다. 그런

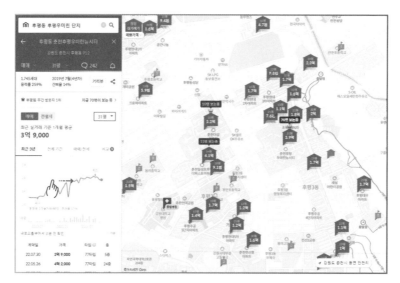

▲ 후평동 춘천후평우마린뉴시티 단지의 시세 변화.　　　출처 : 호갱노노(hogangnono.com)

▲ 후평우미린 단지 주변은 조금씩 정비되고 있다.

데 후평우미린 주변은 조금씩 정비되어 가고 있는 것 또한 볼 수 있다. 기존에 가지고 있던 이미지와 다르게 신축 대장주가 입주함에 따라서 주변 상권과 도로 등의 인프라가 정비되면서 주거 입지도 같이 개선되었다는 것이다. 실제로 석사주공 4단지로 남아 있을 때보다 주변 상권과 도로의 접근성이 매우 좋아졌다. 위에서 언급했듯이 C급 지역이라 하더라도 그 지역의 개발되어 들어오는 신축 아파트에 대한 선호도가 높을 가능성이 있다. 특히 외곽의 물량이 마무리되는 시점이라면 관심 가져볼 만한 이유가 여기에 있다.

후평동에서 다음으로 눈여겨 볼 단지들은 후평주공 단지들이 다. 세대당 평균 대지 지분이 15평형 이내로 양호한 편이고, 후평우 미린의 사업 성공을 기반으로 재건축 사업에 기대감이 높아지고 있는 단지들이다. 즉 재건축 사업

▲ 후평동 주공 단지들 가운데 재건축 속도가 가장 빠른 단지는 후평주공 4단지다.

에 차기 주자들이라고 할 수 있을 듯하다.

후평주공 단지들 가운데 재건축 속도가 가장 빠른 단지는 후평주공 4단지다. 예비안전진단을 통과했고, 추진위 절차를 밟고 있다고 한다. 후평주공 5, 6, 7단지들도 4단지의 속도를 봐가면서 같이 사업을 진행할 것으로 예상된다. 입지적으로 그 누구도 관심 가지지 못하던 단지들이었으나. 도심 재건축은 불패라는 공식이 성공하자 그다음 타자의 속도도 빨라지며 기대를 부르고 있다. 인근 후평주공 단지들도 재건축 사업에 성공하면, 후평동도 떳떳한 춘천의 주거 입지의 강자로 떠오르지 않을까 싶다.

기타 관심 지역

주변에 공급 계획이 잡혀 있고, 택지로 성장하는 지역들이 있으므로 알아두면 좋을 것 같다. 우선 우두지구다. 춘천의 외곽으로 평가받는 지역이기는 하지만, 신축 아파트들이 입주하면서 인프라가 좋아지고 있는

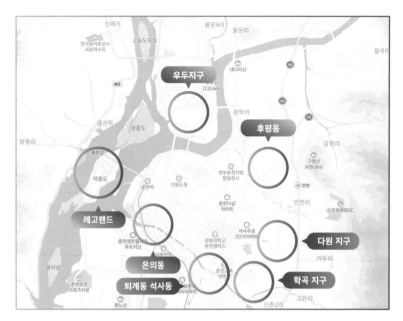

▲ 기타 관심 지역.

지역 중 하나다. 원래는 현재의 우두지구보다 2배가 넘는 크기로 계획되었다가 여건이 바뀌어 지금의 5개 아파트 단지만 입주하는 크기로 개발되었다. 우두지구의 특징상 소양강 조망이 되는 단지나 동이 선호도가 높다.

초창기 분양 시기에는 춘천의 입주 물량이 과대해서 상대적으로 소외받고 미분양이 많이 나오던 지역이었지만, 한숲시티 같은 대단지들의 입주가 마무리되고 구도심의 대장주들이 상승하면서 외곽의 우두지구도 같이 흐름을 받아서 동반 상승한 지역이라고 보면 좋을 듯하다.

현장을 가보면 아직 인프라가 많이 들어오지 않아서 휑한 느낌을 받지만, 5개 단지가 다 들어오면 인근에서 주거 입지로는 나쁘지 않은 신흥세력이 되지 않을까 한다. 또한 레고랜드가 전체적으로 개장하고 나면 흐름에 따라서 시너지효과가 높을 지역으로 평가받고 있다.

두 번째 지역은 온의동 상단의 소양강재정비촉진지구다. 이곳은 총 4개 단지와 인프라, 그리고 도심재생이 목표였다. 그런데 춘천의 부동산 시장이 물량이 많고 약세일 때, 사업이 어려운 구역들에서 각개전투식으로 개발을 진행하다 보니 지금처럼 구역이 해제된 지역과 진행하는 지역, 그리고 임대단지로 사업을 진행히는 구역들로 변경되어 사업이 진행 중이다. 소양강 인근의 자연환경과 온의동의 인프라, 그리고 구도심의 신축 라인을 보면 입지적으로 나쁘지 않은 구역들이 많을 것으로 예상된다. 특히 도심재생 산업으로 사업이 병행되면서 개발의 한계를 넘어설 수 있을 것으로 기대되고 있다.

그중 대장은 소양촉진 2구역으로 포스코더샵이 분양을 준비 중이다. 인근의 대장주가 될 것으로 예상되면서 청약률도 높을 것으로 예상하고 있다. 전체적으로 소양재정비촉진지구가 완성되면 단지들의 연계성이 높아지고, 슬럼화되던 상업 공간이 개발되면서 인근 지가도 높아질 것이다. 건희아빠는 나쁘지 않은 투자 포인트라고 생각한다.

포스코더샵이 분양하면 인근 단지들도 같이 영향을 받아서 흐름투자로 좋아 보이는 단지들이 몇 개가 있다. 일단 청약률이 높고, 포스코더샵이 5억 원대 구간을 뚫어준다면 인근의 구축 아파트들도 주거 입지가 변화해 정비된 주거환경을 보장받기 때문에 같이 상승할 가능성이 크다. 건희아빠에게는 소양현대나 춘천e편한세상 같은 단지들이 눈에 들어온다. 대장주들이 상승함에 따라서 인근의 구축이기는 하지만, 주거 입지의 개선으로 인한 지가 상승이 이루어질 수 있을 것이다.

전세가와의 갭도 2,000만 원 내외고, 전세도 없는 상황이라서 투자하

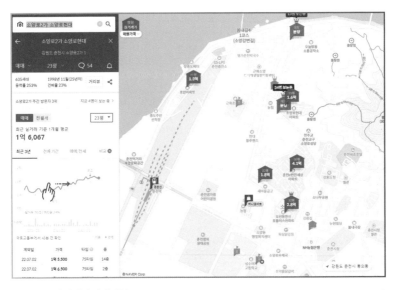

▲ 소양로현대 단지의 시세 변화.

출처 : 호갱노노(hogangnono.com)

기에 나쁘지 않다는 생각이 든다. 게다가 바로 옆에 대장주가 들어온다
면 입주장에 약간 흔들릴 수는 있지만 대체 상품으로 각광받는 입지가
될 수 있다. 소액 투자로 춘천에 관심이 있는 독자님들은 이렇듯 입지가
변화하는 단지들에 관심을 기울일 필요가 있다.

마지막으로 다원지구다. 다원지구는 지금 당장은 분양 계획이 잡혀
있지 않지만, 춘천의 외곽 택지가 모두 개발되고 나면(우두지구, 학곡지구 등)
차기 개발될 택지라고 보면 좋을 것 같다. 약 5,000세대가 계획되는 택지
고, 공공분양이라서 분양가도 저렴할 가능성이 크다. 특히 후평동과 인
접해서 구도심과의 접근성도 높아 선호도가 좋지 않을까 예상한다. 후
평동의 입지와 석사동의 시세가 같이 조합되는 최적의 택지가 아닐까 싶
기도 하다. 분양은 차후 문제지만, 일단 분양이 시작되면 적극적으로 노

려볼 만한 입지이므로 미리 알고 있으면 좋을 것 같다. 아직은 어느 단지가 어떻게 들어올지 예상할 수 없지만, 분양이 시작되면 인근 구축들도 같이 관심 가져 볼 만하다. 미리 공부해두면 투자 시기가 되었을 때 의사결정에 많은 도움을 줄 것이다.

⊘ 3_ 춘천시 소액 투자 접근 전략

퇴계동과 석사동은 일단 한숲시티의 대장주가 치고 나가기 때문에 인근 학원가 밀집 지역과 인접한 구축들에 접근하면 좋을 것으로 보인다. 그래도 석사동이 매인인데, 쉽게 무너지지 않을 것 같기 때문이다.

온의동 지역은 춘천센트럴타워푸르지오가 랜드마크 역할로 리딩을 해줄 것이기 때문에 인근 분양권이나 입주권으로 접근하면 나쁘지 않을 것이다. 지역의 입지와 주거 선호도가 높아질 수 있기 때문에 인근의 재개발이나 재건축에 따른 구축들도 관심 대상이 될 수 있다.

후평동 인근은 후평주공 아파트들이 투자 포인트로 좋아 보인다. 대지 지분이 높고 낮음의 차이로 인해서 사업 속도에 차이가 있을 뿐, 모두 좋은 단지들이다. 소액으로 접근해서 상황에 맞게 장기적으로 투자한다면 나쁘지 않는 선택이 될 것이다.

외곽으로는 우두지구와 학곡지구, 다원지구가 있는데, 택지의 특성상 갭이 크고 분양권 상태로 접근해야 하는 단점이 있지만, 여유가 된다면 저렴한 분양권을 매수해서 입주 시기의 흐름을 같이 탄다면 나쁘지 않은 투자처가 될 수 있지 않을까 예상한다.

춘천은 학군의 도시다. 지방에서 몇 안 되는 학군으로 엄마들이 집결하는 지역이며, 좋은 학원가가 형성된 지역이기도 하다. 이런 지역일수록 프라이드가 높아서 신축에 대한 선호도는 더욱 높아질 수 있으며, 그에 따라 후속 신축 단지들도 그 흐름을 이어갈 가능성이 크다.

3

대한민국 최고의 세컨드하우스 _ 속초시

속초시는 지리적으로 서울에서 가장 동쪽에 위치한 지역이다. 동해안을 끼고 있는 강원도의 도시 대부분은 서울과 멀다는 단점을 가지고 있다. 반대로 동해안의 바다라는 천혜의 청정 자원을 가지고 있는 최상의 휴양 도시라 할 수 있다. 여름이면 바닷가에서 휴양을 즐기려는 인파가 줄을 선다. 서울에서 멀지만, 사람들의 힐링과 니즈를 충족시켜주기에 충분한 지역인 셈이다. 그러한 관광자원 덕분에 속초는 특별한 산업 자원이 없음에도 도시가 성장했고, 앞으로도 성장이 이어질 지역이다.

설악산이 있기는 하지만, 속초의 가장 큰 경쟁력은 바다다. 아름다운 바다를 보기 위해 사람들이 속초로 몰려들고 있고, 그 수요로 인해 부동산 시장도 극과 극으로 양분되는 현상이 발생한다. 바다 전망이 나오는 단지와 그렇지 못한 단지의 부동산 가격이 극단적으로 4억 원 이상 차이 나기도 하고, 같은 단지임에도 오션뷰가 나오는 동과 뒷동의 차이도 4억 원 이상 벌어지기도 한다. 이처럼 속초는 바다를 보고자 오션뷰를 요구하는 수요가 펜션뿐만 아니라 아파트 시장까지 양분시키는 특별한 프리미엄 시장이라고 생각하면 좋을 듯하다. 속초는 동해가 자랑하는 천혜의 관광자원을 가지고 있는 동시에, 소비 여력이 있는 사람들의 힐링 공간으로 각광 받고 있다.

▲ 부동산 입지에서도 속초의 가장 큰 경쟁력은 바다다.

⊘ 1 힐링 도시 속초의 개발 호재

지금 우리는 속초의 부동산 시장에 투자하기 위해 이 책을 펼치고 있다고 생각한다. 그렇다면 오션뷰가 나오는 단지만 투자가치가 있을까? 꼭 그렇지는 않다. 수익률과 속도의 차이가 있을 뿐, 속초의 주거용 부동산 시장은 전체적으로 같이 약진하는 모습을 보여주고 있다. 개발 호재를 찾아보기 전에 먼저 반영된 교통망 호재를 알아둘 필요가 있다

강원도 동해안 라인에서 속초, 강릉, 양양 같은 도시들의 부동산 가격이 많이 폭등했는데, 그 이유 중 가장 큰 테마는 서울~양양고속도로의 전면 개통이다.

▲ 서울-양양 고속도로가 개통된 이후, 속초의 접근성도 더욱 좋아졌다.

2017년에 완전 개통한 서울~양양 고속도로는 동해안 라인에 있는 중소도시들의 부동산 가격에 절대적인 영향력을 행사하는 호재로 자리 잡았다. 서울과의 접근성이 좋아지면서 서울의 관광 수요가 속초와 강릉으로 몰려들게 만드는 계기가 되었던 것이다.

기존에는 서울에서 양양이나 속초로 여행 가려면 최소한 4시간 정도의 시간을 감수했어야 했다. 겨울에 폭설이라도 오면 한계령을 넘어야 하거나 도로가 막혀서 서울로 돌아오는 길이 어려울 때도 있었다. 그런데 이 서울~양양 고속도로가 완공되면서부터 이야기가 달라진다. 서울과의 접근성과 복귀의 편리함이 제공되면서 동해안 라인의 관광자원이 각광 받는 계기가 되었던 것이다.

KTX 동서고속화철도 개발

지방 시장에서 교통망 호재는 인근 부동산 시장에 긍정적으로 영향을 미치는 파괴력이 크다.

그런데 이도 조건이 몇 가지 선행돼야 하는데, 그중 가장 우선하는 조건은 서울과의 접근성이다. 즉 핵심지역과 연결되어야 하며, 그 핵심지역은 수도권이 되어야 한다는 것이다

지방 도시끼리 연계되는 교통망의 확충은 그 지역의 부동산 시장에 그리 큰 힘을 발휘하지 못하는 경우가 많다. 수요와 공급의 관점에서 우리 지역에 교통망이 확충되면 수요를 끌어올 입지가 연결되어야 하는데, 고만고만한 도시끼리 연결되는 것은 그저 교통만 원활해지는 현상으로 남을 가능성이 큰 것이다.

지금까지 고속도로망 확충으로 서울과 속초의 상대적 거리감이 단축되었다면 이번 KTX 속초 동서고속화철도가 개통되면 하루 생활권에 대한 관광객들의 심리적 거리감은 더욱더 단축될 것이다. 즉 심리적 거리감 완화와 물리적 생활권이 안정됨에 따라서 동해안 라인의 속초·강릉권의 관광도시들의 개발 여력은 더욱 상승할 것이고, 인근 부동산 시장도 동반 상승할 가능성이 크다.

속초역은 택지개발지구 방식으로 개발된다고 한다. 아무것도 없는 논밭에 KTX 중앙역사가 신설되고, 그 주위를 환지 방식으로 개발하는 것이다. 복합환승역사가 들어올 것이고, 인근에 컨벤션센터와 쇼핑센터 등 대규모 관광객을 맞이할 상권이 개발될 가능성이 크다. 그래서 인근 속초 생활권에 관광 수요까지 더해지면 부동산 수요는 계속 늘어나고, 일자리의 증가 역시 부동산 수요 증가로 귀결되지 않을까 하는 생각이

지방 아파트 소액 투자 비법

들게 만든다.

속초에 대규모 컨벤션과 숙박시설이 공급되면 양질의 관광객과 고품격 주거시설이 자연히 따라 개발될 것이다. 이 또한 시너지효과를 내면서 중저가 아파트들까지 상승 여력을 공유할 가능성이 있다.

단순히 KTX 철도망의 확충도 중요하지만, 인근 택지개발로 인한 상권과 인프라의 확충이 속초를 한 걸음 더 발전한 도시로 성장시킬 것이고, 이러한 투자 자본의 진입은 부동산 시장의 가격 상승에도 분명히 긍정적 영향을 줄 것이라고 확신한다.

▲ 속초 KTX 복합환승역사 조감도　　　　　　　　　　　출처 : 속초시 홈페이지

속초 KTX 복합환승역사 조감도를 보면 컨벤션센터와 함께 대규모 쇼핑센터를 계획 중인 것으로 보이는데, 관광 수요를 점진적으로 증가시켜 속초의 일자리 증가에도 영향을 줄 것이다. 이는 속초의 정주 인구, 즉 수요의 증가를 불러올 가능성이 크다.

속초는 관광도시

두 번째 호재는 속초에서 진행되는 복합 리조트 사업이다. 속초의 아름다운 바다를 바탕으로 진행되는 프리미엄 리조트 사업은 관광 수요를 더욱 끌어들일 것이다. 기존의 호텔형 콘도와 펜션의 품질에서 벗어나 고액 자산가들을 위한 프리미엄 관광, 레저, 쇼핑을 한꺼번에 제공해주는 휴양지로 개발하겠다는 의지가 엿보인다.

관광객들의 소비 여력이 높아짐에 따라 낙수효과를 바라볼 수 있을 듯하다. 복합 리조트 사업이 개발되면 인근의 상권이나 인프라도 같이 업그레이드되어서, 주변의 중저가 관광자원에서 고소득 관광자원으로 변모할 가능성이 크다는 얘기다.

기존에는 펜션이나 호텔형 중저가 관광산업이 속초 라인을 점유했다면, 글로벌 시장의 프리미엄 리조트 사업이 진출하면서 전반적인 관광산업의 상승 여건이 마련될 수 있다. 다소 오해를 살 수 있어서 미리 밝혀두자면, 리조트 개발에 따른 콘도 지분 같은 것에 투자하라는 것이 아니다. 대형 리조트 사업이 진행되면서 그 수요가 어디로 창출될지, 중간 길목은 어디인지, 최대 수혜주는 누가 될지 등을 고민해보라는 뜻이다.

세계적으로 글로벌 휴양관광 사업을 펼치고 있는 반얀트리에서 속초에 리조트 사업을 시작한다고 한다. 명칭은 카시아 반얀트리 속초로 개장을 하는데, 하루 객실료만 100만 원을 호가할 예정이다. 이 가격대는 사업 주체 입장에서 그만큼 자신감을 표현한 것이고, 사업성이 나온다고 판단한 계획이지 않을까? 아쨌든 이런 프리미엄 리조트가 들어오면 그만큼 소비 여력이 높은 수요층이 방문할 것이고, 이러한 수요층의 눈높이에 맞춘 도시 인프라도 확충될 가능성이 크다.

건희아빠는 이런 점이 속초를 더 긍정적으로 바라볼 수 있게 하는 근거가 된다고 생각한다. 고소득 관광 수요의 유입으로 인한 낙수효과로 속초 경제의 전반적인 부양효과가 나타날 것이라고 말이다.

반얀트리 그룹은 전 세계 글로벌 리조트 사업을 하는 국제 기업이다. 그러한 기업에서 속초를 선택했고, 휴양지로 개발하겠다는 의지를 가지고 사업을 진행하고 있다. 이러한 흐름 속에서 우리는 그 수요가 언제 어디서 어느 방향으로 호재로 작용할지를 고민해봐야 한다.

✅ 2 주요 입지와 주거환경

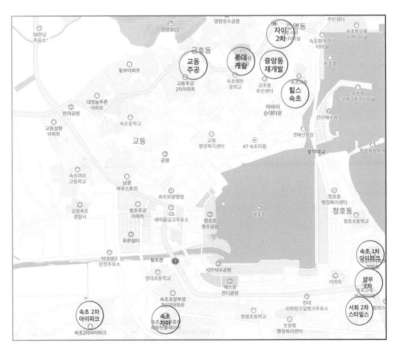

▲ 속초의 주요 주거 입지.

속초는 전체적으로 청초호를 기준으로 남쪽의 구도심 조양동과 북쪽의 신흥 강자 동명동이 성장하고 있다. 남쪽 조양동에는 속초아이파크 1차와 양우내안애 2차 등이 약진하고 있고, 북쪽 동명동에는 힐스테이트 속초와 디오션자이 같은 대장주들이 시세를 이끌고 있다.

구도심의 강자, 조양동

속초에는 2개의 큰 호수가 있다. 원래 바다였는데, 인공호수로 만들어서 관광객들에게 좋은 힐링 공간을 제공하고 있는 관광지다. 그중에 큰 호수가 청초호인데, 청초호를 기준으로 남쪽 방면이 조양동이다. 조양동은 속초시가 만들어질 때, 택지와 도심을 복합적으로 개발하면서 만들어진 구도심이다 보니 인프라와 주거가 적절히 공급된 지역이라고 할 수 있다.

이 지역도 둘러보면 바다가 나오는 단지와 설악산 전망이 나오는 단지의 부동산 가격의 차이가 양극화되어 있다. 어쩌면 당연한 시장의 결과일 것이다. 서울의 세컨드하우스를 원하는 수요층 입장에서 보면, 서울에서 자주 볼 수 있는 산(설악산뷰) 보다는 바다(동해) 조망이 나오는 단지를 선호하는 것이다.

행정구역상 청호동이지만, 조양동 바로 옆에 위치한 속초아이파크 1차 아파트는 속초 해변에 전진 배치되어 공급된 오션뷰 아파트로 속초 실거주자뿐 아니라 서울·수도권의 세컨드하우스로 각광받는 단지다. 하루에 저렇게 바다 전망만 보고 있어도 힐링되는 느낌을 받는다면 과장일까? 정말 오션뷰가 장관을 이루는 단지다.

　지방 아파트 소액 투자 비법

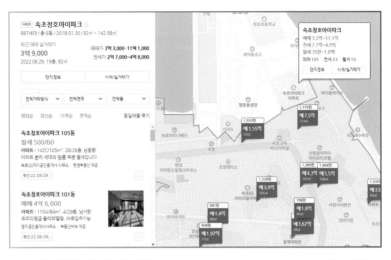

▲ 속초청호아이파크 단지의 세시 현황.

출처 : 네이버부동산

오션뷰가 나오는 동과 오션뷰가 없는 뒷동의 가격 차이가 최대 3억 원 가까이 나기도 한다. 실제 네이버 부동산의 매물에서도 RR층의 가격과 뒷동의 가격이 2억 원 차이가 나는 것을 볼 수 있다.

그런데 이러한 양극화 현상은 시간이 지날수록 더 차이가 날 것으로 예상된다. 고소득 수요층의 니즈를 해소해줄 수 있는 오션뷰의 희소성은 더욱 높아질 것이고, 고소득 수요층 또한 지속적으로 늘어날 것이기 때문이다. 속초에서 동해안 라인에 자리한 단지들 대부분은 오션뷰가 나오는 단지들은 가격이 밀리지 않고 우상향하는 기반이 될 수 있다.

비슷한 입지를 가지는 단지로 양우내안애 2차 단지가 있는데, 속초 아이파크 1차와 마찬가지로 오션뷰가 나오는 동과 나오지 않는 동이 거의 2억 원 이상 차이가 난다. 건희아빠는 양극화의 흐름이 더욱 빨라지는 것을 느끼고 있다.

다음으로 속초아이파크 2차 단지가 있다. 이 단지는 속초 KTX 복합 개발 지역 바로 앞에 공급된 단지다. 그런데 아쉽게도 속초 바다와 거리가 있어서 오션뷰가 나오지는 않는다. 그렇다 보니 속초 아이파크 1차보다 신축임에도 시세가 1차보다 낮게 형성되어 있다. 사람들은 도심에서 가까이 볼 수 있는 산(설악산) 조망보다 희소성이 있는 바다 조망을 더 선호하니 말이다.

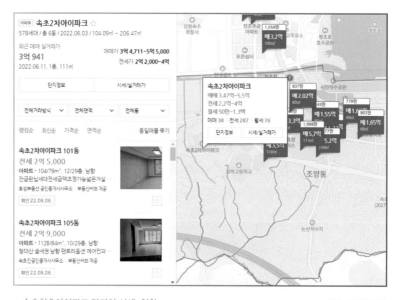

▲ 속초청호아이파크 단지의 시세 현황. 　　　　　　　　　　　　　출처 : 네이버부동산

아이파크 2차는 1차의 RR 가격이 비해 절반 정도의 시세를 유지하고 있다. 분양 초기 미분양의 무덤이라고 불릴 만큼 분양에 고전했지만, 전체적인 속초 부동산 시장 분위기가 좋아지면서 미분양이 해소되고, 이제는 프리미엄도 어느 정도 형성된 단지라고 볼 수 있다.

다른 지역 같으면 KTX 복합개발 호재로 인해 시세가 크게 오를 수 있는 단지가 될 수도 있지만, 속초라는 지역의 특성상 가격이 치고 나가는 데 어느 정도 한계가 있어 보인다. 속초는 세컨드하우스를 기대하면서 진입하는 수요층이 많은 지역이다 보니 일반적인 갭투자나 상권 인근의 투자가 잘 통용되지 않는 지역인 것이다.

떠오르는 신흥 세력, 동명동

조양동이 기존에 있던 속초의 리딩 지역이었다면, 신생으로 떠오르고 있는 주거단지가 포진한 지역이 동명동이다. 청초호를 기준으로 북쪽에 있는 지역으로 대규모 브랜드 아파트들이 공급되고 있으며, 조양동과 마찬가지로 오션뷰가 나오는 단지들의 선호도가 높다.

이곳 동명동에 속초의 대장주가 있는데, 속초디오션자이 단지다. 자이라는 고급 브랜드에 바다 전망이 나오고, 주변 인프라도 개선되고 있

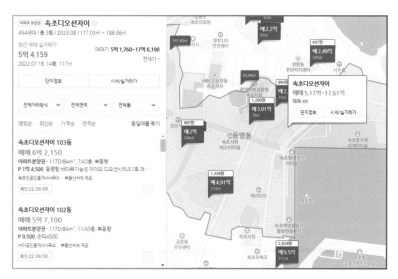

▲ 속초디오션자이 단지의 시세 현황.　　　　　　　　　　　출처 : 네이버부동산

다. 프리미엄 시장으로 변화하기 아주 좋은 시기와 입지를 가진 단지다. 이 단지도 오션뷰가 나오는 동과 오션뷰 조망이 나오지 않는 물건의 차이가 크다. 속초 아파트에서 볼 수 있는 전반적인 현상이다.

속초의 대장주면서 강원도에서 가장 비싼 시세를 가지고 있는 단지 답게 부동산 뉴스에서도 "강원도에서 15억 원대 아파트가 나왔다"고 여러 차례 방송한 적이 있다. 그만큼 사람들의 관심도가 높고, 브랜드까지 더해져 속초에서 자부심을 가지는 단지라고 평가받고 있다.

가격을 보더라도 탑층 오션뷰가 나오는 물건의 호가는 17억 원을 넘어서고 있으며(2022년 5월), 오션뷰 물건의 실거래도 13억 원대을 넘어선 지 오래다. 이런 고품격 물건을 원하는 세컨드하우스 수요층이 많다는 증거이기도 하다. 84㎡를 기준으로 단지에서 오션뷰가 나오는 동과 나오지 않는 동의 차이도 2억 원 이상 나며 이 격차는 지속적으로 벌어질 가능성이 높다.

다음은 힐스테이트속초센트럴이다. 주상복합이라는 상품성이 있기는 하지만, 힐스테이트라는 고급 브랜드 이미지에 오션뷰가 만나 선호도가 높은 단지라고 볼 수 있다. 앞서 다뤘던 오션뷰 단지들처럼 동명항이나 바다 조망이 나오는 물건을 선호하며, 3면이 바다가 보인다. 세컨드하우스로 사람들에게 선호도가 높아질 수밖에 없다. 바다 전망이 나오는 동과 그렇지 못한 동의 가격 차이는 2억 원이 넘는다.

다음은 속초롯데캐슬인더스카이 단지다. 이 단지는 동명동에 공급되는 고급형 주거단지다. 롯데캐슬이라는 브랜드에 동명동의 인프라도 같이 누릴 수 있어서 실거주 수요에 각광 받을 만한 입지를 갖춘 단지라

▲ 속초청호아이파크 단지의 시세 현황.

출처 : 네이버부동산

고 생각한다.

　아쉬운 점은 지난 단지들처럼 오션뷰가 나오는 동이 그렇게 많지 않다는 사실이다. 그래서 세컨드하우스 수요를 받지 못하고, 2등 전략으로 나갈 수밖에 없는 비운의 단지라고 판단된다.

　가격을 확인하면 바로 알 수 있다. 힐스테이트속초나 디오션자이의 오션뷰가 나오지 않는 동의 물건들과 비슷한 시세를 가지고 있다. 속초의 핵심인 오션뷰가 나오지 않는 단지의 단점으로 인해 롯데캐슬이라는 고급 브랜드를 가지고 있음에도 다른 대장주 단지의 시세를 마냥 따라가는 아파트로 성장할 것 같다.

　그래서 건희아빠는 이런 단지가 투자하기에 참 좋다고 생각한다. 우리는 투자자다. 투자금 대비 수익률이 높은 단지와 지역을 찾아야 하는

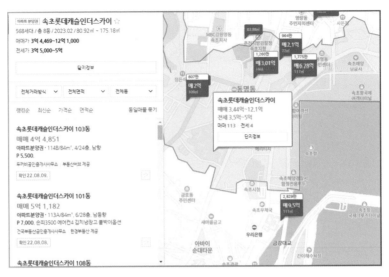

▲ 속초롯데캐슬 단지의 시세 현황.   출처 : 네이버부동산

데, 이렇게 따라가는 단지가 수익률의 관점에서는 더 좋은 상황이 벌어
지는 경우를 자주 목격해왔다.

　롯데캐슬인더스카이 단지는 좋은 단지다. 세컨드하우스로 관심받지
못할 뿐이다. 전세가와의 갭은 오히려 더 줄어들 가능성도 있다. 즉 외부
투자자들이 접근하기 유리한 높은 전세가가 유지된다면, 갭투자로서 가
장 최적의 1군 아파트가 되지 않을까 생각한다. 속초의 대장주들이 상승
할 때, 같이 상승할 수 있는 여지를 가지고 있고, 투자금도 줄일 수 있는
신축 아파트가 바로 롯데캐슬인더스카이다.

　마지막으로 재건축 단지로 사람들에게 관심이 높아지고 있는 교동
주공 2단지 아파트가 있다. 속초에서 유일하게 재건축이 가능할 수 있는
단지와 대지 지분을 가지고 있는 단지라서 소액 투자자들에게 많은 관심
을 받는 곳이다. 1990년에 시공되어 30년이 넘은 아파트인데, 590세대 17

▲ 교동주공 2단지의 시세 현황.

개 동으로 구성되어 있다. 평균 대지 지분은 약 17평으로 양호한 편이라서 향후 재건축 투자를 바라보는 사람들의 관심을 사고 있다.

답사를 가보면 교동주공 2단지 아파트는 주변 인프라가 성장하면서 지가도 함께 성장할 수 있는 좋은 입지를 가지고 있다는 사실을 알 수 있다. 롯데캐슬인더스카이나 속초 힐스테이트 단지들이 약진하면 대체 투자처를 찾으려는 투자자들의 관심이 높아질 수밖에 없는 단지다. 차기 신축 투자를 바라는 소액 투자자들이 꾸준히 유입되면서 시세를 견인해 줄 입지와 가치를 가지고 있다는 뜻이다.

아직은 특별한 재건축 움직임은 없지만, 투자자들이 진입하면 단지의 집주인들이 바뀔 것이고, 그러면서 자연스럽게 재건축에 대한 바람이 불지 않을까 생각한다.

☑ 3 속초시 소액 투자 접근 전략

속조는 아름다운 도시다. 투자자라면 속초의 바다를 보러오는 관광객의 마음을 이해해야 하며, 투자용이 아닌 세컨드하우스를 가지고자 하는 고소득 종사자들의 마인드를 이해해야 한다. 그래야 오션뷰가 나오는 단지의 시세를 인정할 수 있다.

이렇듯 양극화된 부동산 시장에서 소액 투자가 그렇게 쉽지 않다. 속초의 부동산 틈새시장을 찾으려면 크게 2가지 정도로 관심 가져 볼 만하다.

첫째는 앞서 언급한 재건축 단지인 교동주공 2단지다. 매매가격이 상

▲ 교동로얄 2차 단지의 시세 현황.　　　　　　　출처 : 호갱노노(hogangnono.com)

승하기는 했지만, 대출이 나오는 명의가 있다면 70% 대출을 이용해서 월세 투자를 해볼 만하다. 일단 세팅이 끝나면 별로 신경쓸 것도 없으며, 시간이 시세를 견인해줄 훌륭한 단지다.

둘째는 재건축이나 대장주 인근의 구축 단지들이다. 대장주들이 치고 나갈 때 같이 따라갈 수 있고, 향후 재건축도 바라볼 수 있는 단지라면 더욱 좋다. 또한 전세가 레버리지(Leverage)를 최대한으로 활용해, 갭투자 단지에 세팅하는 것도 좋은 방법이다.

가령 교동로얄 아파트 같은 소규모 단지들이 소액 투자하기에 좋아

▲ 교동나하나 2차 단지의 시세 현황.　　　　　　　　출처 : 호갱노노(hogangnono.com)

보인다. 럭키교동 아파트가 많이 상승했는데, 향후 재건축 이슈가 발생하면 인접한 5층 저층 아파트 단지의 희소성이 있어서 시세를 따라가기 좋은 입지다.

교동나하나 2차 단지도 입지적으로는 C급 단지지만 인근 재건축 이슈가 나타나면 지분투자하기에 좋은 단지다. 답사를 가보면 입지가 그리 좋지 못해서 투자 메리트를 느끼지 못할 수도 있지만, 그에 반해 가격적인 메리트가 있는 단지다. 소액 투자에 적정한 단지가 아닐까 생각한다.

속초는 오션뷰를 갖춘 단지와 그렇지 못한 단지의 양극화가 심한 지역이다. 이럴 때는 투자금이 많이 투입되는 오션뷰 물건보다 그 단지를 따라갈 만한 신축을 매수하는 것이 좋다. 그리고 향후 재건축 이슈에 흐름을 탈 수 있는 단지들을 소액으로 세팅하고 기다리는 전략이 필요하다.

4

아름다움의 극치 _ 강릉시

동해안을 따라 발전한 강릉시는 양양시와 동해시의 중간에 자리한 관광도시다. 동해의 아름다운 바다를 바탕으로 관광 수요를 기반으로 성장하며, 천혜의 관광자원이 가득한 활기찬 도시이기도 하다. 아름다운 동해를 관광 수요에 개방해서 상권을 일으키고 경제를 돌아가게 만든 지역이 강릉인 것이다.

강릉은 속초와 다르게 인구가 22만 명이 넘는 중견 도시다. 속초는 인구수가 8만 정도여서 외부 투자 수요와 세컨드하우스 수요층에 의해 부동산 시장이 움직이는 반면, 강릉은 자체 실거주 수요가 튼튼한 지역이라고 볼 수 있는 것이다.

더하여 속초와 다른 점이 있다면 속초가 바닷가 근처에 오션뷰를 가진 주거용 아파트를 공급한 것에 반해 강릉은 바다가 보이는 자리마다 상가와 상업적 인프라를 공급해서 관광자원을 유도해 강릉 경제를 발전시키는 정책을 유지했다는 점이다. 그래서 강릉에서는 속초만큼 오션뷰가 완벽하게 나오는 아파트 단지가 드물다.

그래서인지 강릉에는 세컨드하우스 수요보다 건희아빠 같은 분양권 투자나 갭투자 수요가 훨씬 많이 진입하는 지역이라고 볼 수 있다. 소규모 재건축 단지도 있고, 재건축에 필수적인 5층짜리 저층 아파트 단지들도 많다.

✅ 1 강릉시의 호재와 주거환경

강릉 KTX 역사 복합개발

속초 편에서 언급했듯 강원도 동해안의 중소도시들은 고속도로 확충으로 서울·수도권과의 접근성이 잘 형성되어 있다. 이러한 교통 인프라의 확충에서 KTX 철도망 개발 호재까지 연계된다면 수도권과의 상대적 거리감은 지금보다 훨씬 줄어들 것이다.

철도와 도로가 만나는 지점과 지역은 그 개발 이슈에 합당한 이유가 있기 마련이다. 강릉과 속초를 연결하는 동해안 라인의 관광자원과 서울·수도권의 관광 수요층의 접근성을 획기적으로 높일 수 있는 좋은 현상이다.

현재도 강릉역에는 KTX가 정차하고 있다. 기존 강릉 철도망을 KTX 정차역으로 활용한 방식으로 개발된 역이다. 따라서 새로운 KTX 복합환승역사를 만드는 개발 계획이 잡혀 있고, 이에 따른 인프라의 확충 또한 기대해볼 만하다.

새로 들어설 강릉 KTX 역사에는 대형 쇼핑몰과 컨벤션센터, 관광객을 위한 도심숲길 등 각종 인프라가 공급될 예정이라고 한다. 건희아빠가 강릉을 속초보다 투자가치가 더 좋은 지역으로 보는 데도 이러한 KTX 복합개발 효과가 더 빨리 찾아올 수 있기 때문이다. 이제 사업을 막 시작한 속초 KTX 역사 복합개발 사업보다 강릉 KTX 역사 복합개발 사업의 호재가 더 빨리 찾아올 수 있다는 것이다.

현재 강릉역 인근에는 4개의 신축 아파트 단지가 공급될 예정이다. 이러한 흐름의 투자에서 인프라와 교통의 장점이 같이 복합된 지역의 신축 아파트들은 실거주나 투자의 측면에서 선호도가 높을 수밖에 없다.

2022년 3월 현장에 갔을 때, 강릉역 주변은 인프라를 개발하기 위한 넓은 토지들이 정리되어 있는 것을 볼 수 있었다. 넓은 주차장 부지와 기존 정차 역사가 자리하고 있는데, 본격적인 개발에 따라 동대구 복합역사만큼의 큰 인프라가 공급될 것 같다는 느낌을 받았다. 교통과

▲ 동해북부선 구축 계획.　　출처 : 통일부

관광상권이 복합개발되면 그 시너지효과는 클 것이며, 주변 신축 아파트들의 선호도와 가치는 더욱 높아질 것이다.

다음으로는 흔히 '동해안선'이라 불리는 동해북부선 구축도 큰 호재다. 동해안선은 동해남부선과 동해북부선으로 단계를 나누어 철도망을

건설하고 있는데, 공사가 완료된 동해남부선과 달리 동해북부선은 삼척에서 고성까지 철도망을 건설하는 중이다. 남부선과 북부선이 연결되어 개통하면 부산에서 고성, 속초까지의 접근성이 높아짐에 따라서 동해안 라인을 오가는 수요층 이동이 편리해질 것이 분명하다. 아쉬운 점이라면 동해안선이다 보니 서울·수도권과 연결이 안 되는 노선이라서 파괴력이 아주 크지는 않을 것이라는 예측이다. 그래도 좋은 호재임에 틀림없고, 교통망의 확충 차원으로 접근하면 좋을 듯하다.

⊘ 2 주요 주거 입지

지방 도시들은 대부분 어느 일정한 거점을 기준으로 상권과 주거가 발전한다. 강릉도 버스터미널과 KTX 역이 있는 교동과 홍제동 일대의

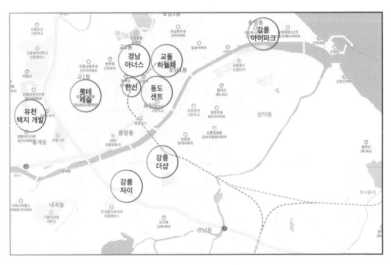

▲ 강릉시 주요 주거 입지

출처 : 네이버부동산

⚚ 지방 아파트 소액 투자 비법

주거 입지가 발전했는데, 택지개발지구와 관공서들도 남대천을 기준으로 위쪽에 자리해 있다.

실제 임장을 가보더라도 남대천 남쪽의 주거는 일반 시골 느낌을 받는 반면, 위쪽 특히 강릉 KTX 역사 쪽으로 이동할수록 주거 입지가 잘 정리되어 있는 것을 확인할 수 있다.

강릉은 바다를 인접한 지역에서 발전한 도시다. 그래서 천연의 관광 자원인 동해 바다를 개발하려는 방향과 노력이 집중되고 있는 지역 중 하나다. 앞서 언급했듯이 속초와 다른 점이 있다면 속초에는 주거용 아파트가 바닷가 전면에 전진배치되어 공급된다면, 강릉은 상가나 관광 인프라가 바닷가 인근으로 공급되어 있다는 사실이다. 강릉에서는 바다가 훤히 보이는 오션뷰 아파트가 드물다는 의미다. 반대로 속초와 다른 실거주와 투자 수요가 공존할 수 있는 단지들이 많기 때문에 소액 투자로 적합한 지역이 강릉일 수 있다.

◆ 강릉아이파크 :

첫 번째 눈여겨볼 단지는 강릉아이파크다. 유천택지개발지구가 개발되기 전까지 강릉의 대장주 지위를 가지고 있었으며, 신축급의 상품성과 아이파크라는 브랜드를 가지고 있어 선호도가 높은 단지다. 게다가 바닷가와 인접해서 일부 동에서는 바다 조망도 나온다.

2021년 6월 현장에 가봤더니 단지 내 상가에 이발관이 입점해 있는 것을 볼 수 있었다. 정말 특이한 상가라고 생각했다. 보통 단지 내 상가는 월세가 비싸므로 버티기가 쉽지 않을 것이므로 상가주인이 직접 운영하

▲ 강릉아이파크 단지 내 상가와 주변 모습

는 게 아닐까 하고 생각하게 되는 듯하다. 지금까지 신축 아파트 단지 내 상가에서 이발관을 본 적이 없어서 신기할 정도였다.

아직까지 강릉은 시골의 느낌을 가진 지역이 많다. 그렇다 보니 개발이 시작된 신축 아파트 인근이라 하더라도 '시골스러운' 주택이 많이 남아 있다. 틈새시장으로 이러한 단독주택을 주목해 매수하면, 지가 상승

▲ 강릉아이파크의 시세 현황.   출처 : 네이버부동산

분을 같이 가져갈 수 있기에 좋은 투자처가 아닐까 싶다.

강릉아이파크 인근의 주거 인프라는 실거주하기에는 좋지 못한 입지로 보였다. 그런데 왜 이렇게 주거 입지가 좋지 못한 단지의 가격이 비쌀까 하는 의문이 들기도 했다. 그것은 강릉 전체를 답사하면서 알 수 있었던 것 같다. 유천택지개발지구를 개발하기 전 강릉에는 선호도 높은 주거단지가 별로 없었던 것이다. 전체적으로 강릉 주거 단지들은 집중력이 좀 떨어지고, 신축이 부족했다. 강릉 실거주자 입장에서 보면 신축에 들어가고 싶은데 선택지가 없었던 게 아닐까? 강릉아이파크의 호가는 6억 원 가까이 나오고 있으며, 전세가도 같이 상승 중이다. 실거주층의 선호도가 그만큼 높은 단지라고 평가할 수 있다.

◆ **강릉자이 아파트 :**

강릉에서 2020년 이후 공급된 단지 중에서 첫 번째로 공급된 고급화 브랜드 단지다. 강릉시 주거 입지상 외곽에 해당하지만, 대단지인 데다 브랜드의 힘이 있어서 선호도가 높을 수밖에 없다. 강릉에 공급되는 최초의 자이 브랜드라서 실거주 수요층은

▲ 언덕에 들어서는 강릉자이 단지.

브랜드에 대한 자부심이 대단할 것으로 보이며, 프리미엄 시장이 얼마나 붙을 것인지 궁금해지는 단지다.

2021년 6월 현장을 갔을 때, 공사 현장은 평지 구조가 아니어서 모양이 이쁘지는 않아 보였다. 하지만 단지 규모가 상당히 크고 넓어서 대

단지 아파트가 공급되면 인근 인프라도 같이 성장할 수 있을 것으로 보였다.

펜트하우스의 경우 프리미엄만 3억 원 정도 호가가 붙어있는 상황이고, 일반 중간층 기준으로 프리미엄은 1억 원 이상 붙어있다. 그래도 아직은 저렴해 보인다. 강릉아이파크가 5억 원 구간인데, 차기 강자로 떠오를 강릉자이가 5억 원이 조금 안 된다면 저평가 구간이 아닐까 싶은 것이다. 강릉자이가 입주하고 나면, 강릉의 신흥 주거 입지의 한 축으로 성장할 것으로 예상된다.

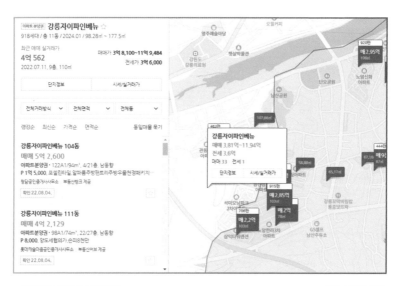

▲ 강릉자이 단지의 시세 현황.   출처 : 네이버부동산

◆ 유천유승한내들 아파트 :

다음은 강릉의 대장주 유천택지개발지구를 살펴보자. 강릉으로 답사를 가면 고속도로에서 가장 먼저 보이는 높은 아파트 난시가 있다. 유승한내들 단지인데 강릉의 대장주다. 택지개발지구라서 쾌적하다. 평지

를 중심으로 신축급 아파트들이 공급된 지역이다.

그냥 지나가다 보면 이 단지가 대장주라는 느낌이 드는 곳이 있을 것이다. 유천택지개발지구에는 총 5개 단지가 공급되었는데, 민영과 공공분양의 단지 차이가 많이 나지 않는 편이다. 무슨 말인가 하면, 브랜드에 따라서 가격이 많이 차이 나지 않고, 택지의 쾌적함과 안락함을 공유하면서 성장하는 지역이라는 얘기다.

대장주는 대장주 값을 하는 것 같다. 택지이면서 입주도 마무리되었고, 주변 상권과 녹지 공원 등이 잘 정리되어 있다. 강릉의 실수요층 가운데 하나인 엄마들의 선호도가 높을 수밖에 없다.

▲ 유천택지개발지구와 유천유승한내들 아파트 주변.

아파트 가격도 분양가 대비 거의 3억 원 이상 오른 상황이고, 전세가는 분양가를 넘어서서 거래되고 있다. 강릉의 실거주 수요의 힘이 그렇게 약하지 않다는 증명이기도 하지만, 신축을 바라는 염원이 높았다는 뜻이기도 할 것이다. 따라서 향후 강릉에 공급되는 신축 아파트와 신축

▲ 유천유승한내들 단지의 시세 현황.

에 해당할 만한 재건축·재개발 단지들이 투자가치가 높은 것은 당연한 수순일 것이다.

　실제 유천택지개발지구 인근을 걸어서 돌아다니다 보면 강릉의 구도심과는 다른 느낌을 받을 수 있다. 젊은 엄마들이 많고, 학교에 아이들도 많다. 서점과 카페거리가 인상적이고, 학생들을 위한 무인 독서실, 식당, 편의점 등이 눈에 자주 띈다. 상가 공실률도 낮아 보여 실거주 선호도도 높을 것으로 보였다.

　◆ 교동롯데캐슬 :

　차기 강릉의 대장주 역할을 할 아파트다. 교동택지개발지구 바로 옆에 있으면서 교동 2공원을 같이 개발하며 공급하는 단지다. 기존에 빙치되어 있던 야산에 공원을 조성하고, 그 인프라 안에서 신축급 롯데캐슬이라는 브랜드 아파트를 공급하고 있다. 한마디로 숲세권 신축 브랜드 아파트다.

강릉자이의 분양 성공으로 인해 교동롯데캐슬도 분양 경쟁률이 높을 것으로 예상은 됐는데, 실제로도 분양 흥행에 성공해서 초피 프리미엄 시장도 높게 시작되어 강릉의 힘을 실감하게 하는 계기가 되었다.

교동 2공원은 교동 인근의 야산을 공원화하면서 녹지를 개발하는 환차 방식의 공동개발이다. 강릉 실거주자 입장이 아니더라도 도심에 쾌적한 공원이 조성되고 대장주가 들어오면, 인근 부동산 시장에도 긍정적인 영향을 미칠 것으로 예상할 수 있을 것이다. 도심에 공원이 들어서면 인근 주거 인프라가 개선되면서 신축급 아파트들 시세도 좋아지는 동시에 주변에 있던 구축 아파트들도 덩달아 같은 혜택을 누린다. 그래서 건희아빠는 이렇듯 대장주들이 들어오면서 공원 개발 계획이 잡혀 있는

▲ 강릉롯데캐슬 단지의 시세 현황.

출처 : 네이버부동산

지역의 인근 재건축 단지들을 매수하는 것을 선호하는 편이다.

어차피 대장주는 비싸다. 롯데캐슬도 초피 시장부터 비쌀 것이 예상됐다. 그렇다면 그 롯데캐슬로 인해 수혜를 볼 수 있는 인근의 재건축 단지들을 미리 선점하고 기다리는 전략도 좋은 방법인 것이다.

강릉롯데캐슬의 프리미엄 가격은 2억 원 정도로 보이는데, 동향에 따라서 가격 차이가 난다. 이렇게 프리미엄 시장으로 옮겨가는 상황에서는 신축 단지의 프리미엄 값은 전망나 동 간격, 조망권 등에 의해 더 심하게 양극화할 수 있다. 초피 시장에서 1억 원 정도로 프리미엄이 형성되면 다음 시장까지 옮겨가기에는 가격이 만만치 않다.

이럴 경우 롯데캐슬은 투자금이 많이 들어가야 한다는 단점이 있으니, 교동2공원 주변에서 수혜 단지들을 찾아보는 것이 진취적인 소액 투자자의 자세일 듯하다.

강릉 KTX 역사 인근의 주거 단지들도 눈에 띈다. KTX 역사 복합개발이 들어가면 인근의 주거 입지는 비약적으로 발전할 가능성이 크다. 컨벤션센터와 쇼핑몰, 거기에 더하여 교통 환승시설까지 상가 인프라가 증가하면서 인근 지역의 주거 입지에도 긍정적인 영향을 미칠 수 있다. 이런 지역에 소액으로 분양권을 선점하고 기다린다면 정말 좋은 투자처가 아닐까 싶다.

KTX 강릉역 인근에는 총 3개의 신축 아파트와 형님 단지를 따라가는 구축 아파트가 있다. 강릉역을 중심으로 개발 계획이 잡혀 있어서 상권 인프라를 형성하면서 같이 성장할 수 있는 입지들이다.

이 주변에도 공원이 개발된다. 현장을 가보면 등고신도 높고 입지적으로 그다지 좋지는 않다고 느낄 수 있는데, 앞으로 화부산공원이 조성되면서 주변은 모두 숲세권 아파트로 그 가치가 높아질 것이다.

이렇게 지금은 별로인 입지더라도 개발의 힘이나 공원 등이 공급되어서 주거 입지가 변화하는 단지들이야말로 투자가치가 높다. 미리 선점만 잘해놓으면 알아서 성장해주는 단지들이기 때문이다.

▲ 교동하늘채 단지의 시세 현황.　　　　　　　　　출처 : 호갱노노(hogangnono.com)

◆ 교동하늘채 외 화부산공원 주변 아파트들 :

화부산공원 주변에서 대장주 노릇을 할 것으로 예상되는 신축 아파트는 교동하늘채 아파트다. 가장 늦게 분양한 아파트 단지로 단지 규모가 가장 크고, 새롭게 들어설 KTX 역사의 복합쇼핑몰 예정 부지와도 가장 가깝다. 화부산공원이 바로 뒤에 자리하므로 숲세권을 이뤄 최적의 단지로 자리매김하지 않을까 생각한다.

경남아너스빌도 좋은 단지다. 하늘채보다 먼저 분양했는데, 초기 프리미엄이 높게 붙지는 않았지만, 지금은 입소문이 많이 나서 투자자나 실거주자들에게 꾸준히 관심받고 있다.

동노센트레빌은 주변에서 가장 먼저 공급된 단지다. 강릉이 분위기가 좋지 못했을 때 분양을 시작해서 미분양으로 한참 동안 고생한 단지인데, 지금은 투자자들에게 가격적인 메리트를 앞세워 프리미엄이 높아지고 있다. 한 가지 아쉬운 점은 84㎡가 없고, 대부분 59㎡라서 지방의 특성상 실거주자들에게 얼마나 선택을 받을지 고민해봐야 한다.

◆ 교동한신 아파트 :

마지막으로 건희아빠가 항상 주시하는 단지가 하나 더 있다. 바로 교동한신 아파트다. 구축 아파트로 평지도 아니고, 주차도 힘들며, 직접 올라가 보면 주거 입지가 별로인 곳이다. 지금까지는 말이다. 그런데 주변에 신축 아파트들이 들어서고 공원이 개발되고 있다. 게다가 강릉 복합개발의 직·간접적인 수혜를 입을 수 있다.

이렇게 오래된 구축 아파트지만 주변 인프라가 개선되면서 지가도 같

▲ 구축에 해당하는 교동한신 아파트.

이 올라갈 수 있는 단지가 소액 투자하기에 적합한 단지다. 지금의 평가가 개발 이후의 평가보다 훨씬 차이가 많이 날 것이기 때문이다.

▲ 교동한신 단지의 시세 현황.

출처 : 호갱노노(hogangnono.com)

✅ 3 강릉의 재건축 단지들

지금까지는 강릉의 대장주들을 중심으로 주거 단지들의 현황과 동향을 알아보았다. 이제부터는 앞으로 강릉의 대장주가 되려 날개를 펼치고 날아갈 준비를 서두르고 있는 재건축 단지들을 알아보기로 하자.

재건축의 핵심, 교동

강릉의 재건축 단지들도 남대천을 기준으로 상단의 재건축 단지와 하단의 재건축 단지들로 나뉜다. 인프라가 많이 공급된 상단의 재건축 단지들이 먼저 치고 나가기 시작했고, 입지가 좋지 못한 하단의 재건축 단지들이 약진하는 상황이다.

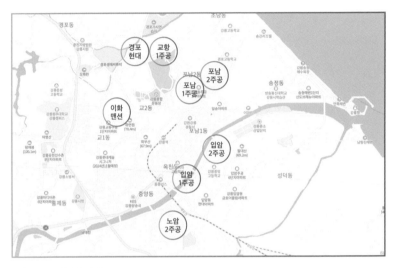

▲ 강릉 주요 재건축 단지.

강릉 재건축의 선봉은 포남주공 1단지다. 구역 지정 이후 가장 빠른 속도로 진행되고 있다. 강릉이 하락장에서 힘들어했을 때는 비대위와 신경전이 많아서 추진위 설립이 쉽지 않았다고 하는데, 현재 강릉의 상승 기류에 힘입어 외부 투자자들과 향후 신축을 원하는 강릉 실거주 투자자들의 관심이 높아지고 있는 단지다.

입지적으로 보면 강릉 도심부에서 상단 끝부분에 위치하고 있어서 주거 입지가 마냥 좋은 지역은 아니다. 하지만 재건축 이슈에서 선순위로 치고 나가고 있고, 단지 규모가 큰 장점이 있다. 1981년식 세대당 평균 대지 지분은 14평 정도이고, 5층 16개 동 640세대로 구성된 단지다. 재건축 정비 구역 지정 이후 거래량이 줄어들기는 했지만, 취득세 허들보다

는 강릉의 향후 재건축 수익성을 바라보며 진입하는 투자자들의 관심이
꾸준한 단지다.

2022년 6월 현재 초기 정비사업 단계지만, 기대감이 높아서 투자가
치 있는 단지로 평가받는 강릉포남주공 1단지 재건축 아파트도 있다. 안
전진단은 2011년 D급을 받은 뒤로 지지부진하다가 이번 강릉 상승장의
흐름을 타고 사업이 진행되고 있다. 지난 10년 동안 정말 많은 기다림이
있었을 것이다. 투자의 가장 중요한 핵심은 타이밍이라는 생각을 많이
한다. D등급을 받았던 2011년에 포남주공을 매수했다면 지난 10년을 어
떻게 버텨야 했을까?

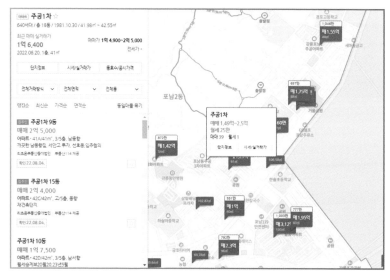

▲ 속초청호아이파크 단지의 세시 현황.   출처 : 네이버부동산

2022년 6월 현재 포남주공 아파트의 가격은 1.7억 원 정도며, 2021년
대비 6,000만 원 정도 상승한 것으로 보인다. 가격이 약간 오르기는 했지

만, 아직 재건축에 대한 초기 상태고, 정비사업이 진행될 때마다 계단식 상승을 하는 재건축의 특징상 저평가된 구간이라고 생각한다.

사업시행인가 구간을 지나면 1억 원 이상은 상승하지 않았을까 예상하는데, 비슷한 입지를 가진 원주 단계주공의 시세와 비교하면 포남주공의 향후 투자가치를 예상해볼 수 있을 것이다.

▲ 전형적인 저층 단지를 형성하고 있는 포남주공 2단지.

다음은 포남주공 2단지다. 1단지보다 세대당 대지 지분이 적고, 외곽에 있다는 단점이 있지만, 1단지가 치고 나가면 2단지 시세도 따라가는 특징이 있기에 건희아빠 같은 소액 투자자는 1단지보다는 2단지를 선호할 수밖에 없다.

실제로 건희아빠도 지방에 약 10개의 재건축 물건을 가지고 있는데, 대부분 주공 1단지보다는 2단지 물건을 매수해서 보유 중이다. 투자 수익은 사업성이 좋은 1단지가 당연히 높겠지만, 투자금 대비 수익률은 아무래도 2단지가 좋을 수밖에 없기 때문이다.

포남주공 2단지는 전형적인 5층짜리 저층 단지로 주변에 빌라촌이 있어서 주거 입지로는 좋은 편에 속하지 않는다. 하지만 1차가 재건축에 성공하면 차기 재건축 주자는 2단지가 될 것이기에 언제나 입지와 시세에 관심을 두고 있어야 하는 단지다.

▲ 강릉 포남주공 1단지의 시세 현황.　　　　　　　출처 : 호갱노노(hogangnono.com)

　　2단지도 시세가 많이 상승했다. 포남주공 1단지가 재건축 구역 지정이 되면서 취득세 구간이 높아짐에 따라, 아직 취득세 1.1% 구간을 유지하고 있는 2단지로 투자자들이 많이 몰린 탓이다. 이러한 흐름은 주공 1단지에서 정비사업이 진행될 때마다 영향을 받아서 동반 상승할 것으로 보인다.

　　다시 한번 말하지만, 대부분의 주공 1단지는 사업성이 좋아서 수익 구간이 높다. 하지만 소액 투자를 하려면 1단지보다는 2단지에 접근하는 것이 더 좋다는 사실을 명심하기를 바란다.

　　다음은 이화연립 소규모 재건축 단지다. 소규모 재건축이란 재건축 단지의 규모나 일정 조건을 갖추지 못한 작은 단지들을 합치거나 조그만

구역이더라도 통합해 신축 아파트를 공급하는 정비사업이다. 일반 재건축 대비 정비사업의 절차가 가볍고, 속도가 빠르다는 장점이 있다.

현장에서는 시공사 2곳이 경합을 벌였는데, 결국 호반이 시공권을 따냈다. 입지적으로 교동2공원을 개발하는 강릉롯데캐슬과 인접해서 흐름투자로 좋은 입지를 가지고 있다. 자체 브랜드가 가지는 힘은 부족하지만, 인근에 이화연립을 끌고 갈 만한 대형 단지들이 공급되고 있다는 뜻이다. 건희아빠가 보기에는 이런 단지들이 틈새시장이 아닐까 하는 생각이 든다.

단지의 가격도 꾸준히 상승하고 있다. 아파트 단지와 연립이 있어서 시세 파악이 힘들지만, 현지 중개사들에게 전화해서 문의해보면 물건의

▲ 교동 매화 단지의 시세 현황.

출처 : 네이버부동산

지방 아파트 소액 투자 비법

시세를 파악할 수 있다. 개인적 시각이기는 하지만, 강릉롯데캐슬의 최대 수혜주가 아닐까 한다.

조용히 따라오는 입암동과 노암동

강릉 남대천을 기준으로 남쪽에도 조용히 약진하는 재건축 단지들이 있다. 아직 특별하게 재건축 추진위라든지, 구역 지정 동의서를 받는다든지 하는 활동은 없지만, 포남주공이 재건축에 사업 속도를 내면 남쪽의 재건축 단지들도 사업 바람이 불지 않을 수 없을 것이다.

첫 번째 단지는 노암주공 2단지다. 노암동은 강릉에서도 주거 입지가 좋지 못한 지역 중 하나로 꼽는다. 단독 다가구가 많고, 병원이나 편의 시설, 상가 인프라가 부족하다. 주거 시설이 밀집한 강릉천 북쪽에 이러한 인프라가 밀집해서 공급됐기 때문이다. 상대적으로 개발의 힘이 미치지 않는 지역이라고 보면 될 것 같다.

▲ 단독 다가구가 많고, 편의 시설과 상업 인프라가 부족한 노암주공 2단지 주변.

전형적인 5층 주공단지다. 2022년 2월 답사를 가보니 외벽이나 단지가 깔끔하게 잘 정돈된 느낌을 받았다. 입지적으로 강릉 도심에서 멀리 떨어져 그런지 실거주자들에게는 관심도가 떨어지는 단지라고 한다.

주변에는 단독주택이나 빌라 같은 저층 주거단지들이 많다. 아파트 단지가 공급되기에는 아직 흐름이 오지 않는 지역이라는 뜻이다. 반대로 전체적으로 단독 다가구가 많은 지역이다 보니 투자금이 많이 들어갈 수밖에 없다. 재개발하면 단독주택의 특징상 1+1이 나올 수 있는 지역이라는 생각이 들었다. 이러한 단독주택지도 재개발 이슈가 발생하면 수익성이 좋은 투자처기 될 수 있겠다는 느낌이 드는 것은 기분 탓만은 아닐 것이다.

▲ 노암주공 2단지의 시세 현황.　　　　　　　　　　　출처 : 호갱노노(hogangnono.com)

인근 재건축 시장의 약진으로 노암주공 2단지도 5,000만 원 정도 상승한 것으로 보인다. 매매가로 1.3억 원이고, 전세는 8,000만 원 정도에서 호가가 올라와 있는 것을 보면, 5,000만 원 정도면 투지기 가능할 듯하다. 아직 재건축의 어떤 바람도 불지 않았는데 이 정도 상승 여력을 보이는 것을 보면, 사업이 시작되면 또 다른 시세의 분출이 가능할 것 같다는 생각이 든다.

다음은 입암주공 1단지다. 1986년식 480세대 2종 주거지에 위치한 아파트다. 입지적으로 볼 때 강릉천을 바로 인접하고 있어서, 재건축되어 신축으로 올라가면, 조망권 덕에 훌륭한 단지가 될 수 있는 입지를 가지고 있다. 실제로 입암주공을 답사해보면 노암주공 대비 쾌적함과 개방성이 아주 좋은 단지라는 사실을 알 수 있다.

▲ 강릉천이 가까워 개방감이 좋은 입암주공 1단지.

입암주공의 최대 장점은 강릉천이 인접해 개방성이 좋은점이 아닐까 한다. 다른 주공 아파트와 차별화할 수 있는 최대 장점이다. 단점은 세대당 평균 대지 지분이 약 11평으로 재건축하기에는 약간 아쉬운 평가를 받고 있다는 것이다. 그래도 15평 정도의 대지 지분이 확보되어야 안정적인 일반 분양 물량이 나올 수 있는데, 입암주공의 단지 크기가 작아서 평균 대지 지분이 많지 않다고 한다. 그래도 강릉의 상승장과 강릉천이라는 입지적 이점이 있어서 재건축의 흐름은 꾸준히 이어질 것으로 보인다.

입암주공 단지는 평균 대지 지분이 높은 노암주공보다 가격이 비싸게 형성되어 있다. 매매가 약 1.5억 원에 전세는 8,000만 원 정도로 호가

▲ 입암주공 1단지의 시세 현황.　　　　　　　　　　　　출처 : 네이버부동산

가 올라와 있고, 갭으로는 약 7,000만 원이 필요해 보인다. 역시 평대보다 입지가 좋으면 단점들이 상쇄되는 것이 일반적인 재건축 시장의 패러다임인 듯하다.

▲ 도로와 인접한 입암주공 2단지.

마지막으로 입암주공 2단지다. 1990년식 380세대 2종 주거지로 5층 7개 동으로 구성된 주공 아파트다. 일반적으로 1단지가 사업성이 높은데, 입암주공은 반대로 2단지의 평대가 더 높아서 투자자들의 관심을 역으로 얻고 있다. 세대당 평균 대지 지분이 약 16평으로 입암 1단지보다 먼저 추신위가 결성될지도 모르겠다.

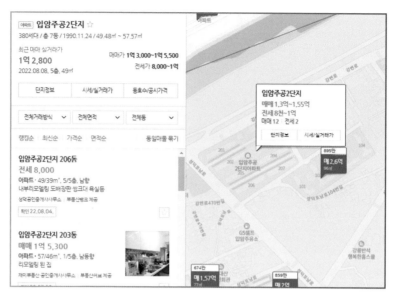

▲ 입암주공 2단지의 시세 현황.

출처 : 네이버부동산

도로가 인접해서 교통이 편리하고, 강릉천의 이점을 같이 가지고 있는 훌륭한 단지다. 이런 단지들이 상승장에서 치고 나갈 때 속도감 있게 나가는 것은 당연한 이치인 듯하다. 가격은 입암1주공과 비슷한 시세를 가지고 있고, 투자금도 비슷해 보인다. 개인적으로 비슷한 투자금에 비슷한 입지라면, 입암주공 2단지의 투자가치가 더 높아 보인다.

✅ 4 강릉시 소액 투자 접근 전략

강릉은 대장주들이 7억 원 구간을 넘어서고 있고, 강릉롯데캐슬이 입주할 때쯤에는 10억 원대를 돌파할 것이라는 평가를 받고 있다. 건희 아빠도 이런 의견에 공감하는 편이다. 강릉은 신축들이 치고 나가는 힘이 강하고, 실거주 수요가 탄탄하다. 전국의 투자자들은 강릉을 저평가하고 진입하기도 한다.

이러한 상황에서 소액 투자처를 찾기란 쉽지 않다. 오르지 않은 단지를 찾기보다 오르긴 했으나 추가적인 상승 여력이 있는 단지를 추격 매수하는 것이 지금 강릉 소액 투자로 현명할 것이다

크게 두 가지의 흐름을 보면 좋겠다. 형님 단지 옆에서 같이 흐름을 이어갈 수 있는 구축 아파트, 그리고 재건축은 한참 멀었지만 대지 지분이 높고 동수가 적은 아파트 단지를 중심으로 접근하는 것이다.

▲ 입암주공 4~5단지의 시세 현황.　　　　　　　　　출처 : 호갱노노(hogangnono.com)

입암주공 4단지의 경우, 재건축은 불가능하지만 강릉의 시세 흐름에

따라서 꾸준하게 상승하고 있다. 매매가가 상승함에 따라서 전세가도 같이 상승해서 일정한 갭을 유지하는 단지로, 추가적인 상승 여력이 충분해 보인다. 왜냐면 갭이 적어서 후속으로 들어오는 투자자들도 소액으로 세팅할 수 있기 때문이다. 원래 전세가 부족하고 입지적으로 나쁘지 않아서 실거주 만족도도 높았다.

입암주공 6단지는 4단지와 비슷한 입지를 가지고 있으며, 매매가와 전세가가 동반 상승하는 특징을 보이는 단지다. 2021년을 기준으로 5000만 원 정도 상승했는데 아직까지 상승 여력이 남아 있는 단지다. 실거주

▲ 입암주공 4~5단지의 시세 현황.　　　　　　출처 : 호갱노노(hogangnono.com)

선호도도 높은 단지다.

　다음으로는 재건축하기에는 아직 시간이 많이 남아 있지만, 대지 지분이 좋고 가격이 저렴한 단지를 둘러볼 필요가 있다. 포남동 옥포 아파트는 3층 3개 동으로 구성된 작은 아파트인데, 강릉천을 남쪽으로 바라보고 있어서 소규모 재건축으로 적합한 입지를 가지고 있다.

　웬만하면 저층 아파트는 매매가가 상승해도 전세가가 받쳐주지 못하는 게 일반적인데 이 단지는 전세가도 같이 상승해서 갭도 줄일 수 있다는 장점이 있다. 실거주 전세 수요가 튼튼하다는 말이다. 이런 단지를 소액으로 세팅해놓고, 시간에 베팅한다면 투자금 대비 수익률은 좋을 수밖에 없는 단지일 것이다.

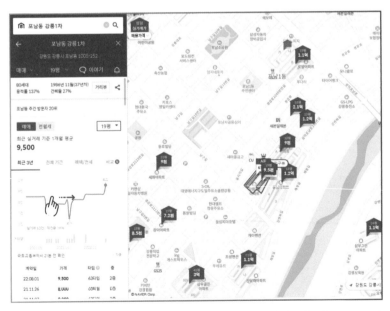

▲ 포남동 강릉 1차 아파트의 시세 현황.　　　　출처 : 호갱노노(hogangnono.com)

마지막으로 강릉 1차 아파트는 1986년식 5층 2개 동으로 구성된 아파트 단지다. 인근에 저층 아파트들이 많아서 단지가 분류되어 있지만, 통합 재건축 같은 바람이 불면 시세가 분출하기 좋은 단지다.

아직 매매가가 1억 원 이하고, 전세가도 동반 상승해서 갭을 줄여서 투자할 수 있는 단지다. 추가 상승 여력이 있어 보이니, 투자금을 최소화해서 세팅하면 좋은 소액 투자처가 될수 있다.

PART 4
전라북도 소액 투자

전북의 신흥 강자 _ 군산시

전라북도 서북부에 자리하고 있는 군산시는 전북 지역에서 유일하게 항구도시 기능을 하고 있다. 지금은 연안 국제여객선과 산업항구 모두 오식도동이라는 군산외항에서 물류와 여행객들을 실어 나르며 항구도시다운 면모를 드러내는 지역이기도 하다. 2000년대에는 군산국가산업단지에 수많은 국가산단 기업들이 입주하면서 산업도시로 성장세를 이어가기도 했다. 새만금개발사업지구가 개발되면 군산은 큰 발전을 할 것으로 예상됨에 따라서 지속적인 발전 가능성이 큰 지역이라고 할 수 있다.

한때 진라북도에서 가장 주목받는 도시였던 군산은 현대중공업과 한국GM이 철수하면서 경제가 큰 타격을 입기도 했다. 일자리가 폐쇄되고, 그로 인한 인구 유출도 심각해서 군산의 경제는 긴 침체기를 겪을 수밖에 없었다. 2017년 현대중공업의 조선소 폐쇄가 큰 위기였으며, 2018

년 GM대우의 군산 공장 폐쇄가 결정되면서 지역경제는 큰 타격을 받았다. 군산을 떠나는 인구가 급증하면서 인구가 감소세로 돌아섰고, 그로 인해서 인근 지역인 익산시도 함께 인구수가 감소했다고 한다.

최근 들어서는 좀 다른 상황으로 변하고 있다. 군산 조선소는 사실상 재가동을 위한 준비를 마쳤고, GM대우 공장 대신 전기차 생산공장이 다시금 일자리를 채워 주고 있다. 즉 일자리가 들어오는 지역이라는 뜻이다. 지금까지 대규모 산업구조가 붕괴되면서 지역의 수요가 빠져 나갔다면, 앞으로 군산에는 일자리가 충원될 가능성이 높다. 그러면 경제도 살아날 것이고, 부동산 시장도 좋아지지 않을 수 없다고 보인다.

거기에 더해 군산은 입주 물량도 거의 마무리된 상태다. 즉 하락 압력이 거의 없는 지역이라는 뜻이다.

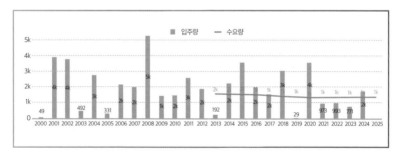

▲ 전북 군산시 기간별 수요·입주.　　　　　　　　　　출처 : 부동산지인(aptgin.com)

덕분에 군산은 매우 매력적인 도시로 보인다. 지금까지의 길고 어두운 터널을 지나서 이제 비상의 날개를 펼칠 때가 된 게 느껴지는 것이다. 빠져나갈 수요층은 다 나갔는데도 군산의 대장주는 6억 원을 바라보며 분양가 대비 2배나 올랐다. 그런데 이제 수요가 들어온다고 하고 입주 물량은 없는 안전한 지역이다. 앞으로 어떻게 부활할지 기대되는 지역이라면 이상할까? 나는 진심으로 군산의 비상을 기대하고 있다.

⊘ 1_ 군산의 호재

군산의 자랑, 새만금

군산의 큰 개발 호재로는 새만금간척사업이 있다. 워낙에 큰 호재고, 오랫동안 잘 알려진 사업이다 보니 다소 식상할 수 있겠지만, 이러한 대규모 간척사업이 산업단지와 기업 유치로 이어진다면, 전라북도 전체

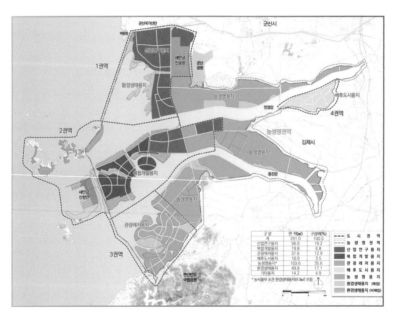

▲ 새만금 토지 이용 계획도.   출처 : 새만금개발공사 홈페이지(sdco.or.kr)

에 지속적으로 인구가 줄고 있는 상황을 반전시킬 수도 있는 큰 호재라고 볼 수 있다.

　새만금간척사업이 대규모 산업단지 조성으로 방향을 잡으면서 군산의 새로운 희망으로 떠올랐다. 실현 가능성이 큰 호재이기에 기대감도 더욱 큰 듯하다. 새만금 사업을 통해 새로 생기는 육지의 면적은 283㎢으로 서울시 면적의 절반에 약간 못 미치는 수준이다. 이 가운데 상당 부분이 군산시에 편입되었다. 군산시로는 큰 호재가 아닐 수 없다.

　새만금의 신규 토지 때문에 인근 지역인 김제시와 부안군과의 영역 다툼이 심하게 일기도 했다고 한다. 원래 바다였거나 기껏해야 해안선 주변이었던 곳이 육지로 편입되면서 투자개발 가치가 높아졌으니 당연히 지역 입장에서는 자기네 행정구역에 편입시켜 선점 효과를 누리고 싶

▲ 새만금 토지 이용 계획도.

출처 : 새만금개발공사 홈페이지(sdco.or.kr)

없을 것이다. 각 시군의 이해관계 대립으로 난항을 겪었으나 2021년부터 '통합새만금시'라는 명칭으로 사업은 계속 추진되고 있다.

새만금개발사업은 '동북아 경제중심지'로서 복합문화관광의 메카를 조성하는 동시에 저탄소 녹색성장, 청정생태환경 등의 친환경 성장 동력으로 추진될 전망이라고 한다. 사업은 크게 복합도시건설, 농업·산업용지 개발, 과학연구 신재생에너지 생태환경 등의 테마로 개발을 진행한다고 한다.

이 가운데 테마형 산업단지를 개발하고, 각종 레저 산업과 복합 리조트 사업을 통해 명품복합도시라는 가치를 실현할 예정이라니, 미래가치가 높은 개발사업 덕분에 파괴력 있는 수요가 창출될 것으로 예상할 수 있겠다.

조선소 재가동

도시를 부동산학적으로 접근할 경우, 수요를 기준으로 크게 2가지 형태로 나누곤 한다. 특정 산업에 도시가 의지해 성장하는 도시를 산업도시라 하고, 산업에 의존하지 않고 자체 규모의 경제와 소비 여력으로 성장하는 지역을 소비도시라고 한다. 이를테면 울산과 군산, 거제, 구미 같은 산업 기반으로 성장하는 도시가 산업도시에 들 수 있다. 산업도시의 특징은 입주 물량이 많이 들어오더라도 당시의 경기가 좋다면 부동산 경기에 크게 영향을 미치지 않는다는 것이다. 하지만 경기가 안 좋으면 입주 물량과 상관없이(물량이 적더라도!) 부동산 경기도 좋지 못한 상황을 맞이하는 특징도 갖는다. 이러한 산업도시의 전형적인 특징을 가지는 지역 중 하나가 군산이다.

글로벌 경제의 침체와 조선업의 장기 불황으로 현대중공업은 2017년에 군산에서 조선소 시설의 가동 중단을 선언했다. 그로 인해 군산에서는 5,000여 명의 일자리가 사라지는 아픔을 겪었다. 게다가 GM 자동차 공장도 이듬해인 2018년 철수하면서 군산의 아픔은 절정을 이루었다. 장기 불황 탓에 군산 경기는 나아질 기미가 보이지 않았다. 그런데 어느덧 다시 글로벌 조선업 경기가 회복되면서 군산 조선소도 다시 재가동한다고 한다.

개인적으로도 이 군산 조선소 재가동 호재는 정말 확실한 호재라고 생각한다. 그동안 조선소 폐업으로 인해 협력업체를 포함해 5,000명 이상의 근로자가 일자리를 잃었다. 4인 가족을 기준으로 생각해보면, 그 이상 수많은 사람이 피해를 보았다고 파악해야 할 것이다. 이제 조선소 시설들이 다시 가동하면 떠났던 근로자 수요는 다시 들어올 것이고, 이는 지역 경제에 아주 큰 상승효과를 가져올 것으로 보인다.

사람들을 내보낼 때는 어떨지 모르겠지만, 이제 다시 조선소를 재가동하려니 인력이 모자란다고 한다. 일할 사람을 구하기 힘들다는 말들이 뉴스에서 종종 나오고 있다. 수요가 커지는 것이 확실해진 셈이다. 사람들이 들어오면 군산 지역은 전체적으로 전세가가 폭등할 가능성이 높다. 집을 구입하기 보다는 전세로 머물기를 원하는 수요층이 많을 것이기 때문이다. 실제로 군산에 가보면 전세가 없다. 입주 물량도 끝났고, 안정화 기간도 지났기 때문인데, 하반기부터 이러한 근로자 수요까지 부동산 시장에 들어오면 어떻게 될까? 고민해봐야 한다.

군산은 입주 물량이 안정화된 상황에서 새로운 수요까지 밀려든다고 하니, 향후 3~4년은 우상향할 수밖에 없다. 군산의 조선소 재가동 호재는 중장기적으로도 전북 전체에 긍정적인 영향을 줄 것이다.

☑ 2_ 주요 주거 입지

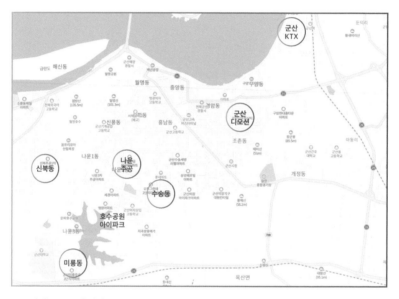

▲ 군산의 주요 주거 입지.

어느 지역이나 그 지역의 대장주 역할을 하면서 시세를 리드하는 지역이 있고, 구도심이기는 하지만 재건축과 재개발로 도심의 변화를 주도하는 지역이 있으며, 그런 지역을 천천히 따라가는 지역들이 있다. 군산역시 크게 세 군데의 주거 입지로 나뉜다고 생각하면 된다. 군산의 A급지역은 수송동과 조촌동이다. 기존 대장주는 수송동이었는데, 니오션시티가 입주하는 조촌동이 군산의 대장으로 등극했다. B급으로는 구도심에서 도심재생이 진행 중인 나운동이 대표적이고, 그 외의 지역들은 C급 지역으로 대장주들을 따라가는 지역이라고 볼 수 있다.

지역마다 투자금과 들어가야 할 타이밍과 입지가 다르므로 내가 얼마의 투자금으로 어떻게 버티며, 어떤 방식으로 출구전략을 가지고 접근할 것인지에 대한 고민이 필요하다. 즉 투자자의 상황에 따라서 접근해야 하는 방식과 단지가 다르다는 뜻이다.

건희아빠는 A급 지역을 투자해본 적이 없다. 포항 두호주공 재건축 단지를 제외하고는 대장주 부동산에 투자해본 적도 없다. 대장주나 '리딩 단지'들이 좋은 것은 누구나 다 안다. 좋은 물건이 계속 잘 나가고, 하방 위험도 없다는 것은 상식이다. 누가 그걸 모르겠는가! 하지만 투자금이 많이 들고, 갭도 크다. A급 단지들은 상승장이든 하락장이든 투자금이 수억 원씩 들어가니 접근하기도 어렵다.

그래서 건희아빠는 대부분 B급이나 C급 지역의 미분양과 재건축 단지들에 많이 투자했다. 수익률의 구간을 보고 접근하는 전략이었기 때문이다. 이 글을 읽고 있는 독자님들은 투자금이 얼마나 되는가? 자신의 상황부터 점검해볼 것을 추천한다. 그래야 내가 어떤 지역으로 접근할 수 있을지 전략이 나오기 때문이다.

내가 군산의 대장이다, 조촌동

2000년대까지만 하더라도 군산에서의 신도심은 나운동부터 군산대학교 앞 미룡동 지역까지를 신도심으로 부를 수 있었지만, 수송지구 개발로 인해 나운동은 신도심으로 부르지 않게 되었다. 신도심은 군산에서 2010년도 이후 개발되는 지역을 말하는데, 수송지구-미장지구-조촌

▲ 조촌동의 디오션시티 일대에는 상품성 높은 대장주 아파트들이 많다.

동-디오션시티가 연결되는 지역들을 일컫는다. 다만 이 신도심 지역에서 수송지구와 미장지구, 조촌동은 개발이 완료된 상태고, 디오션시티는 이제 막 개발이 되는 시점으로 볼 수 있다. 현재 디오션시티 지역은 아파트 단지들이 완공되는 중이다.

조촌동은 이미 시가지가 형성된 지역이지만, 본래 낙후된 외곽지역이었다는 점에서 재개발 가능성을 가늠해볼 수 있고, 미장지구와 디오션시티가 양옆으로 벨트를 형성하면서 조촌동 역시 동반 발전할 가능성도 높다고 볼 수 있다. 조촌동 지역은 이미 군산시청 시의회 등의 행정시설들이 들어서 있고, 신도심권 형성으로 인한 인구 증가가 예상되는 지역이다. 따라서 조촌동 지역 발전으로 이어질 가능성이 상당히 크다.

▲ 디오션시티 인근에는 공원 인프라가 확충되고 있고, 상권도 발달하고 있다.

직접 가보면 디오션 시리즈의 신축급 단지들이 입주를 마무리하면서 상품성이 높은 대장주의 위용을 나타내고 있음을 확인할 수가 있다. 특히 구도심 상권인 수송지구 등과 인접해서 학군과 상권을 공유할 수 있으며, 조촌동 자체 상권도 성장하는 중이다. 신축에 해당하는 아파트가 가진 인프라와 대단지라는 프리미엄, 그리고 '푸르지오'라는 1군 브랜드까지, 군산 실거주자들이 좋아할 만한 조건을 대부분 갖추고 있다고 보인다.

인근 디오션 상권과 공원 인프라들이 확충되고 있고, 상권도 발달하고 있다. 군산의 대장주로서 입지를 강화하는 것은 당연한 수순일 것이다. 이렇게 도심과 인접한 지역의 택지개발지구는 입주장 때 전세가 하락도 방어가 가능하고, 실거주 선호도는 입주 후에도 더 높아지는 경향이 있다.

▲ e편한세상디오션시티의 시세 현황.　　　　　出처 : 호갱노노(hogangnono.com)

▲ 더샵디오션시티 2차 단지의 시세 현황.

아파트 시세도 많이 올라서 약 3억 원에 분양했던 아파트 가격이 2022년 6월 현재는 거의 2억 원 이상 상승했다. 게다가 디오션 2차가 입주하면 조촌동 디오션 단지들의 입주가 마무리되고 택지가 안정화되면 시세는 한 번 더 오를 수 있을 것이다. 입주 물량의 영향도 있지만, 택지 개발지구의 안정화 단계에서 눈에 띄는 특징이라고 보면 될 듯하다. 디오션 단지들이 모여 있는 조촌동이 더욱 좋아 보이는 것은 당연한 관점이 아닐까 싶다.

앞서 잠깐 언급했지만, 이렇게 군산의 대장주들이 약진하고 있는데 이런 단지들을 추격 매수하는 것은 우리 같은 소액 투자자들에겐 부담스러운 일이다. 투자금도 2억 원 이상 들어가고, 투자금 대비 수익률을 생각하면 그다지 좋은 투자처는 아니라는 뜻이다.

그렇다면 이렇게 대장주 단지들을 통해 입지가 변화하는 축을 형성하는 지역 주변 단지들을 눈여겨보면 좋다. 가령 대장주 단지 주변에 구축이면서도 그동안 소외되었던 아파트들에 관심을 두는 것이다.

먼저 디오션 단지 남쪽에 있는 구축 아파트들이 소액 투자로 관심 가질 만하다. 조촌동의 디오션 단지들이 성장하면서 주거 입지가 개선되고 상권이 확장될 것이다. 당연히 인근에 있는 구축 아파트들도 주거 입지 개선 효과를 함께 누릴 것인데, 이러면 이후 지가 상승은 당연한 수순으로 따라온다.

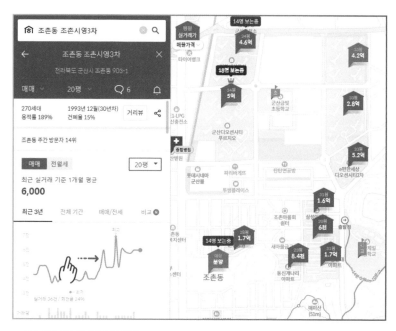

▲ 조촌시영 3차 단지의 시세 현황.   출처 : 호갱노노(hogangnono.com)

먼저 조촌동 시영 3차 아파트는 복도식 구축 아파트로 상품성으로는 선호도가 많이 떨어지는 단지다. 지금까지는 말이다. 하지만 인근 조촌동이 부촌으로 성장하면 형님 따라서 값이 상승할 수 있는 입지를 가지고 있다고 보인다. 즉 자기 자신만의 상품성으로는 한계가 있지만, 인근 주거 입지 개선 효과를 직·간접적으로 누릴 수 있는 장점이 있다. 갭도 1,000만 원 정도로, 소액으로 접근할 수 있고 1억 원 이하 단지여서 출구 전략도 어렵지 않아 보인다.

▲ 조촌동 동신개나리 아파트의 시세 현황.　　　　　출처 : 호갱노노(hogangnono.com)

다음으로 동신개나리 아파트도 관심을 둘 만하다. 재건축 이슈는 발생하기 어려운 중층 복도식 아파트지만 시영 3차 아파트처럼 인근 지기 상승으로 자신의 지가도 같이 개선되는 입지적인 장점을 가지고 있다. 가격도 아직 전고점을 돌파하기 전이고, 전세가도 동반 상승 중이다. 하방보다는 상방으로 갈 가능성이 크고, 안전마진도 충분해 보이는 구축 아파트. 디오션 단지가 안정될 때까지만 보유하고 있으면 훌륭한 소액 투자처로 보인다.

떠오르는 신흥 주거지, 나운동

나운동은 1990년대 중반부터 본격적인 아파트 단지가 건설되면서 발전하기 시작한 지역이다. 이 지역에 군산시 아파트 단지의 40%가 집중되어 있고, 인구 분포 역시 나운동과 그 일대 지역을 중심으로 몰려있다. 특히 은파호수공원과 인접해 인근 실수요자들이 간단하게 여가생활을 즐기기가 편리하다. 아파트 개발이 일찌감치 완료되어 구축들이 많아 오래된 재래상권과 병원, 대학(군산대) 등이 포진해 있는 지역이다. 공단대로를 이용하면 외항과 군산산업단지로 이동하는 것도 편리해, 소비와 생산 지구 중간에 존재하는 군산의 대표적인 주거지역이라고 볼 수 있다.

반대로 오래전에 개발이 완료되고, 더 이상 아파트 공급이 없어서 구축 단지들만 몰린 지역이다 보니 전형적인 구도심의 특징을 가지고 있다. 상권과 학군이 좋지만, 신축 아파트에 대한 갈망 또한 큰 지역이라는 뜻이다.

그래서 이 지역에는 구축 아파트들을 중심으로 한 도심재생사업이 활발한 편이다. 구도심에는 신축을 공급할 땅이 부족하고, 주거 입지가 좋으므로 재건축과 재개발 사업으로 신축 아파트가 공급되면 선호도가 높아질 수밖에 없다. 현재 나운동에는 3개 재건축 단지가 신축 아파트로 변모하기 위한 사업을 진행하고 있다. 물론 사업장마다 투자금과 사업

속도, 사업 방향이 다르기 때문에 자신의 투자금과 명의에 따라서 접근하는 시기도 달라야 한다.

우선 우진·신남 재건축 아파트를 보자. 1979년식 450세대 17개 동 5층으로 이뤄진 저층 아파트인데, 계룡 리슈빌 노블리움이라는 브랜드로 시행사가 재건축 사업을 진행하고 있다. 지하 2층, 지상 22층 616세대를 공급하는 사업이다.

2022년 5월 사업시행인가 총회를 거쳐, 사업시행인가를 얻게 되면 관리처분인가와 이주계획을 수립해 사업에 속도를 낼 것으로 예상된다.

▲ 나운동 우진 아파트의 시세 현황.　　　　　　　출처 : 호갱노노(hogangnono.com)

우진·신남 재건축 아파트는 입지적으로 나운동 상단에 위치하고 있다는 단점을 가지고 있기는 하다. 그래서인지 다른 재건축 단지보다 약간 저렴한 시세를 보인다. 가격이 꾸준히 오르기는 했지만, 아직까지 재건축 사업시행인가를 얻을 단지 치고는 절대가격이 저렴해 보인다. 취득세 구간이 조금 아쉽기는 하지만, 투자가치는 충분하다.

▲ 나운보람더하임 아파트의 시세 현황.　　　　　　　　출처 : 호갱노노(hogangnono.com)

그리고 아직 많이 오르지 않았고, 구축이지만 입지적으로 주거상황이 개선되는 단지도 있다. 나운보람더하임 아파트다. 우진신남 재건축이 진행되면 추후 직접적인 이주 수요도 받을 수 있는 입지를 가지고 있고, 구축이기는 하지만 갭이 붙어있어서 소액 투자로 적합해 보인다. 게다가 아직 전고점을 돌파하기 전이니, 상승 여력도 충분해 보이는 상황이다. 군산이 본격적으로 조선소 재가동을 진행하면, 수혜를 받을 수 있는 가격대의 아파트다. 소액 투자로 수익률을 원하는 투자자라면 나운보람더하임 아파트가 더 적합할 수 있다. 자신의 상황에 따라서 투자 물건을 선택적으로 접근하면 된다.

▲ 나운주공 2단지를 재건축하는 금호
어울림센트로 단지 공사 현장.

다음은 나운주공 2단지를 재건축하는 금호어울림센트로 단지다. 시공사는 금호건설로 2022년 9월 입주 예정인데 993세대를 공급하는 재건축 단지다. 군산 입장에서 보면 조촌동 디오션 단지들에 뒤를 이어줄 만한 구도심의 신축 단지라서 선호도와 주거 상품성이 뛰어나다.

1000세대 가까운 대단지 프리미엄이 있는 데다가 나운주공 3단지까지 신축으로 재건축되면 나운동의 신흥 부촌으로 성장할 것으로 예상된다. 나운동은 기존 아파트 단지들이 많은 지역으로 재래시장과 학원, 상가 등이 잘 정비되어 있다. 이런 지역에 신축 아파트가 들어오면 주거 선호도는 높다.

나운주공 2단지의 미래를 미리 보고 싶으면, 개인적으로 춘천 후평 우미린 단지를 답사해볼 것을 추천한다. 후평우미린 단지도 C급 지역에 공급되는 재건축 단지여서 금호어울림처럼 초반에는 선전하지 못했다. 하지만 입주 이후에 지역의 랜드마크로 자리 잡으면서 시세가 크게 올랐다. 지역이 낙후되었다고 무시할 것이 아니라 '구도심의 신축은 불패'라는 사실을 인지했으면 한다. 변수는 있겠지만, 군산나운 금호어울림 단지도 입주 후에는 시세가 대폭 상승할 것이라고 조심스럽게 예상해 본다.

▲ 군산나운금호어울림센트럴의 시세 현황.

출처 : 네이버부동산

마지막으로 군산나운주공 3단지 아파트가 있다. 1983년식 27개 동 5층 저층 아파트로 800세대로 구성된 아파트다. 사업은 관리처분인가 단계로 안정권이며 시공사는 포스코더샵으로 약 1458세대를 공급하는 재건축 사업장이다.

2022년 6월 현재 조합원 감평가에 대한 불만이 높아서 비대위와 조합 간의 갈등이 있는 상황이라고 한다. 하지만 군산의 시세가 더 높아지면 이러한 갈등요소는 금세 사라질 수 있다. 개인적으로 이렇게 시끄러운 조합 상황이 지속되면 조합원들의 피로도는 높아지고 급매로 나오는 물건들이 생기는데, 이럴 때 저렴한 물건이 나오면 적절한 가격으로 매수해 좋은 투자로 끌어갈 수 있다.

감평가와 비례율은 아파트 준공 시의 가격으로 보면 그다지 많은 차이가 나지 않는다. 시세는 수억 원씩 오를텐데, 감평가 1,000~2,000만 원 손해봤다고 매물을 던지는 우를 범하지 말자. 그리고 매수하는 입장이라면 그렇게 '실망매물'이 나온다면 사업성을 검토해 보고 적극적으로 매수하기를 추천한다.

건희아빠도 이렇게 조합 내부의 갈등으로 실망매물을 던지는 타이밍을 이용해서 시세보다 싸게 매수한 경우가 종종 있었다. 당시에는 아까운 시세라고 생각했지만 준공 시점의 아파트 시세를 예상한다면 충분한 투자 메리트가 있다고 생각했다.

▲ 나운주공 3단지의 시세 현황.

출처 : 호갱노노(hogangnono.com)

지방 아파트 소액 투자 비법

2022년 6월 현재 가격도 1.8억 원 선이다. 조합원 분양가가 평당 850만 원으로 알려져 있는데 84㎡ 기준으로 2.9억 원 선이었다. 감평가를 8,000만 원 선으로 보면 프리미엄은 1억 정도 주고 사는 셈이다. 조합원 분양가와 프리미엄을 합하면 3.9억 원대에 매수한다고 볼 수 있다.

현재 가격으로 보면 나운주공 2단지와 비슷한 가격대지만, 미래가치로 봤을 때 충분한 안전마진이 있지 않을까. 포스코너샵이라는 브랜드와 금호어울림과는 약 5년 이상의 입주 시점이 차이 나기 때문이다. 지금은 조합 내부의 사정으로 좀 시끄럽지만, 나운주공 2단지의 입지와 상품성은 가치투자를 위해 투자처를 찾는 투자자에게 충분히 추천할 만한 물건이다.

군산의 자랑 은파호수공원, 미룡동

군산은 산업도시인 동시에 관광도시기도 하다. 군산의 핫플레이스 가운데 미제(米堤)저수지가 있는데, 은파호수공원이 자리해 제법 유명한 관광지로 통한다. 저수지를 감싸는 구릉성 산지도 있어서 인근 주거지의 실거주 수요뿐 아니라 주위를 둘러싼 둘레길 덕분에 1년 내내 관광 수요도 붐빈다.

실제 답사를 가보니 정말 주변 둘레길도 잘 정비되어 있고, 인근 주민

▲ 은파호수공원 주변. 호수를 둘러싼 공원이 더욱 훌륭한 입지를 만들었다.

들의 주거만족도도 높다는 것을 쉽게 알 수 있었다. 이런 자연환경이 인접한 지역에 신축 주거단지가 공급되면 선호도는 당연히 높을 수밖에 없다고 생각한다. 실제로 은파호수 공원을 테마로 분양을 한 단지가 대박 청약율을 기록하면서 선전하기도 했다.

▲ 군산호수공원아이파크 단지의 분양가 현황.   출처 : 호갱노노(hogangnono.com)

호수공원아이파크 단지로 평균 경쟁율이 50대1을 보이면서 완판되었고, 프리미엄도 상당히 많이 올랐다. 임장을 가보면 호수공원아이파크는 은파호수공원 인근에 택지를 개발해서 공급하는 단지로 주요 주거지와 인접한 데다가 아파트 창 너머로 호수공원을 내다볼 수 있어서 입지는 물론 상품성까지 높은 단지라고 보인다.

그렇다면 입지는 다르지만, 비슷한 상황에서 분양하는 인근 신축 단

지들도 투자가치가 있지 않을까
고민해봐야 한다. 그러한 입지의
변화를 가져올 만한 지역이 군산
미룡동이다.

▲ 군산호수공원아이파크의 시공 현장.

미룡동 일대는 1990년대 초반
까지 경작지가 주를 이루는 곳이
었으나 2000년부터 나운동의 배
후도시로 개발되어 대규모 아파트 단지가 들어선 곳이다. 현재는 택지
개발사업 이후 꾸준한 인구 유입으로 주거 인구가 증가하면서 군산의 신
주거 지역으로 확대되고 있다.

미룡동은 은파호수공원 서남쪽에 위치한 택지개발지구다. 군산 전

▲ 미룡주공 3단지의 시세 현황.

출처 : 호갱노노(hogangnono.com)

체로 보면 C급 지역으로 수송동이나 나운동보다는 주거 입지로서는 선호도가 떨어지는 지역이었다. 하지만 앞서 언급한 것처럼 군산의 최대 호재인 군산 조선소 재가동으로 인해 최대 수혜주가 될 수 있는 입지를 가지게 되었다. 군산 조선소가 위치한 오식도동과 지리적으로 가깝고, 새만금북로를 통해 수송동과 이어지는 중간에 위치해 교통도 편리한 지역이다. 주거 선호도가 약간 떨어지기는 하지만, 소액 투자로 접근하기에는 최적의 입지로 고려해볼 지역이다.

▲ 미룡주공 2~3단지는 은파호수공원과 가까워 주거 입지가 양호하고 가격도 저렴하다.

대표적인 소액 투자 관심 단지로 미룡주공 2~3단지가 있다. 은파호수공원과 바로 인접해 있어서 주거 입지도 양호하고 가격도 저렴하다. 아파트 시세가 전고점을 회복하지 못한 상황에서 전세가도 같이 상승하고 있다. 임장을 가보면 실거주 선호도도 나쁘지 않은 것을 알 수 있다.

그래서 건희아빠가 보기에 소액 투자로 적합한 단지로 보인다. 향후 나운동의 대장주들이 약진하고 소액 단지들이 선전하고 나면 미룡동의 구축 아파트들도 시세가 오를 여지가 높다고 생각한다. 군산역을 중심으로 개발하는 군산신역세권 택지개발지구가 있어서 청약통장과 명의가 있는 실수요자

지방 아파트 소액 투자 비법

라면 더욱 적극적으로 노려볼 만하다고 보인다.

▲ 군산신역세권 한라비발디 단지의 분양가 현황.　　　　　　출처 : 호갱노노(hogangnono.com)

입지는 떨어져도 직주근접이야, 오식도동

마지막으로 군산에서 소개할 지역은 오식도동이다. 군산의 최대 호재인 군산 조선소들의 재가동 사업장과 가장 가깝고, 새만금개발사업 호재와도 직접적인 효과를 볼 수 있는 지역이 이곳이다.

하지만 오식도동은 대부분 산업단지를 기반으로 조성된 지역이다 보니 주거 입지로는 그다지 선호하지 않는 지역이다. 군산의 주요 주거지나 상권으로 가기에도 접근성이 부족하고, 산업단지 위주의 공급정책 탓에 편의시설은 거의 전무한 상태이기 때문이다.

▲ 산업단지와 공장이 많고, 병원이나 카페, 극장 같은 주거용 인프라는 전무한 오식도동 일대.

실제 현장을 가보면 준공업 지역이다 보니 산단이나 공장지대가 많고, 병원이나 카페, 극장 같은 주거용 인프라는 전무한 상태다. 특히 초등학교만 있고 중학교는 군산 시내로 보내야 해서, 초등학생 이상의 자녀를 둔 수요층은 정주하기가 어려운 입지를 가지고 있다. 그래서 군산 시민들은 오식도동을 그다지 선호하지 않는다고 보면 될 듯하다. 지금까지는 말이다.

오식도동에는 약 744개의 산업단지 기업체가 상주하고 있다. 기존에도 수요층이 튼튼했는데 다시금 조선업 수요까지 들어오면 인근에서 직주근접형 단지를 찾는 사람들은 늘어날 수밖에 없다. 즉 신규 기업체의 입주 단지가 늘어남에 따라서 배후지역으로 오식도동이 최적의 입지라고 보이는 것이다. 새만금개발사업의 일환으로 추진 중인 새만금항 인입철도가 완공되면 교통과 물류는 더욱 편리해져 인근 지역의 주거 가치도 높아질 것이다.

주거 입지가 나쁘다고 해서 투자가치가 없다고 치부하는 것은 위험한 발상이다. 지금의 가치가 낮게 머물러 있다는 것이지, 미래가치가 지금보다 좋아질 것이라면 한 번쯤 투자로 고민해볼 사항이다.

개인적인 의견이지만 군산 조선소가 재가동하면 분명히 4인 가족보다는 1인 수요층도 늘 것이고, 이 1인 수요층은 주거 입지보다는 직주근접의 주거 형태를 찾아올 수도 있다고 생각한다. 주거 인프라도 중요하지만, 라이프스타일에 따라 직주근접의 장점을 더 추구하는 수요층도 분명히 들어올 것인데, 그 길목에 있는 지역이 오식도동의 아파트 단지다.

군산한성필하우스는 2012년에 공급된 아파트 단지로 8년 임대 전환형 아파트로 사업이 진행된 단지다. 2021년에 임대 전환된 물량들을 일반 매매로 변경해 일반인들에게 공급했는데, 인근 오식도동에서 가장 신축급이고 상품성도 좋은 단지다. 산단 입지와는 다르게 주거 입지

▲ 한성필하우스 아파트는 1인 수요와 전월세 수요가 많은 단지다.

로 공급하기 위해서 주변에 공원과 녹지가 많은 점도 장점 중 하나다.

오식도동에서 유일한 아파트 단지로 산업단지 내 직주근접형 대단지라는 프리미엄도 가지고 있다. 즉 이 지역에서는 희소성이 높을 수 있다는 의미. 관심 가져볼 만한 단지라고 생각해서 군산에 가볼 기회가 있다면 꼭 오식도동을 둘러보기를 추천한다.

한성필하우스 답사를 가보면 아직 10년차 아파트여서 상품성이 남아 있다. 25평형 소형으로 구성 공급된 단지여서 1인 수요층이 접근하기에 좋은 입지다. 단점이라면 초등학교만 있다는 점이지만, 학군 수요층이 아닌 1인 수요와 전월세 수요가 이 단지의 주요 수요층이라고 보면 될 듯하다.

즉 타깃이 다르다는 사실을 염두에 둬야 한다. 곧 인근 지역에 있는

한라비발디 같은 메이저급 단지가 공급을 준비하고 있다고 한다. 나홀로 아파트 단지에서 인근 주거 입지가 확장되면 인프라도 개선될 것이고, 그에 따라서 정주 인구도 늘이날 수 있다.

▲ 한성필하우스 단지의 시세 현황.　　　　　　　　　　출처 : 호갱노노(hogangnono.com)

　　2022년 6월 현재까지는 분양가 대비 가격이 많이 오르지 않은 상황으로 보인다. 25평형의 소형평수 위주의 단지로 입지적으로 선호하지 않는 지역이기 때문이다. 하지만 군산의 시세가 상승장으로 접어들고, 조선소가 재가동하는 시기가 된다면 분명히 좋은 투자처가 될 것이라고 확신한다. C급 입지라고 무조건 배척하는 것도, 또 너무 관대한 것도 무리수지만 상황 파악만 적절히 되었다면 접근하기 좋은 지역이 오식도동 지역임에는 틀림이 없다고 생각한다.

⊘ 3_ 군산시 소액 투자 접근 전략

군산시는 이제 대부분의 입주 물량이 끝나고 안정화 단계에 이른 지역 중 하나다. 게다가 조선소 수요가 빠져나가서 힘들었던 상황을 견뎌내고 다시 수요가 들어오는 시기를 맞이하고 있다. 하락보다는 상승으로 갈 가능성이 높으며, 그 기간도 단기간이 아닌 3~4년은 지속적으로 수요가 유입될 가능성이 크다.

이런 시기에 군산의 틈새시장들을 찾아서 소액으로 저평가된 단지들을 투자해놓고 시간에 베팅해 본다면, 분명히 효자 노릇을 하는 수익률을 거머쥘 것이라고 확신한다. 앞서 언급한 몇 개 단지를 비교해 복습해 보도록 하자.

첫째. 조촌동 시영아파트, 동신개나리 아파트는 디오션 신축 단지들이 입주하면서 주거 입지가 비약적으로 발전하게 되어서 그 후광효과를 직접적으로 받을 수 있는 입지를 가지고 있다. 중장기적으로 우상향할 수밖에 없는 단지이므로 저렴한 매물이 나온다면 적극적으로 투자에 반영해보기를 추천한다.

둘째. 나운동의 재건축 아파트들은 가치투자 기반으로 접근하면 좋은 단지들이다. 명의와 투자금이 어느 정도 받쳐주는 투자자라면 아직 절대가격이 조촌동 대비 많이 저렴하므로 안전마진의 장점을 살려 투자해놓으면 좋은 지역이다.

셋째. 미룡동의 주공 아파트 단지들도 입지는 조금 떨어지지만, 은파호수공원의 공원 녹지 접근성의 장점과 소액으로 접근이 가능하다는 점, 그리고 오식도동으로 가는 길목에서 가장 인접하다는 장점이 있으니 소액으로 갭투자하기에 참 좋은 입지를 가지고 있다.

마지막으로 오식도동의 한성필하우스는 주거 입지로는 비선호하는 지역이지만, 직주근접의 장점과 1인 수요층이 접근하기 좋은 상품성을 가지고 있어서 향후 성장 가능성이 높은 단지다. 선호하지 않는 주거 입지에서 그 정도 낮은 가격을 유지했다면, 주거 입지가 개선되는 미래를 예상한다면 충분한 투자 메리트가 있다고 보인다.

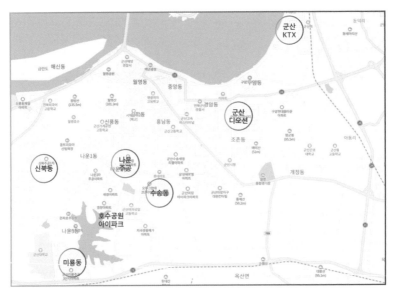

▲ 군산의 소액 투자 주거 입지.

이외에도 몇몇 숨어있는 단지들이 눈에 띄는데, 소액 투자하기에 좋아 보이는 단지들을 간단히 소개해 보고자 한다.

지방 아파트 소액 투자 비법

◆ 신북동의 소형 아파트들 :

신북동은 미룡동보다 더 주거 입지가 낮은 지역이다. 오식도동과 비슷한 입지를 가지고 있는데, 대부분이 주거 입지보다는 소규모 공장과 산단 위주의 공장지대다. 여기에도 재건축 단지들이 몇 개 있는데, 아직 재건축 이슈가 발생하기에는 시간이 필요한 단지들이다.

신북동에는 신북주공 아파트가 있는데, 세대당 내시 지분은 18평 정도다. 1억 원 이하 단지고, 취득세도 1.1% 구간이어서 접근하기 쉬운 재건축 단지라고 보면 된다. 아쉽게도 신북주공도 투자자들의 관심을 많이 받아서 시세가 두 배 가까이 상승했고, 전세가와 매매가의 차이도 상당히 벌어진 상태다. 따라서 소액 투자로는 부담스러운 가격으로 보이고, 신북주공을 투자하려면 같은 투자금을 기준으로 나운동재건축을 매수하는 편이 좋을 수 있다. 신북주공이 나쁘다는 것이 아니라 투자금을 기

▲ 금강파크맨션의 시세 현황.　　　　　　　　　　출처 : 호갱노노(hogangnono.com)

준으로 C급보다는 B급 지역의 단지가 좋다는 의미다.

신북수공 아파트에는 소액으로 접근하기 힘드니, 인근에서 신북주공의 후광을 따라갈 만한 단지들에 소액 투자하는 것이 적합할 것이다. 신북동 금강파크맨션 아파트가 이렇게 따라가기에 좋은 입지를 가지고 있다.

현재 바닥을 찍고 1차 상승 후, 숨 고르기 상태에 있는 단지다. 매매가가 상승함에 따라서 전세가도 같이 따라 붙어주는 아파트로, 신북동에서는 주거 선호도가 있는 단지라는 뜻이다.

이렇게 갭투자를 할 때는 절대가격이 저렴하고 주거 입지가 변화하는 축의 옆에 있는 단지들이 좋다. 하락장에서도 하방의 지지가 튼튼하고 상승장에서는 대장주의 흐름을 따라가기 좋기 때문이다.

향후 신북주공 아파트에 재건축 이슈가 발생하면 인근의 주거 입지도 개선될 것이기에 인근의 단지들을 저렴할 때 매수해두면, 소액 투자의 장점도 살릴 수 있다.

◆ 나운동 아리랑 아파트 :

앞서 설명했듯 나운동은 군산의 구도심 중에서 주거 인프라가 가장 좋은 지역이다. 도심재생사업의 일환으로 재건축 사업장이 약진하는 지역이기도 하다. 이런 지역에서 차기 재건축이 될 만한 단지를 찾는다면 아리랑 아파트가 관심받을 만하다.

신축에 대한 프리미엄을 확실히 하면서, 안전한 투자처를 원하는 투자자들이 많아지는 것은 투자의 한 트렌드다. 불확실성보다는 투자금이 조금 더 들어가더라도 안전자산으로 자신의 투자금을 지키고 싶은 현상이 있기 때문이 아닐까 싶다. 나운동의 재건축 단지들이 약진하면 나운동에서 차기 재건축 단지들은 어디가 될지 투자자들은 찾게 될 것이다. 물론 나운주공 같은 대규모 사업장은 이제 없다. 하지만 소규모 재건축이나 가로주택으로 신축을 공급할 단지들이 몇몇 있는데 관심 가져 볼 만하다.

아리랑 아파트에 가보면 평지도 아니고 경사도도 심하며, 단지의 배치가 일자형으로 되지 않아서 그다지 좋은 입지를 가지고 있지는 않은 듯하다. 단점이 부각되는 단지라는 뜻이다. 하지만 나운주공 이후의 차기 재건축 주자를 찾아 나선 투자자들이라면 아리랑 아파트를 발견할 수 있을 것이다. 나운동에서 추가로 재건축 이슈를 가져올 만한, 대지지분 높은 5층짜리 저층 아파트 단지가 별로 없기 때문이다. 지가 상승여력은 충분해 보인다.

▲ 나운주공 이후의 차기 재건축 주자를 찾아 나선 투자자들이라면 아리랑 아파트를 발견할 수 있을 것이다.

시세를 찾아보면 아리랑아파트는 아직 전고점을 돌파하기 전인 것으로 보인다. 게다가 매매가가 소폭 상승하기는 했지만, 전세가도 같이 따라 올라주고 있어서 소액 투자하기에도 적합한 타이밍일 수 있다.

이상으로 군산의 소액 투자 단지들을 찾아보고 투자가치를 점검해 봤다. 군산은 이제 대규모 입주 물량이 끝나고, 안정화 단계를 지나고 있

▲ 아리랑 아파트의 시세 현황.

출처 :호갱노노(hogangnono.com)

으며 가장 중요한 군산 조선소 수요가 들어올 타이밍을 기다리고 있는
지역이다.

　　이렇듯 미래가치가 높은 지역에서 남들이 바라보지 않는 저평가 단
지를 소액으로 접근해 중장기적인 관점으로 보유한다면 훌륭한 수익률
을 가져다줄 것이라고 건희아빠는 생각한다. 수요가 앞으로도 3~4년은
꾸준할 것이다. 현대조선소 폐업과 GM대우 공장의 철수로 힘들어하던
시기를 견뎌내고 이제는 다시 조선소 재가동 호재로 비상의 날개를 펼치
려는 군산을 응원한다.

부활을 꿈꾼다, 익산시

익산시는 전라북도 서북부에 위치한 도시로 호남 최북단의 도시다. 동쪽으로 완주군, 서쪽으로 군산시, 남쪽으로 김제시와 전주시, 북쪽으로는 충청남도 논산시와 부여군이 인접하고 있는데, 사실상 수요와 공급에 영향을 주고받는 지역은 전주와 군산이다.

현재 익산의 가장 큰 문제점은 인구 감소다. 새만금개발사업의 영향으로 인구수가 늘 가능성을 보이는 군산과 같은 주변 지역에 비해 익산의 인구 유출은 심각할 정도였다. 그래서 전라북도에서 전주 다음으로 규모 2위였던 도시의 위상이 흔들리고 있다.

익산은 이렇다 할 대형 호재가 없는 상황이라서 인구 감소추세는 당분간 지속될 것으로 보인다. 2022년 현재 익산의 인구수는 약 27만 명으로 30만 명이 기준인 선거구도 없어질 위기에 처해 있다고 한다. 하지만 이러한 익산도 부활의 날개를 펼치려 준비하고 있다. 도시를 재생하고 양질의 주거환경을 공급하려는 움직임을 보이는 것이다.

　부동산지인(aptgin.com)의 익산시 기간별 수요·입주 데이터를 보면 익산의 입주 물량은 2024년부터 대폭 증가하는 것을 볼 수 있다. 원칙적으로 보면 지금은 익산에 투자를 하기에 약간 위험한 시기로 볼 수 있다. 하지만 저 2024년의 물량이 들어올 때는 인근 도시 지역에는 물량이 거의 없는 상황이다. 전주와 군산의 입주 물량이 거의 없어서 익산의 물량은 수요와 공급의 관점에서 볼 때 상쇄가 가능하지 않을까 예상된다. 너무 많이 오른 전주와 군산의 아파트 값에 부담을 느끼는 수요층은 분명히 대안을 찾으려고 할 것이고, 익산의 저렴하면서도 고급화된 주거단지들은 인근 지역의 실수요자들에게 매력적인 투자 대상이 될 수 있다고 보일 것이기 때문이다.

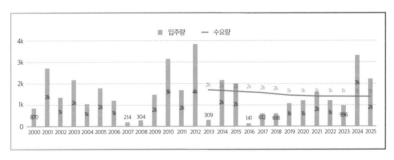

▲ 전북 익산시 기간별 수요·입주.　　　　　　　　出처 : 부동산지인(aptgin.com)

　실제 익산시를 답사하다가 실거주하는 주민들을 인터뷰해보면 마동자이와 마동공원에 대한 기대감이 크다는 것을 알 수 있다. 그동안 익산에는 이렇다 할 브랜드 아파트와 택지형 주거환경이 없었는데, 그러한 실수요층의 니즈를 충족시켜주고자 노력하는 것이다. 우리는 이러한 주거환경의 이동에 주목해야 한다. 사람들이 선호하는 지역으로 주거환경이 이동하면, 인근에 있는 아파트와 단지들은 당연히 시세가 오를 수밖에 없다. 소액 투자자라면 이러한 추세의 변화에 항상 관심을 가져야 할 것이다.

☑ 1_ 익산의 호재와 미래가치

교통 호재의 최고봉, KTX 복합역사

익산은 전북 교통망의 허브 역할을 하던 지역이었다. 하지만 인프라와 일자리가 가까운 전주에 집중되면서 상대적으로 익산의 지리적인 장점이 약해지는 결과를 가져왔다. 그러다가 이제 익산역을 중심으로 교통과 주거환경을 개발하려는 움직임이 활발해지고 있다. 이른바 익산역 복

▲ KTX 익산 복합환승역사 개발사업 조감도.　　　　출처 : 익산시 홈페이지

합환승센터 개발사업이다. KTX 익산 복합환승역사 개발사업은 여러 가지로 익산을 한 단계 성장시켜줄 호재임에 틀림 없어 보인다.

익산의 역사 주위, 특히 구도심 인근 지역은 대체로 저층 위주의 주거 형태와 단조롭고 빈약한 이면도로를 지녀 주거 형태로 선호도가 떨어졌다. 하지만 새로운 복합환승센터가 개발되면 가장 좋은 점은 바로 상업 시설의 확충이다. 대형 쇼핑몰이 입점되면서 도시가 활성화되고, 주변 상권까지 같이 발전하는 긍정적인 영향을 미치게 된다. 그리고 일자리도 창출되어 수요층을 끌어올 수 있다. 마지막으로 교통망이 확충되면서 철도환승 시설과 광역환승 시설 등이 공급되면, 도로가 정비되어

▲ 복합형 KTX 역사 주변 개발 계획.　　　　출처 : 익산시 홈페이지

도시간의 이동시간이 단축될 것이다. 도시 전체가 더욱 역동적으로 발전할 수 있게 된다.

이렇게 저층 위주였던 구도심에 복합형 KTX 개발 계획을 추진하면서 도시가 성장하고, 인근 재개발 단지들이 큰 폭으로 약진했던 비슷한 지역들이 있다. 가령 경상북도 구미시 구미역을 보면 익산의 미래를 가늠해볼 수 있을 듯하다. 인근 개발 호재와 재개발로 인한 신축들이 치고 나가면서 도시가 활기를 띄고 있는 모습을 확인할 수 있을 것이다. 익산역의 미래도 이와 비슷한 확장과 활성화 효과를 톡톡히 누리지 않을까 예상해본다.

익산의 주요 주거지가 가지는 미래가치

어느 도시나 지역을 가더라도 그 지역에서 가장 선호하는 주거 입지를 가지는 대장 지역이 존재하게 마련이다. 가령 서울은 강남권을, 경기도는 판교나 분당을 선호하는 것처럼 말이다. 지방에도 그 지역민들이 가장 살고 싶어하는 지역이 있는 것은 당연하다. 익산의 주요 입지는 영등동이라고 보면 된다.

지금은 구도심이지만 영등동 지역은 1990년대에 영등택지지구 조성으로 익산 상권의 중심지였다. 롯데마트와 홈플러스가 위치하고 남성고등학교가 위치해 학원가까지 형성하자 인산 최고의 주거 입지로 성장하게 됐다. 특히 영등동 학원가를 사람들이 좋아하는데, 학군이 성장한다는 것은 그만큼 부촌으로 거듭날 가능성을 가지고 있다는 증거일 것이다. 그만큼 영등동 학원가 주위의 주거 선호도는 좋다고 볼 수 있다.

익산의 다른 지역과 달리 영등동은 계획하에 개발되었기 때문에 정돈되었으며, 도시 분위기를 확연히 느낄 수 있다. 다만 도심에 고층빌딩들이 시 있는 전주나 군산에 비하면 10층 이상의 상업용 고층빌딩은 거의 없다.

하지만 건희아빠가 항상 이야기하듯 입지보다는 타이밍이 중요하다. 입지는 기본적으로 알고 있어야 하는 기본상식에 해당한다. 그리고 그 입지를 기반으로 그 지역에 들어가야 할 타이밍과 나와야 할 타이밍을 객관적으로 분석해 접근해야 한다는 것이다.

건희아빠가 익산에서 실패했던 이유도 이런한 입지 분석의 한계였다. 영등동이 메인 입지인 것은 사실이다. 사람들이 선호하는 것도 사실이다. 그런데 타이밍이 좋지 못했다. 익산은 자체적으로 보면 입주 물량이 그리 많지 않은 지역이다. 아니 단순 통계만 보면 공급이 부족한 지역이라고 생각할 수도 있다. 그런데 인근 지역을 생각지 못했던 것이다.

수요와 공급을 공유하는 지역들이 있다면, 인근 지역의 공급 물량과 입주 상황을 함께 고려하며 투자해야 했는데, 건희아빠는 이러한 단순한 기본사항도 지키지 못하고 말았다. 2018년 익산과 너무도 가까운 전주와 군산의 입주 물량이 과대했다. 특히 전주에코시티와 혁신도시 물량이 과대하게 잡혀 있어서 전주뿐 아니라 인근 지역의 수요까지 흡수하는 상황이 벌어졌는데, 그중 가장 큰 타격을 받은 지역이 익산이었던 것이다. 지금은 너무나도 단순한 기본 중에서도 기본에 해당하는 지방 투자 원칙이지만, 당시엔 그 누구도 건희아빠에게 알려주지 않았고, 스스로 알지도 못했다.

여기서 몇 가지 생각해볼 필요가 있다. 외부 지역의 입주 물량으로

⚱ 지방 아파트 소액 투자 비법

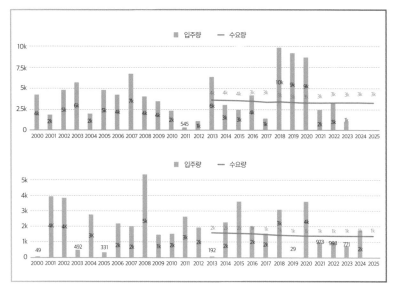

▲ 전북 전주시와 군산시의 기간별 수요·입주.   출처 : 부동산지인(aptgin.com)

익산이 많이 하락했다는 것은 팩트다. 그렇다면 인접 지역의 물량이 끝나고 익산에도 저렴하면서도 브랜드를 가진 아파트가 공급되면 어떻게 될까? 현재 전주와 군산의 대장주들은 6억 원대을 넘어서고 있다. 3억 원대에 분양한 아파트들이 이 정도 올랐으면 많이 오른 편이라고 볼 수 있다.

그런데 익산에도 저렴하면서 주거 입지가 좋은 택지형 아파트를 구도심에 공급해준다면 외부로 나갔던 수요들이 다시 돌아오지 않을까? 고민해 볼 필요가 있다고 생각한다.

익산은 저력이 없는 도시가 아니다. 인근 도시의 물량이 끝났고, 이제 익산에 물량이 시작될 타이밍이다. 군산과 전주의 택지개발지구가 얼마나 많이 올랐는지 확인해보라. 익산의 미래가 보일 수도 있을 것이다.

☑ 2_ 주요 주거 입지

익산의 대장, 포레나익산부송 일대

한동안 신축 아파트 공급이 전무하다 싶던 익산에서도 신축에 살고 싶어하는 사람들은 분명히 있을 것이다. 그것을 증명해주는 근거가 되는 단지가 바로 포레나익산부송 아파트이다. 이곳은 주상복합형 아파트로 익산 구도심에 공급된 거의 유일무이한 대단지다. 사람들은 주상복합형 아파트를 거의 처음 보는 경우라서 이 단지가 얼마나 선호도가 있을지 의문을 가지는 분들이 많았던 것으로 기억한다.

당연한 의구심이었을 것이다. 익산의 주요 입지인 영등동도 아니고, 외곽으로 평가받는 부송동에, 그것도 네 동짜리 주상복합이었으니 말이다. 게다가 주변에는 인프라가 전무한 지역이다 보니 저층 주거단지 위주의 주거 입지에서 신축 아파트 하나가 들어온다고 뭐가 달라지겠는가 하는 눈초리가 많았다. 실제로 임장을 가보면 포레나익산부송 아파트의 입

▲ 신축에 대한 갈망으로 대장주 자리에 오른 포레나익산부송 아파트.

지가 그다지 좋지 못하다는 것을 알 수 있다.

하지만 웬걸, 익산 실거주자들은 익산에 신축이 없으니, 포레나를 선택하기 시작했다. 신축에 살고는 싶은데 어떠한 이유에서든 익산을 떠날 수는 없고, 대체 상품을 찾는데 유일한 상품이 포레나익산부송이었던 것이다.

▲ 포레나익산부송 단지의 시세 현황.　　　　　출처 : 호갱노노(hogangnono.com)

가격도 많이 올라서 2022년 6월 현재는 5억 원대를 훌쩍 넘어버렸다. 입주장이 끝나고 전세 매물도 별로 없으며 특히 입주 가능한 매매 물건도 드물다고 한다. 2년 실거주 시간이 지나야 잠긴 매물이 나올 것으로 보이는데, 대체적으로 6억 원대에 매물이 나올 것으로 평가받는 것 같다. 입주장이 끝난 구도심의 신축은 2년차가 가장 많이 오르는 특징을 가지고 있는데, 포레나익산부송 아파트도 이렇게 실거주의 환호를 받을 만한 상품성을 가지고 있다고 보인다.

이렇게 익산의 대장주는 5억 원 구간을 넘어가고 있다. 그럼 여기서 또 하나의 힌트를 읽을 수 있다. 입지가 그다지 좋지 못한 지역의 신축 아파트도 5억 원대 이상인데, 신규 '숲세권'에 브랜드 아파트가 공급되면 이 단지는 최소한 포레나익산부송보다 더 가격이 비쌀 수밖에 없지 않을까?

그리고 그 주변의 재건축 단지들은 대장주들이 치고 나가는 시세를 따라가면서 사업 속도도 빨라질 가능성이 높을 것이다. 우리는 이러한 주거 입지가 변화하는 축을 이해하고 그 주변의 단지들을 소액으로 선점해서 투자에 반영한다면, 훌륭한 소액 투자가 될 것이라고 생각한다. 건희아빠는 그동안 무너지고 천대받던 익산이 소액 투자로 각광받을 상황과 타이밍이 오고 있는 것을 느끼고 있다.

생활편의 집합, 모현동

익산에는 영등동과 더불어 구도심에 공급된 신규 택지개발지구가 하나가 더 있다. 2017년에 완공된 택지개발지구인 모현동이다. 정확히는 모현동 배산택지지구라 불리는데, 영등동에 버금가는 소비형 상권이 포진한 지역이다. 메가박스나 롯데시네마 같은 생활 편의성 쇼핑몰이나 영화관도 입점해 있으며, 그 주위로 준신축급 아파트들이 자리 잡고 있어서 주거환경으로는 A급 지역이라고 봐도 무관하다.

익산역을 기준으로 북서쪽에 공급된 택지개발지구로 익산에서는 가장 최근에 공급된 택지개발지구라고 생각하면 된다. 구도심과 인접하고 확장성이 좋으며 남쪽으로 신축 아파트들이 공급되고 있어서 주거 인프라 확장도 훌륭한 편이다.

영등동도 가지지 못한 쇼핑몰 등의 편의시설이 입점해 있어서 또 다른 주거 입지가 공급되어 있는 지역이기도 하다. 이 지역을 돌아보면서 느끼는 점은 구도심의 택지개발은 불패라는 점을 알게 되는 것. 일단 상권이 잘 활성화되어 있고, 인근 지역의 생활권도 넓어지는 효과가 있다. 게다가 아파트들도 대부분 준신축이라서 상품성도 남아있다.

▲ 생활 편의시설이 잘 갖춰진 모현동 일대.

전체적으로 아파트들은 10년 안팎의 준신축급들이고, 주변 도로와 편의시설이 잘 정리되어 있으며, 자체적인 학원가 형성도 양호해 보인다. 영등동을 대체할 만한 주거 입지라고 봐도 무방할 정도인 것이다. 익산의 외곽에 공급되어서 영등동과의 연계가 힘들어서 자체적으로 성장하기 어렵다는 평가가 많았지만, 도시 자체가 경쟁력을 갖추면서 성장성을 가지는 지역으로 발전하고 있다.

아침에 임장을 가서 돌아보면 아이들의 픽업 차량과 젊은 엄마들의 카페 모임이 활발한 것을 볼 수 있다. 분위기 자체가 젊은 느낌이고, 소비여력도 높다고 보인다. 꾸준히 상승세를 유지해갈 지역이라는 뜻이다.

익산은 공급이 부족해지면서 현재 가격도 꾸준히 우상향하는 모습

▲ 모현동 배산제일오투 단지의 시세 현황.

을 보여주고 있는데, 현장에서는 전세가 부족해서 전세가격이 가파르게 상승 중이다. 2024년까지 전북 지역은 전체적으로 입주 물량이 부족한 때다. 특히 익산은 2024년 마동 신축들이 입주를 시작하기 전까지는 브랜드 아파트가 없는 상황이다. 시기적으로 봤을 때, 이러한 상품성이 남아 있는 지역이 꾸준히 오르는 상승 추세가 이어질 것으로 보인다.

아쉬운 점이 있다면 대부분 공시지가만 1억 원 이상인 단지들이라서 소액 투자가 불가능하다는 점이다. 12.4%의 취득세 구간을 넘어서면 실투 기준으로 5,000만 원이 넘어가게 되는데 부담스러운 가격대가 될 수 있다.

하지만 이런 지역도 대장주들이 상승하면 입지가 떨어지는 지역들이나 소외된 지역의 못난이(?) 아파트들도 추기적으로 투자가치가 상승곡선을 그리게 되므로, 이런 상황을 이용한 소액 투자를 생각해볼 수 있다.

관심 가질 만한 단지가 2곳 있는데, 선택적으로 접근하면 좋을 수 있어서 추천하고자 한다.

첫 번째는 익산역과 가장 인접해 익산역 복합환승센터 공급 호재에 직접적인 영향을 받을 수 있는 모현주공 2단지다. 모현 2단지 아파트는 1991년식으로 세대당 대지 지분은 약 16평으로 양호한 편이고, 890세대로 구성된 5층 저층 아파트다. 익산역이 개발되면 최대 수혜주로 떠오를 가능성이 높은 입지를 가지고 있다. KTX 복합환승센터가 들어서면 인근 주거 입지는 비약적으로 발전할 것이고, 그에 따른 수혜는 구축보다 신축에 해당할 것이니 차기 재건축이 가능한 단지들이 더 투자가치가 높다고 볼 수 있다.

현장을 가보면 깔끔하고 관리가 잘 되어 있는 전형적인 주공 아파트다. 평지 구조의 도로도 잘 구비되어 있고, 생활편의시설도 가까워 주거 입지도 양호한 편이다. 이런 단지의 최대 장점은 대지 지분과 입지인데, 두 가지를 다 가지고 있는 아파트라고 할 수 있겠다.

▲ 모현주공 2단지는 평지 구조의 도로가 잘 구비되어 있고, 생활 편의시설도 가까워 주거 입지도 양호한 편이다.

▲ 모현주공 2단지의 시세 현황.

출처 : 호갱노노(hogangnono.com)

아파트 가격도 꾸준히 상승해서 최저점 대비 6,000만 원 정도 상승한 것으로 나타났다. 익산의 하락장을 생각하면 정말 꾸준한 상승세라고 할 수 있다. 아직 익산역 호재는 시작되지도 않았는데 이 정도면, 신축으로 재건축되고 나서의 주택 입지와 상품성은 더 높아질 수밖에 없다고 생각한다.

모현주공 2단지는 재건축으로 신축 아파트가 들어서면 인근 배산택지지구의 준신축들과 더불어 주거 입지가 확장하는 장점이 있을 것이고, 추가적인 익산역 개발 호재도 직간접적으로 누릴수 있는 최적의 단지임에는 틀림이 없다. 단지 좀 아쉬운 것이 있다면 지주택(지역주택조합)으로 진행되고 있는 점이다.

지주택은 사업성과 속도는 좋지만, 사업 신행과정이 복잡하고 조합원 분양과정이 복잡해서 사업이 잘 진행이 안 되는 경우가 많다. 의외로 익산에는 이렇게 입지는 최상이지만, 지주택으로 진행되는 재건축 단지들이 더러 있다.

개인적으로 지주택은 추천하지 않는 사업 방식이다. 그래서 이왕이면 지주택보다는 일반 재건축으로 진행

▲ 모현주공 2단지의 재건축은 지역주택조합 형태로 진행되고 있다.

되거나, 재건축이 진행되는 사업장을 따라가는 주변 2차 단지들을 추천하는 편이다. 리스크가 큰 지주택보다는 재건축이 더 안전하고 수익도 높을 수 있기 때문이다.

그런데 익산에 이러한 지주택 방식에 대한 흐름이 바뀌고 있다. 지주택에서 일반 재건축으로 방향을 틀고 있는 단지들이 나오고 있는 것이다. 그렇다면 이야기가 다르지 않을까 하는 생각이 든다.

실제로 마동주공 1차 아파트는 지주택 방식으로 사업을 진행하다가 2021년부터 재건축으로 사업 방향을 바꾸어 진행하고 있다. 그러한 추세 변화의 흐름에 아파트 가격도 많이 올랐다. 모현주공 2단지도 입지가 더없이 좋은 단지이므로 사업이 추진되는 과정에서 변화가 있는지 꼭 모니터링해보자.

모현동에서 그다음으로 눈에 들어오는 단지는 모현동중앙하이츠 아파트다. 22평형 소형 평수고, 1억 원 이하 단지라서 접근 전략도 부담이 없다. 게다가 아직 매매가격이 전고점을 돌파하기 전이며, 전세가도 따라 오르는 상황이다.

▲ 모현동중앙하이츠 단지의 시세 현황.

출처 : 호갱노노(hogangnono.com)

이 아파트의 장점은 일단 배산택지지구와 아주 근접한 입지를 가지고 있다는 점이다. 모현주공 2단지와도 가깝다. 양쪽의 인프라를 모두 이용할 수 있는 장점이 있으며, 도시가 확장됨에 따른 지가상승분도 같이 받을 수 있는 단지다.

준신축 단지가 많은 택지 옆의 소형 구축 아파트라서 기존에는 각광받지 못하는 단지였을지라도 시간이 지남에 따라서 주거 입지의 개선 효과를 같이 누릴 수 있는 단지이므로 한 번쯤 관심 가져 볼 만하다. 특히 이 단지의 최대 장점은 매매가 상승 속도보다 전세가 상승 속도가 훨씬 빨라서 투자자들이 좋아하는 매전갭을 줄일 수 있어, 하방보다는 상방으로 갈 가능성이 높은 특징을 가지고 있다. 소액 투자로는 이렇게 입지가 변화하면서 전세가가 상승하는 아파트가 위험부담도 줄어들고 상승 여력도 커서 좋은 투자처가 될 수 있다.

차기 대장은 나야, 마동 재건축

앞서 말했듯이 익산의 현재 대장 지역은 영등동이다. 상권과 주거가 잘 형성되어 있고, 학군도 선호하는 지역이기 때문이다. 한 가지 단점이 있다면 영등동에는 더 이상 신축 아파트를 공급할 땅이 없다는 것. 더하여 구축 단지들로만 구성되어 있어, 입지는 최상이지만 실수요의 니즈를 충족하기에는 부족할 수밖에 없는 지역으로 남게 될 것 같다.

그래서 익산에서도 도시 외곽의 택지보다는 도심의 택지개발을 통해서 안정되고 선호도 높은 주거 공간을 공급하려 노력하고 있다. 대표적인 지역이 마동이라는 지역이다.

영등동의 뒤를 이어 대장 지역이 될 동네이며, 익산 최초로 대단지 브랜드 아파트가 공급되는 지역이기도 하다. 지금까지는 허허벌판의 C급 지역이었지만, 인근에 대규모 공원이 조성되면서 주거 입지는 비약적으로 발전할 예정이다. 그동안 익산에서 찾아볼 수 없었던 1군 브랜드 아파트가 공급된다. 그리고 인근 지역에도 브랜드 아파트들이 지속적으로 들어서는데 힐스테이트와 풍경채 단지가 뒤를 이어서 주거 입지를 밝혀 줄 것이다.

익산에는 지금까지 브랜드 아파트가 없었다. 그나마 익산 현지인들이 좋아하는 것이 제일아파트 정도였다. 제일아파트가 가장 좋은 줄 알았는데 전주와 군산 지역에 1군 브랜드가 공급되고 가격이 하늘을 찌르듯 상승하는 것을 보면서, 상대적 박탈감이 심했다는 것은 공공연한 비밀이기도 하다. 마동에는 총 3개의 대단지 브랜드 아파트가 공급되는데,

이것만으로도 큰 호재라는 생각이 든다.

마동 인근은 원래 야산이나 야지뿐인 익산에서는 C급 지역으로 인식된 지역이었다. 그런데 이렇게 대규모 개발로 인해 주거 입지가 비약적으로 개선될 계획이라면 그동안 마동 인근에서 소외되었던 주변 구축 아파트도 각광받고, 재건축 단지들도 힘을 받아서 사업성이 높아질 가능성이 크다.

마동 개발의 가장 큰 주축은 익산자이인데, 정식 명칭은 익산자이그랜드파크다. 곧 공원을 둘러싸고 자리할 숲세권 아파트라는 점을 강조한 단지다. 실제로 현장에 가보면 마동 인근의 야산이나 야지를 공원으로 공사하는 작업이 한창이다. 지금은 허허벌판인 공사판이지만 이 단지들이 입주하는 2년 후에는 이 지역은 어찌 될까? 정말 궁금해진다.

익산자이를 따라서 수도산제일풍경채 단지도 들어설 예정이다. 이 단지도 숲세권으로 마동근린공원과 연계해 인근 개발의 한 축을 선점할 것으로 보인다. 즉 익산의 차기 '넘버2' 단지가 될 가능성이 농후하다.

힐스테이트 익산도 좋은 단지다. 3개 단지 중에서 세대수가 가장 적은데, 그로 인해 물건이 잘 안 나온다고 한다. 하긴 누가 이 좋은 단지를 팔려고 하겠는가. 입주하고 나면 적어도 5억 대 구간은 충분히 오를 것이고, 특히 실거주 선호도는 익산에서 최고로 꼽힐 테니 말이다. 그래도 거래가 좀 되어서 시세를 끌어주는 것이 아파트 단지의 가치 상승에 도움이 될 텐데, 힐스테이트 익산은 세대수가 작고 매물 자체가 시장에 잘 나오지 않아 시세 파악이 힘들어 그 가치가 충분히 빛을 발하기 어려운 상황이기는 하다. 그래도 힐스테이트 익산은 분명히 좋은 단지다. 익산의 실거주자라면 한 번쯤 적극적으로 고려해볼 가치가 있다.

▲ 2022년 2월 마동근린공원 조성 시의 현장.

　　참고로 익산 마동근린공원의 미래가 보고 싶다면, 원주 더샵 인근에 자리한 중앙공원을 가보기를 추천한다. 딱 익산의 2년 후의 모습을 볼 수 있다. 원주 명륜동과 무실동의 주거 입지에 공원과 신축 아파트가 들어오면서 얼마나 살기 좋은 주거단지로 변화했는지 볼 수 있다. 마동근린공원의 가치도 절로 이해가 될 것이다.

▲ 익산자이그랜드파크 단지의 시세 현황.　　　　　　　출처 : 호갱노노(hogangnono.com)

　　익산자이의 경우, 아직 매물이 많지 않아서 실거래가 파악이 힘들다.

현재 상황에서 매물로 나온 가격을 보면 5억 원대 구간이다. 앞서 언급한 포레나익산부송 아파트를 기억하는가? 한화에서 짓는 포레나 아파트가 5억 원대였다. 그런데 향후 익산의 대장주가 될 전망인 익산자이가 5억 원대면 같은 가치로 볼 수 있을까? 마동 개발 단지의 경우, 아직 실거주자의 힘은 제대로 나오지도 않았다. 입주장 이후에 익산자이가 6억 원대 구간을 넘어설 것이라는 예측은 어렵지 않다.

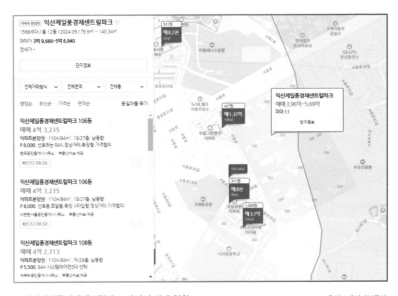

▲ 익산제일풍경채센트럴파크 단지의 시세 현황.　　　　출처 : 네이버부동산

　　익산제일풍경채센트럴파크는 아직 4억 원 초반대의 가격을 형성하고 있다. 분양가 대비 7,000만 원 정도 상승한 것인데, 그래도 가격이 착해 보인다. 실거주라면 한 번쯤 적극적으로 매수해보는 것도 좋겠다. 시세 차익을 보고, 실거주하며 주거 만족도도 높일 수 있는 기회가 아닐까 싶다.

마동근린공원과 주변 3개 대규모 브랜드 아파트가 개발되면, 마동은 명실상부한 익산 제1의 주거 입지를 가지는 지역으로 성장할 것이다. 우리는 이렇게 추세가 변화하고, 그 주변의 지가가 상승할 만한 곳을 미리 파악하고 분석해서 나의 투자 방향에 접목해야 한다. 그것이 바로 투자자의 의무이자 권리다. 익산 마동 개발의 미래가 밝아 보이는 것은 유독 건희아빠 개인의 생각만은 아닌 듯하다.

마동을 따라가자, 신흥 주자들

마동의 개발 호재는 익산의 주거 입지를 한 단계 업그레이드해줄 만큼의 대단위 주거 입지 계획임에 틀림없다. 따라서 실거주 선호도는 높을 수밖에 없고, 시세 상승은 당연한 수순이 아닐까 싶다. 그렇다면 마동 일대가 개발되면, 그 주변의 구축 아파트들과 재건축 단지들도 입지가 급속도로 좋아지게 되니 투자가치가 높아진다고 봐야 하지 않을까?

즉 주거 입지가 변화하는 축의 인근에서 이런 대장 단지들의 후광효과를 볼 수 있는 단지들이 존재한다. 당연히 지가 상승도 따라갈 수밖에 없는 것이다. 그렇다면 그 주위에 따라갈 만한 단지들을 찾아보자.

첫 번째 단지는 마동주공 1단지다. 마동공원이 개발되면 힐스테이트 익산의 좌측에 조성되는 공원과 최접점으로 인접해 있는 재건축 단지다. 마동주공 1단지는 1980년식 5층 13개 동 610세대로 구성된 저층 아파트로, 세대당 대지 지분은 약 16평이라고 한다. 마동 개발이 현실화되지 않았을 때는 큰 관심을 받지 못하다가, 힐스테이트와 자이의 존재가 궤도에 올라오자 인근의 주거 입지 변화 측면에서 개선효과를 알아본 투자자들이 많이 진입한 단지다.

마동이 A급 지역으로 탈바꿈하던 주변 단지들의 재건축 이슈도 사업성을 가지게 된다. 입지가 변화하면서 지가도 상승할 것이고, 그러한 인식 변화와 가격 상승은 재건축 사업 속도를 높이는 촉진제로 작용할 것이다.

▲ 마동주공 1단지는 지주택 방식으로 재건축을 진행하고 있다.

투자자 입장에서 아쉬운 점이 있다면 마동주공 1단지가 지주택 방식으로 진행되었다는 사실이다. 실제로 건희아빠도 입지와 상품성은 좋은데, 지주택 방식으로 사업을 진행한다는 사실을 파악하고 투자를 고려하지 못했다. 지주택의 단점은 잘 알고 있을 테니, 따로 언급하지 않겠다.

하지만 지주택으로 진행하던 사업 방식을 바꿔 마동주공 1단지 역시 재건축 방식으로 사업을 선회해 안전진단 단계를 거치고 있다고 한다. 조합설립인가를 먼저 받으면 사업 주체가 되므로 재건축 추진위의 사업 속도가 상당히 빠르게 진행될 것이다. 이러한 사업 방식의 변화로인해 아파트 가격도 약진하게 되는데, 4000~5000만 원이던 아파트 가격이 지금은 약 1억 원대로 상승한 것으로 보인다. 지주택에서 재건축으로 사업만 바꿨었는데도 이렇게 상승할 수 있다는 사실을 마동주공 1단지를 들여다보면서 공부할 필요가 있다.

마동주공 1단지의 재건축이 확정되면, 인근 힐스테이트 익산의 후광을 받으면서 성장할 가능성이 크다. 아파트 가격도 아직 1억 원대이므로

지방 아파트 소액 투자 비법

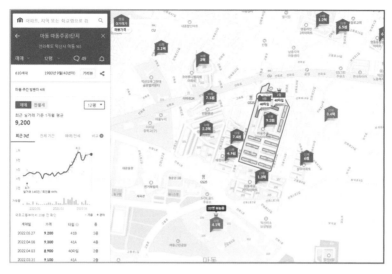

▲ 마동주공 1단지의 시세 현황.

출처 : 호갱노노(hogangnono.com)

가격 상승 여력은 충분해 보인다.

다음은 마동주공 2단지 아파트다. 2단지는 1985년식 5층 10개 동 저층 아파트로 330세대 2종으로 구성되어 있다. 세대당 대지 지분은 19평 정도로 알려져 있다. 마동주공 1단지보다 세대당 대지 지분은 넓은 편이라서 장점이 있는 단지다.

하지만 단지 크기는 1단지의 2/3 정도의 크기여서 재건축되면 1단지가 더 좋은 아파트로 공급될 가능성이 높다. 처음부터 1단지가

▲ 마동주공 2단지는 1단지보다 재건축 사업 속도가 빠른 편이다.

지주택의 단점을 드러내며 사업이 잘 안 되던 상황을 보아온 2단지는 시작 단계부터 재건축 사업으로 추진을 서둘렀다고 한다.

그래서인지 1단지보다 사업 속도는 약간 빠른 편인데, 1단지보다 동의율도 빨리 달성해서 사업이 빠르게 진행될 가능성이 크다. 단지 크기는 1단지보다 작지만, 세대당 대지 지분이 넓고, 사업 추진력이 좋은 2단지가 투자 수익성 면에서 더 높을 수밖에 없어 보인다.

실제로 마동주공을 답사해보면, 1단지나 2단지나 상품성으로는 그다지 큰 차이가 없게 느껴진다. 그리고 기본적으로 2단지가 더 깨끗하게 관리된 것 같다는 분위기도 느낄 수 있다. 이렇게 입지와 상품성이 비슷하다면, 다음으로 중요한 것은 사업 속도다. 2단지는 1단지보다 추진위의 안정성이 높아서 속도 차이는 더 벌어질 수 있다고 보인다.

▲ 마동주공 2단지의 시세 현황.　　　　　　　　　출처 : 호갱노노 (hogangnono.com)

　　　　　　　　　　　지방 아파트 소액 투자 비법

아파트 가격도 많이 상승해서 1단지와 비슷한 가격을 보이던 상황에서 1.3억 원까지 가격이 상승해 약 1억 원 가까이 아파트 가격이 올랐다. 재건축의 힘과 인근 마동근린공원 호재를 직간접적으로 볼 수 있고, 마동 전체 재건축의 사업 속도를 끌어가는 단지가 될 것이라 인식이 반영된 가격으로 보인다. 사업성과 수익성이라는 두 마리 토끼를 잡을 수 있는 단지라는 인식이 입소문으로 퍼지면서 투자자들의 관심을 모은 결과다. 마동의 신축들이 6억 원 구간을 넘어서게 되면 마동주공 2차의 상승 여력은 더욱 높아질 수 있다.

다음으로 마동근린공원의 최대 수혜주가 될 신설지 아파트가 있다. 아직 이렇다 할 재건축 이슈는 발생하지 않고 있지만, 입지 변화의 측면에서 볼 때, 충분히 투자 가치가 높은 단지다.

일단 이 단지의 동서북으로 공원이 둘러싸여 있다. 온전한 공원형 아파트가 되는 셈이다. 건희 아빠가 2021년 1월 처음 이 단지를 둘러보기 위해 갔을 때는 가관이었다. 주변은 온통 허허벌판으

▲ 2022년 2월 마동근린공원 조성 현장.

로 아무것도 없는 나홀로 아파트였는데, 평지 구조도 아닌 데다 진입로마저 대로변과 인접하지 못해 불편함이 보였다. 그래서 그 누구도 관심두지 않던 단지였던 것이다.

그런데 이 아파트를 둘러싼 3면으로 대규모 공원이 조성되고 있다. 2022년 2월 임상을 샀더니 공원 공사가 한창인 것을 볼 수 있었다. 신설지 아파트는 익산자이가 입주하고 공원 공사가 마무리되어 마동근린공원이 준공되고 나면 인근 공원

▲ 신설지 아파트는 마동근린공원 조성과 발맞춰 '그린공원 아파트'로 이름을 변경했다.

덕에 숲세권 아파트로 당당하게 자리 잡을 입지를 가지게 된 것이다.

현장의 분위기를 보면 하루가 다르게 입지가 변화하는 것을 볼 수 있다. 처음에 투자하러 갔을 때는 들어가는 입구 하나 찾기가 어렵고, 가로등 하나 없이 어두컴컴하던 5층 아파트였다. 그러나 향후 몇 년 안에 재건축이 되지 않아도 앞마당처럼 숲속을 거닐며 힐링할 수 있는 덕분에 지가가 상승하는 훌륭한 아파트로 자리 잡을 것이다. 이것이 개발의 힘이며, 주거 입지 변화에서 가장 선호하는 친환경 도시의 공원형 아파트가 가지는 이점이다.

추세에 맞춰 아파트 이름도 '그린공원 아파트'로 변경할 예정이라고 한다. 참 예쁜 이름이다. 아파트 이름도 선점이라는데, 현명한 판단이지 않았나 싶다.

신설지 아파트의 가격은 상승곡선을 타고 있는데, 약 5,000만 원이던 가격이 지금은 1억 원에 약간 못 미치는 가격으로 올랐다. 아직 재건축 이슈나 추진 움직임이 없는데도 이 정도면, 재건축에 대한 추진위가 구성되면 그 파급력은 시세에 더욱 크게 반영될 수밖에 없다.

▲ 신설지 아파트의 시세 현황.　　　　　　　　　　　　　　출처 : 호갱노노(hogangnono.com)

　　아직까지는 소액 접근이 가능하다. 공시지가 1억 원 이하라서 접근전략도 부담스럽지 않고, 전세가도 5,000만 원까지 세팅할 수 있다. 매매가만 저렴하게 잡을 수 있다면 실투 3,000만 원대로 투자가 가능하다.

　　아직은 마동주공 아파트에만 사람들의 관심이 몰리는데, 분명히 신설지 아파트도 재건축 이슈가 발생하면, 투자자들의 관심이 높아질 수밖에 없을 것이다. 입지의 장점으로 인한 사업성도 높아질 것이다.

　　마동근린공원은 익산에 공급되는 주거 입지에 최상의 조건으로 작용할 것이다. 대단지 브랜드 아파트가 공급될 것이고, 그 주변에는 상권과 학원가가 자연스럽게 조성될 것이다. 그러한 입지의 변화와 개선은 마동근린공원 인근에 자리한 재건축 단지들이 약진할 수밖에 없는 이유임에 틀림없다.

✅ 3_ 익산시 소액 투자 접근 전략

익산시는 전수와 군산 등 주변 지역의 수요와 입주 물량이 부동산 시장에 영향을 주는 지역이다. 따라서 인근 지역의 입주 물량을 확인하고 투자를 준비해야 한다. 실제로 전주 에코시티와 군산 디오션의 입주 물량으로 인해 익산의 인구수가 급격하게 감소하기도 했다.

그런데 주변 지역의 입주 물량이 끝나고 이제는 익산에 저렴한 아파트 단지들이 공급되기 시작했다. 그것도 브랜드 아파트가 대단지로 구성된 단지들이 들어오는데 익산을 빠져나갔던 수요들이 매력적으로 느낄 만한 상황이다. 지금까지는 익산의 대장주들이나 입지 좋은 단지라 해도 시세 분출이 어려웠다면, 이제는 다시 치고 나갈 때가 아닐까 하고 조심

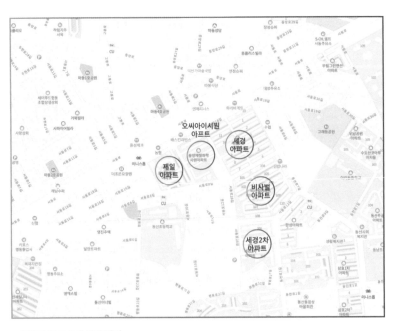

▲ 익산의 주요 소액 투자 입지.

🐢 지방 아파트 소액 투자 비법

스럽게 예측해볼 수 있다.

익산에 소액 투자를 고려한다면 이러한 입지 변화에 주목할 필요가 있다. 기존 상권과 주거가 안정되어 있는 영등동이나 모현동보다 신규 주거 입지가 형성되고 대단위 개발 호재가 보이는 마동 인근의 단지들이 좋아 보인다.

◆ 동산동 인근의 구축 아파트들 :

일단 마동근린공원 개발 호재와 가장 인접했다는 장점이 있다. 직간접적으로 익산자이 아파트의 시세를 따라갈 가능성도 크며, 마동주공 단지들이 재건축에 성공하면 그다음으로 재건축 이슈가 발생할 지역으로 동산동이 가장 유력하다.

마동도 호재가 없을 때까지 익산의 C급 지역에 머물렀다. 동산동은 그보다도 못한 D급 지역이었다고 한다. 지금까지는 말이다. 그런데 앞으로 마동은 익산에서 영등동을 제치고 '넘버원'의 최고 주거지 입지를 가지는 A급 지역으로 성장할 것이다. 그렇다면 동산동이 가만히 있을 리없다. 기존에 D급 지역이었다면 앞으로 마동의 개발 호재를 등에 업고 B급 지역으로 성장할 가능성이 농후하다.

이렇게 호재가 많고 지가를 '리딩'해주는 단지들이 인접하며, 차기 재건축이 가능한 대지 지분 높은 아파트가 많은 지역이 투자가치가 높다. 그리고 가장 중요한 전세가율이 거의 90%가 넘어서 실투 기준으로 약 1,000만 원이면 세팅이 가능한 단지들이 수두룩하다. 소액으로 접근할 수 있고, 보유세도 부담스럽지 않으며, 시세 상승은 덤으로 얻을 수 있는 입지의 단지들이 있는 지역이 바로 동산동이다. 동산동의 5층짜리 저층 아파트들은 충분히 노려볼 만하다.

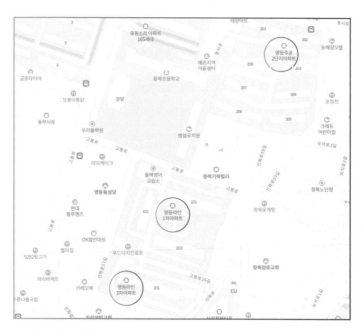

▲ 동산동 인근의 구축 아파트들은 마동근린공원 개발 호재라는 장점을 갖췄다.

◆ 영등동 하단의 영등주공 단지들 :

이 지역도 호재가 상당히 많다. 일단 남쪽으로는 마동근린공원 개발 호재가 있으며, 북쪽으로는 소라산공원 개발 호재가 있다. 남북으로 공원이 개발되어서 주거 입지가 상당히 개선되는 지역 가운데 하나라는 뜻이다. 이런 지역도 투자가치가 높을 수밖에 없다. 영등주공 1단지는 사업시행인가를 얻고 관리처분을 향해서 열심히 달려가고 있는 재건축 단지다. 입지적으로 상당히 좋은 재건축 단지로 개발될 것으로 보이는데, 아쉽게도 갭이 많이 벌어져서 소액 투자는 어렵다.

그래서 건희아빠는 영등주공 2단지를 추천한다. 2단지는 1단지보다 입지가 떨어지고 단지도 작으며, 대지 지분도 적다. 그러나 1단지가 재건축에 성공하면 분명히 2단지도 재건축 이슈가 발생할 수밖에 없다. 건희아빠가 누누이 강조하는 소액 투자의 흐름에도 부합하는 단지인 것이다. 입지가 조금 떨어질지 모르겠지만 소액 투자가 가능하고, 1단지의 사업 성공을 전제로 뒤이어 관심 가져볼 재건축 단지로 성장할 수 있기 때문이다.

▲ 영등주공 1단지 조감도와 현장 모습.

건희아빠는 지방 투자를 할 때 1단지보다는 2단지를 많이 매수하는 편이다. 가치투자로는 1단지가 좋지만, 소액 투자 대상으로는 2단지가 더 매력적일 가능성이 높기 때문이다. 소액으로 세팅해서 중장기적으로 지켜볼 만한 단지가 영등주공 2단지라고 생각한다.

가까운 구축 아파트인 영등라인 아파트, 라인 2차 아파트 등 호재의 중간에 위치하는 단지들도 투자가치가 있다. 호재를 같이 공유할 수 있고 실거주 선호도도 높으며, 특히 전세가율이 높아서 투자금이 얼마 들지 않는다는 장점이 있다. 이렇듯 주거 입지가 변화하면서 주변의 재건축이나 구축 아파트들은 가격이 떨어지고 싶어도 떨어질 수 없는, 즉 사람들이 들어올 수밖에 없는 입지를 가지는 단지들을 소액으로 세팅해놓으면 훌륭한 기회가 될 것이다.

세상에 안전한 투자란 없다. 단지 리스크를 감당하면서 그 리스크가 크지 않은 상황과 단지들을 찾아내는 것이 우리가 해야 할 의무이자 권리다.

PART 5
충청북도 소액 투자

1

충북의 최강자 _ 청주시

청주시는 충청북도에서 가장 큰 규모이자 가장 많은 인구수를 가진 중견 도시다. 세종시가 등장하면서 신흥 주거지로 이동하는 수요 이탈로 인해 타격을 입기는 했지만, 세종의 입주가 끝나고 자체 물량이 정리되면서 청주의 부동산 시장도 활기를 찾기 시작했다.

청주는 인구수가 80만 명이 넘어 자체 수요층이 튼튼하다고 할 수 있다. 인근 인구수를 끌어들일 만한 주거 입지를 가지고 있는 데다가, 학군과 상권 인프라도 성장한 도시다. 가까이 대전광역시가 있지만, 5대 광역시를 제외하고 보면 충청북도의 최강자는 청주라고 해도 과언이 아니다.

충청북도의 주요 도시들은 청주시와 세종시, 대전광역시 등 3대 대장들로 크게 나뉘어진다. 그 주변의 위성도시로 공주시와 계룡시, 충주시, 제천시 등이 있는데, 각각 인근에 자리한 대장 도시의 부동산 시세를

지방 아파트 소액 투자 비법

이어받아 따라가는 형상을 보인다. 따라서 청주와 세종, 대전은 수요와 공급을 공유하고, 흐름을 같이하는 지역이라고 봐도 무관하다. 비슷한 지역이 전북의 전주, 익산, 군산, 그리고 전남에는 여수, 순천, 광양이 있다. 모두 수요와 공급을 공유하는 지역들이다.

따라서 청주 자체적으로 부동산 시세가 상승하는 경우도 없진 않지만, 대부분은 대전과 세종의 부동산 지가와 분위기를 공유한다. 세종에 물량이 있으면 청주와 대전에도 영향이 있고, 청주에 물량이 없다고 해도 대전에 물량이 있으면 청주 수요가 대전으로 이동한다는 뜻이다.

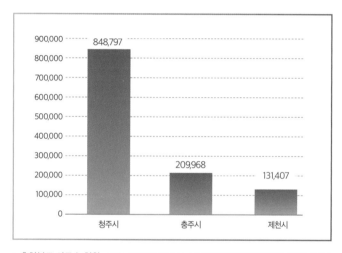

▲ 충청북도 인구수 현황 코시스 국가통계포털(kosis.kr) 자료를 바탕으로 건희아빠가 작성한 그래프.

청주 아파트 가격이 10억 원대 구간이 안 되었는데, 충주나 제천 아파트 가격이 10억 원을 넘어서는 것은 힘들다는 사실을 염두에 두는 것이 좋다. 다음 충주 편에서 설명하겠지만, 현재 청주는 조정지역이고, 충주는 비조정 지역이어서 소액 투자자들 입장에서는 충주를 더 선호한다. 하지만 그렇다고 청주의 힘을 무시하면 안 되는 이유를 한 번씩 생각해

보기 바란다.

✅ 1_ 청주의 개발 호재

청주가 가진 호재를 찾아보면 크게 2개의 개발을 살필 수 있다. 일자리가 늘어나는 방사광 가속기 구축 호재와 충청권 광역철도라 불리는 교통 호재인데, 둘 다 좋은 호재이면서 실현 가능성도 크다. 물론 현실화되기까지 시간이 많이 걸리는 호재다. 호재는 그것을 바라보는 심리와 직결되는 것이기에 얼마나 현실성 있는지 살펴볼 필요가 있으며, 그보다 수요와 공급이 더 중요하다는 사실도 잊지 말아야 할 것이다.

방사광 가속기 구축

보통 산업단지나 R&D 연구소들이 들어오면 인근의 지가는 자연적으로 상승하게 마련이다. 당연히 이런 대형 산단이 들어오면 근로자 수요가 들어올 것이고, 그에 따르는 주택 수요도 늘어나기 때문이다. 더하여 인근 개발까지 이뤄진다면 금상첨화일 것이다. 그러니 이런 대형 산단 호재는 인근 부동산 시장의 심리를 자극할 강한 동기 부여가 될 것임에 틀림 없다.

현재 방사광 가속기가 구축되어 있는 지역은 경상북도 포항시다. 1세대 방사광 가속기가 수요를 넘어서니 제2공장을 증설하려는 것이다. 이또한 인근 지역을 개발하는 중추적인 계기가 될 수 있다. 신규 고용 창출

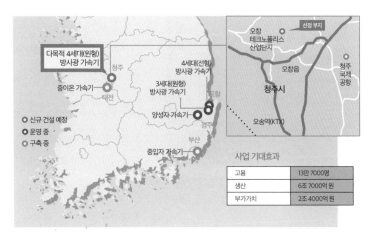

▲ 방사광 가속기 구축 부지 선정.　　　　　　　　출처 : 과학기술정보통신부

13만 명에, 생산 효과도 6조 원대가 넘어가는 대형 국책 사업이 공급되는 것 자체가 청주의 큰 힘이 될 수 있다.

　　다만 이런 호재는 실현 가능 여부보다는 호재가 계획되어 있다는데 초점을 두고 접근하는 것이 좋다. 당장 착공이나 인력이 들어올 수 있는 호재는 아니라는 뜻이다. 교통개발 호재처럼 심리를 자극할 수 있어서 투자 수요를 끌어들이는 데 좋은 호재가 될 가능성이 높다.

충청권 광역철도망

　　청주와 충청권의 염원 사업이라고 불리는 충청권 광역철도망 구축 계획안이 있다. 청주를 기점으로 도심을 지나 대전까지 연결하는 광역철도망 개발 계획이다. 당연히 세종과 대전, 청주를 하나의 생활권으로 연결할 수 있는 회심의 카드기 때문에 현장의 기대치가 높다.

서울에서 연장되는 경부선 일반 철도망과 환승 연결하는 계획을 추진 중인데, 조치원을 기점으로 세종과 충청남·북도 모두가 수혜를 볼 수 있는 광역 교통망 계획이다. 수년째 지지부진하다가 선거철만 되면 단골 공약으로 나오곤 했는데, 국가철도망 계획

▲ 교통망 호재는 투자자들의 선망을 받는 호재이기 때문에 접근과 매도 시 반드시 염두에 두고 있어야 한다.

에 포함되는 호재로 알고 있다.

청주 원도심 현장에서는 특히 역사가 들어온다고 하는 흥덕구의 열망이 가장 높다. 청주고속터미널 현대화 사업과 연계되면 파급력이 더 높아질 수 있는 호재로 작용할 것이다. 현지 중개사들의 단골 호재 브리핑 재료기도 하다. 언제나 교통망 호재는 투자자들의 선망을 받는 호재이기 때문에 접근과 매도 시 반드시 염두에 두고 있어야 한다.

⊘ 2_ 기존의 주거 입지

청주시는 구도심과 신도시, 그리고 외곽 택지개발지구의 순차적인 개발시기도 모두 다르다. 따라서 공급되는 아파트 주거 입지도 다를 수밖에 없다. 청주는 총 4개의 행정구로 나뉘어 있다. 이중 가장 핵심지역은 흥덕구다. 원래 청주의 행정구였으며, 산지 지형이 많은 동쪽보다 생지가 많은 서쪽으로 개발의 축이 흘러가고 있다. 그래서 청주의 시세 기

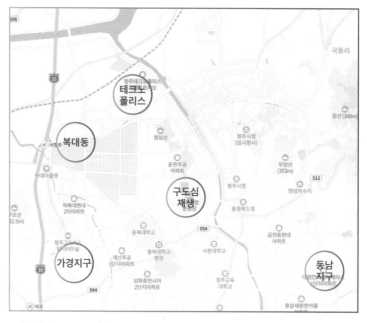

▲ 청주의 기존 주요 주거 입지.

준을 보려면 흥덕구의 복대동을 확인하고, B급과 C급 지역의 대장주를 비교해야 한다.

청주의 주요 주거 입지를 살펴보면 핵심지역인 흥덕구 복대동과 복대동을 따라가는 가경동, 외곽 택지개발지구, 그리고 구도심의 도심재생 사업 지역으로 구분해볼 수 있다. 핵심지역의 대장주들과 물량이 끝난 외곽의 신흥 주거 입지, 그리고 새로운 주거 강자로 떠오를 서원구 일대를 관심 가져볼 만한 지역으로 꼽을 수 있다.

청주의 핵심지역, 복대동

복대동에는 현대백화점이 있다. 지방에 현대백화점이 있는 지역이

▲ 도시 전체에 에너지가 넘치는 복대동 일대.

그리 많지 않다. 즉 청주의 프리미엄급 소비층이 많다는 증거가 되는 동시에 자부심이 있는 지역이라는 의미를 가진다. 복대동은 청주 엄마들의 로망이라고 해도 과언이 아닐 정도로 상권 인프라가 잘 갖춰진 지역이다. 더욱이 신축과 직주근접이라는 장점, 그리고 학군 성장으로 인한 시너지효과까지 더해지면서 지역 자체가 일궈낸 명품 주거 입지라는 인정을 받기도 한다.

실제로 복대동을 답사해보면 도시 전체에 에너지가 있다는 것을 느낄 수 있다. 가령 대형 쇼핑몰에서 나오는 상권의 힘, A급 아파트들이 뒤를 받쳐주면서 '슬리퍼 상권'을 갖춘 대장주 단지들의 위용, 특히 지웰시티 아파트 단지들의 웅장함까지 동시에 느낄 수 있는 지역이 복대동이다. 신축급 단지들이 계속 공급되면서 시너지효과를 냈고, '청주의 강남'이라는 인식은 실거주 주민들의 자부심으로 작용해 주거 만족도를 드높였다.

물론 몇 해 전 청주에 비가 많이 내려서 석남천이 범람하는 바람에 복대동 일대에 침수 피해가 발생하며 오점을 남기기는 했다. 청주의 핵심지역인데, 비 한 번 왔다고 침수된 것이다. 곧장 정비가 이뤄져 큰 피해는 발생하지 않았다. 그런데 이러한 후속 조치를 보면, 그만큼 힘이 있는 지역이라는 증명으로 볼 수 있다. C급 지역에서는 침수 피해가 발생하는 경우 홍수해 예산을 받는 데만도 몇 년씩 걸리니 말이다. 복대동의 경우 한 번 홍수를 겪은 뒤 신속하게 세방공사가 이뤄졌다.

강남에는 호재가 많다. 일자리도 많다. 왜 그럴까? 혹자들은 강남에 호재를 끌어오고 정책을 집행하는, 실질적인 힘이 있는 사람들이 많이 거주하기 때문이라고 한다. 그래서 호재가 많고, 집행도 빠르며, 개발 계획도 잘 진행되는 것이라고 말이다.

청주의 복대동도 비슷한 상황이지 않을까 하고 예상해볼 수 있다. 힘 있는 수요층에 의해 자부심 어린 지역 브랜드가 만들어졌고, '그들만의 리그'를 형성하며 존재감을 발휘하는 지역으로 발전해가는 것이다.

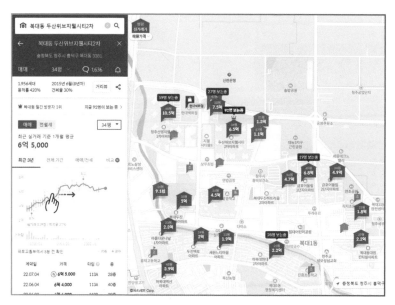

▲ 복대동 두산위브지웰시티 2차 단지의 시세 현황.　　　　출처 : 호갱노노(hogangnono.com)

청주의 대장은 두산위브지웰시티 2차 아파트다. 청주의 핵심단지라고 해도 과언이 아닌데, 슬리퍼를 신은 채 현대백화점과 지웰시티몰에서 쇼핑할 수 있을 만큼 인근 상권 인프라가 탄탄한 아파트다. 청주 엄마들의 로망을 품은 아파트 단지로 시세는 꾸준히 상승곡선을 그리고 있다가, 요즘 들어서 상승세가 둔화되고 있다. 지웰시티 단지의 문제라기 보다는 세종과 대전의 분위기가 약간 침체되어 그런 부동산 시장의 흐름이 청주에도 영향을 미친 결과가 아닐까 생각한다.

세종의 약세장이 대전과 청주의 대장주들에게도 이어지는 현상이 벌어지고 있어서 전체적인 충청북도의 부동산 시장이 약세로 움직이고 있는 듯하다. 급등한 부동산 시장의 가격적인 부담감으로 숨 고르기 상태가 지속되고 있는 것으로 보인다.

▲ 서청주파크자이 단지의 시세 현황   출처 : 호갱노노(hogangnono.com)

다음은 서청주파크자이 아파트다. 복대동에서는 약간 외곽에 자리한 아파트라고 보면 된다. 분양 초기는 청주의 부동산 시장이 침체 시기여서 사람들의 관심이 많지 않아 가격도 오르지 않았던 아파트였다. 하

▲ 우람한 위용을 드러내고 있는 서청주파크자이 아파트.

지만 청주의 부동산 시장이 상승하면서 복대동과 인접한 장점이 있고 고급 브랜드 이름을 프리미엄으로 내세우면서 가격이 2배 이상 올랐다. 실제로 답사를 가보면 단지가 크고 넓으며 자이 브랜드의 프리미엄까지 느낄 수가 있다.

이 단지를 들여다보면서 다시 한번 배운 점은 어느 도시든 외곽의 입주 물량이 완료되면 구도심의 신축은 불패라는 사실이다. 즉 택지지구의 집중적인 입주 시점만 지나고 안정화되면, 구도심의 신축에 관심 가져야 할 타이밍이 분명히 찾아온다.

서청주파크자이도 자이라는 이름값을 톡톡히 한다. 지나가는 길에 단지를 멀리서 봐도 그냥 좋아 보이는 것이다. 자이의 브랜드와 복대동의 인프라까지 더해지면서 서청주파크자이의 상승세는 기대할 만하다.

청주의 차세대 강남, 동남택지개발지구

청주 부동산 시장은 미분양과 과대한 물량 공급으로 인해 상당 기간 힘들었던 시기가 있었다. 그 물량의 대부분이 바로 동남택지개발지구의 입주 물량이였다. 대략 1만 5,000세대의 입주 물량이 단일 택지지구인

▲ 청주 구도심이 인접해 더욱 각광받는 동남 택지개발지구.

동남지구에서만 쏟아졌는데, 다른 지역의 수요까지 끌어와야 해서 청주의 전체적인 부동산 경기가 무너지는 원인이 되었다.

동남지구 이전에 방서지구가 입주를 했는데, 방서지구도 3000세대가 넘는 물량이 단기간에 쏟아진 지역이었다. 동남지구의 작은 구역 정도에 해당하는 방서지구의 물량을 보면서 사람들은 동남지구가 본격적으로 입주를 시작하면 인근 구축 아파트 단지들은 얼마나 타격을 입을지 고민하기 시작했다. 반대로 방서지구가 입주가 완료되면서 택지의 안락함과 상권 성장으로 동남지구도 좋아질 수 있겠다는 인식이 퍼지는 계기도 되었다. 즉 동남지구의 많은 입주 물량이 들어오면 인근 단지들은 타격을 입겠지만, 반대로 그 기간만 지나면 좋아질 지역으로 성장할 좋은 주거단지가 될 것이라는 상반된 인식이 팽배한 지역이 동남지구다.

참고로 이런 택지개발지구가 개발되면 중요한 점이 있는데, 인근에 구도심이 인접해 있느냐 없느냐에 따라서 안정화 속도가 달라진다. 구도심이 인접한 신도시 택지개발지구는 그래도 구도심의 수요층을 끌어와서 전세 맞추기가 어렵지 않은 편이다. 반대로 청주 테크노폴리스 같은 외곽의 택지지구는 초기 입주장에서는 인프라가 들어오지 않은 상태에서 아파트만 공급되기 때문에 전세 맞추는 게 쉽지 않다고 봐야 한다.

동남지구는 인근에 화봉지구라는 구도심이 인접해 있다. 그래서 수요를 맞출 수 있을 것 같지만, 워낙에 많은 입주 불량이 잡혀 있어서 인근 지역뿐 아니라 청주 전 지역이 휘청이는 사태가 발생하기도 했다. 그만큼 동남지구의 주거지 크기가 상당했다는 뜻이기도 하다.

이러한 동남지구도 1만 5,000세대의 입주 물량이 마무리되고, 안정화되면서 인근 상가와 학원 인프라가 잘 정리되고 있다. 그에 따른 주거 선호도도 높아지고 있는데, 이 지역에 가보면 '청주의 강남은 동남지구다'라는 말을 심심치 않게 들을 수 있다. 즉 주거 입지로 복대동에 밀리지 않을 만큼 크게 성장했다는 뜻이며, 자신감의 표현이기도 하다.

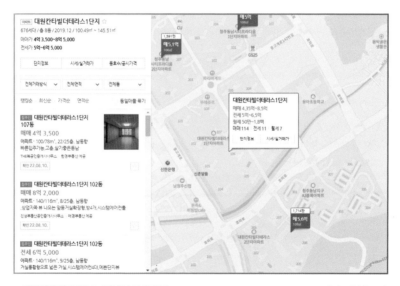

▲ 대원칸타빌더테라스 1단지의 시세 현황.　　　　　　　　　출처 : 네이버부동산

주거 입지가 성장함에 따라 가격도 많이 상승하는데, 동남지구의 대장주 대원칸타빌 단지의 경우 6억 원 구간을 훌쩍 넘어버리는 상승세를 보여주고 있다.

분양가 대비 거의 2배가 오른 가격이지만, 아직도 청주 실거주자들의 러브콜을 받으며 성장하고 있다. 즉 택지개발지구는 입주장의 리스크가 크기는 하지만, 물량이 어느 정도 안정화 되고 나면 택시의 안락함과 신축이라는 상품성의 힘으로 가격이 상승한다는 것을 알수 있다.

여기서 잠깐 투자에 대한 팁을 드리자면, 외곽 택지개발지구의 물량이 지금처럼 끝나면 구도심의 신축이나 신축이 될 만한 재건축·재개발이 힘을 받을 타이밍이라고 볼 수 있다. 외곽의 신축 택지개발지구의 힘을 느낀 실거주자들 중에는 구도심에서 정주하고 있다가 외곽의 신축들이 강세를 보이면, 부동산 흐름에 따라서 구도심 주변의 신축을 찾게 되는 경우가 많다. 이때가 구도심의 신축이 상승할 타이밍이다. 구도심에서 떠나지는 못하지만 신축을 원하는 실거주자들이 찾아올 만한 신축이나 신축으로 갈 재개발·재건축 단지를 선점하고 있으면 흐름투자에 최적인

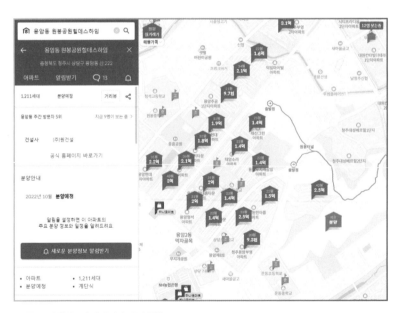

▲ 원봉공원힐데스하임 단지의 분양 현황 　　　　출처 : 호갱노노(hogangnono.com)

　　　　　　　　🐟 지방 아파트 소액 투자 비법

타이밍이 된다는 뜻이다. 지금 청주는 그러한 구도심의 재건축·재개발의 투자가치가 높은 시기다. 구도심의 분양권이나 초기 재건축 단지들이 진입하기 좋은 타이밍이 될 가능성이 크다.

이럴 때 도심재생 사업장 인근의 구축 단지들도 관심 가질 필요가 있다. 인프라가 정비되면서 주거 입지도 높아질 것이고, 자연스럽게 부동산 가격도 상승하는 마법을 볼 수 있을지 모르니 말이다.

이제 거의 마지막 물량으로 동남지구의 몇 개 안 남은 분양 단지들이 공급을 하고 있다. 신축급의 신도시가 생긴 상태에서 들어오는 신축 단지들은 리스크가 거의 없는 안전한 단지다. 입지도 상권과 가깝고, 학군도 새로 생성되고 있어서 주거 입지의 선호도가 아주 좋은 단지가 될 것

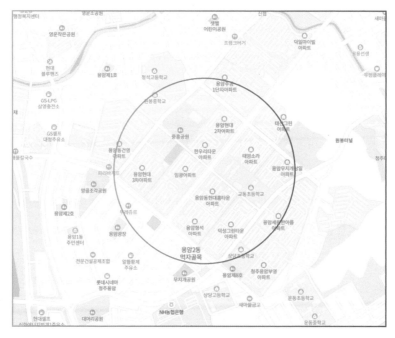

▲ 용암동 지역에는 소액 투자할 만한 단지가 많다.

으로 보인다.

가령 원봉공원힐데스하임 단지는 이제 동남지구의 신축이 되면서 동남지구라는 구도심의 수요를 끌어올 수 있는 최적의 타이밍에 들어서는 단지가 될 수 있다. 신축 택지가 구도심이 되는 아이러니한 상황이지만, 그만큼 주거 입지가 더 성숙해진다는 말이기도 하다.

동남지구 주변에서 소액 투자할 만한 단지들을 추천하자면, 인근의 구축 단지들이 적합해 보인다. 용암동이라는 지역이 있는데, 청주의 구축 단지들이 모여 있는 기존 택지개발 주거 단지다.

사실 용암동 입장에서만 보면 동남지구의 물량으로 인해 한때 큰 타격을 입기도 했다. 전세가와 매매가 모두 크게 하락장을 맞이해야 했고, 이런 장에서 역전세를 겪어야 했던 투자자들의 애환과 한숨이 공존했던 지역인 것이다. 동남지구의 신축들이 입주하는 2018년 무렵부터 용암동의 구축들이 전세 매물로 쏟아져 나오기 시작했다. 용암현대, 삼일무지개, 용암세원 아파트 등의 구축 아파트들에서 신축으로 이주하고자 하는 수요들에 의해 매물이 나오면서 전세가 하락이 가속화됐는데, 이때 세입자 전세 일정을 맞추지 못한 투자자들은 일부 전세가를 현금으로 내줘야 하기도 했다.

이 입주장이 2년 정도 지속됐는데, 용암동의 전세가가 하락하면서 매매가 또한 같이 하락했다. 전세를 맞추지 못한 투자자들의 매물도 같이 쏟아져 나왔기 때문이다. 지방에서는 외곽 택지개발지구의 입주 물량이 구도심에도 심각한 타격을 준다. 이것을 꼭 명심해야 한다. 입주장이 돌아오는, 특히 택지개발지구의 입주장이 들어오는 때를 꼭 피해서 전세 세팅을 해야 역전세의 아픔을 겪지 않을 수 있는 것이다.

▲ 용암삼일 단지의 시세 현황.　　　　　　　　　　　출처 : 호갱노노(hogangnono.com)

그런데 구도심 인근에 택지 물량이 들어올 경우 입주장에서는 구도심의 타격이 불가피하지만, 반대로 입주장이 끝나고 택지개발지구의 신축들이 치고 나가기 시작하면 그다음은 이런 지역들에 관심을 가져야 한다. 동남지구의 대원칸타빌, 시티프라디움 같은 주력 단지들이 가격을 리딩하면서 상승하기 시작하니 인근의 용암동 지역도 인프라 대비 너무 싸 보이는 착시 효과를 가져온다. 입주 전 가격보다 3,000~5,000만 원씩 하락한 단지들이 보이는데, 저렴해 보일 뿐 아니라 전세 수요도 천천히 들어오면서 다시 인근의 단지들에도 투자 수요가 생기게 마련이다. 가격이 저렴하고 전세가가 붙어주면서 투자하기에 적합한 시기로 돌아오는 것이다.

동남지구가 입주가 마무리되는 시점부터 용암동 지역도 반등을 시작해서 전고점까지 시세가 회복한 것을 확인할 수 있다. 이때 중요한 것은 크게 2가지다.

첫째는 전세가 상승률이다. 기존 전세가가 폭락하면서 매매가를 같이 하락시켰는데 입주가 마무리되면서 전세가 다시 반등하기 시작한다는 것이다. 이때가 투자자가 진입할 타이밍이라고 생각하면 된다.

둘째는 추가 상승 여력의 여부다. 일단 구축들도 전고점까지 회복했거나 전고점을 돌파했다고 보인다. 그렇다면 추가 상승이 가능한지 아닌지의 여부가 투자의 근거가 될 수 있다.

현재 전고점을 돌파했다는 것은 기존의 시세를 유지하려는 회복력 때문이다. 그런데 앞서 언급했듯, 구도심의 인프라가 잘 갖춰져 있고 수요가 들어오고 있으며, 특히 동남지구의 신축들 대비 저렴하다. 그래서 기존 전고점 가격이 중요하지 않을 가능성이 높다. 지속적으로 동남지구의 흐름을 같이하며 상승할 수 있는 여건을 가질 것이라고 생각한다. 지금까지는 스스로 상승하거나 버틸 수밖에 없는 지역이었지만, 이제는 형님이라는 큰 우산이 생겨서 그냥 따라가기만 해도 투자 수익을 창출할 수 있는 지역으로 충분히 변화했다는 뜻이다.

신축 시세 대비 1/3도 안 되는 가격이므로 그만큼 투자자들이나 실거주자에게 인프라 대비 싸게 보일 수 있다. 형님의 흐름에 편승할 지역이므로 저렴하거나 갭이 붙어있는 매물이 있다면 소액 투자하기에 좋을 듯하다. 전세가가 계속 따라 붙어줄 수 있는 입지를 가지고 있기 때문이다.

외곽 택지개발지구

외곽 택지개발지구에서 소개하고 싶은 아파트는 청주테크노폴리스다. 청주의 대표적인 산단인 SK 하이닉스 공장 북쪽 지역으로 택지를 개발해 산단과 지식산업센터, 그리고 주거용 아파트 단지를 공급한 지역이다. 이 지역도 분양 초기에 청주 외곽이라는 인식과 택지개발지구 초기의 인프라 부족으로 인해 관심을 받지 못했던 지역 중 하나다.

▲ 외곽 택지개발지구의 청주테크노폴리스 아파트.

청주는 외곽의 물량과 구도심의 입주 물량이 많았던 2018년 전후로 분위기가 많이 다운되어 있었다. 그래서 구도심의 신축들도 미분양이 많던 시기이다 보니 외곽의 택지 물량들도 미분양이나 마이너스 프리미엄이 일반화된 상태로 테크노폴리스도 아픔의 시기를 견뎌야 했다. 입주 물량이 과도하게 잡혀 있어서 직주근접이라는 최대 장점을 가지고 있음에도 불구하고, 그다지 사람들의 관심을 받지 못했던 지역이었다.

일단 테크노폴리스는 주거와 상권, 그리고 일자리(산단)를 같이 공급해 자급자족 도시를 목표로 시작된 택지개발지구다. 하지만 모든 자족형 택지개발지구의 특징상 일자리보다 주거가 먼저 공급되곤 한다. 테크노폴리스도 마찬가지로 지식산업센터와 산단의 일자리보다는 주거형 아파트가 먼저 공급되어 분양됐다. 따라서 허허벌판인 외곽 택지개발지구의 인프라가 안정되어야 하는 절대시간이 필요한 만큼 상권과 학군이 성장하기에는 일정 시간 이상의 기간이 필요했다.

2022년 6월 현재는 1차 공급된 우미린 푸르지오 1차 단지들이 안정화되어서 가격을 치고 나가는 상황이다. 이러한 상황에서 지웰푸르지오 단지가 분양에 성공하면서 가격을 리딩하고 있고, 이러한 상승세는 한동안 지속될 것으로 보인다.

머지않아 테크노폴리스 산단이 개발될 예정이어서 택지의 기본 터 닦기 작업이 완료된 상태다. 추가적인 아파트 단지와 산단 이주자 택지까지 공급되면 더 좋은 주거 입지로 성장할 것이다.

가경 택지개발지구

가경 택지개발지구는 가경 홍골지구 인근에 공급되는 택지개발지구로 총 6개 단지가 공급되었다. 하락장을 맞은 청주에서 힘겹게 분양을 시작한 단지들이지만, 청주의 외곽 물량이 안정되고 시세가 상승하면서 가경동의 택지 물량도 안정을 찾았다. 특히 아이파크와 자이 같은 1군 브랜드 아파트들이 공급되면서 구도심의 신축을 원하는 실수요자들의 기대를 충족시킬 수 있는 좋은 단지. 특히 아이파크 단지는 6차까지 계획되어 분양을 준비 중이고, 7차와 8차도 공급할 예정이라고 한다.

처음에는 외곽의 택지개발지구에 공급하는 단지들이다 보니 상권이나 학군, 교통과 같은 인프라가 정리되지 않아 실수요의 관심을 받지 못했다. 그러다가 가경자이 아이파크 1~2차 단지들이 입주하면서 새 아파트의 세련된 외관과 대단지의 쾌적함을 실거주자들이 경험하면서 반전이 이뤄졌다. 가경동 인근에는 신축 아파트가 없다. 대부분 20년 이상 된 구축 아파트들이다 보니 인근 상권은 잘 구축되어 있는데, 주차 문제나 구축 아파트의 평면 구조(방과 주방 배치 등)의 불편함을 풀어줄 신축 단지에 환호하게 된 것이다. 이럴 때가 가장 좋은 투자 타이밍이기도 하다.

실거주자들이 관심을 가지기 시작하는 때. 이 타이밍에서는 입주해서 달려가는 아파트보다는 추가로 들어올 아파트의 분양권이나 이들 지역과 인접한 재건축·재개발 단지의 갭투자가 더 효율적이다. 실거주자들은 일단 어떤 단지라도 외관이 완성되어야 그 위용을 바라본 뒤 매수하려고 하는 습관이 있다.

눈에 보이지 않는 분양권일 때는 움직이지 않다가, 입주장이 돼서야 실거주자들이 실거주와 투자를 목적으로 들어오는 경우가 종종 있는데, 이때 잠깐 실입주자들의 입주 러시가 형성된다. 그럴 때는 입주장인 단지를 매수하는 것보다 인근에서 실체가 아직 올라오지 않은 단지들이 더 투자가치가 크다고 할 수 있다.

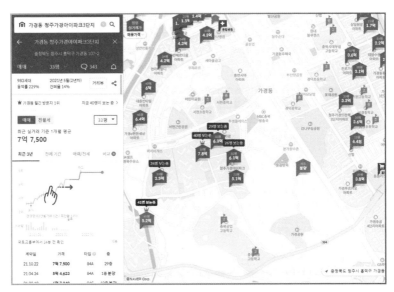

▲ 청주가경아이파크 3단지의 시세 현황.　　　　　출처 : 호갱노노(hogangnono.com)

가경 택지개발지구는 택지이면서 가격이 저렴하게 분양할 가능성이 높아서 실거주자들에게 더욱 선호도가 높아질 것 같다. 따라서 경쟁률도 높을 것이고, 내기수요도 계속 생기지 않을끼 하고 예상한다.

가경 택지개발지구에서는 가경아이파크 3단지가 세대수도 많고, 단지 면적도 가장 넓은 것으로 알려져 있다. 쾌적함 또한 가장 높다고 한다. 다 같은 아이파크지만 작은 차이가 가격을 결정하는 절대적 값어치로 작용하기도 한다. 건희아빠가 보기엔 비슷비슷해 보이더라도 어디에 가나 차등은 존재한다. 이것도 시장의 선택이니 인정하는 것이 맞겠다.

가경 택지개발지구의 대장주들의 현황과 동향을 파악하고 나면, 이러한 대장주 단지들을 따라갈 만한 B급 단지들을 파악해두는 것이 좋

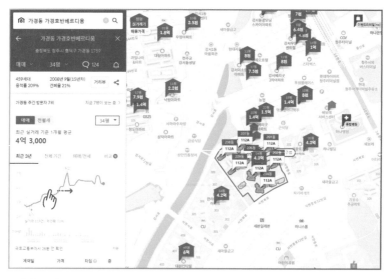

▲ 가경호반베르디움 단지의 시세 현황.

출처 : 호갱노노(hogangnono.com)

지방 아파트 소액 투자 비법

다. 가경지구가 치고 나가면서 그 흐름에 벗어나서 들어가지 못하는 실수요자들이 찾을 만한 다음 단지들 말이다.

호반베르디움 같은 단지들이 준신축이면서 주변 인프라도 잘 정비되어 있어 눈에 띈다. 가경아이파크 단지들이 7억 원대 구간을 넘어서면 이 단지들도 5억 원대까지 무난하게 따라갈 만한 상품성과 입지를 가지고 있다.

가경동 호반베르디움 단지로 실제 임장을 가보면 가경지구보다 밀리지도 않는 입지의 단지들이다. 10년차가 되어서 도배와 장판 정도만 바꿔줘도 전세는 무난하게 받을 수 있는 상품성도 갖췄다. 명의만 있으면 투자하기 참 좋은 입지다.

이 정도 입지라면 가경동의 다른 구축들도 추천할 것이라고 생각할

▲ 가경동세원 2차 아파트의 시세 현황.　　　　　　　출처 : 호갱노노(hogangnono.com)

▲ 가경동 삼일원앙 아파트의 시세 현황.

▲ 가경덕일한마음 아파트의 시세 현황.

출처 : 호갱노노(hogangnono.com)

수 있다. 그런데 건희아빠의 생각은 조금 다르다. 가경 택지개발지구가 A 급이고, 가경동이 B급이라면, 건희아빠는 소액 투자 방향을 C급으로 돌려야 한다고 생각한다. 가경동도 싸지 않다는 뜻이다.

가경동의 구축단지들을 살펴보면, 전세가가 받쳐주고 있고 갭도 붙어서 실투기 그렇게 많이 들지 않는 단지가 많다. 다른 투자 전문 강사들이 이런 지역을 많이 밀고 있는 것도 사실이고, 초보자의 경우에도 투자금이 얼마 안 들고, 오른 시세가 쉽게 떨어질 것 같지 않은 입지이므로 충분히 좋은 투자처로 볼 수 있다.

하지만 건희아빠의 방향은 다르다. 이미 전고점을 돌파했고, 1억 원 이하의 취득세 메리트도 상실했다. 가장 중요한 것은 추가로 투자자들이

▲ 강서동 강서청도 아파트의 시세 현황.　　　　　　출처 : 호갱노노(hogangnono.com)

들어올 만한 요소가 없다는 것이다. 후속타들은 실거주자들이 이런 물건을 받아줘야 하는데, 아이파크 후속 단지들을 기다리는 전세 수요만 넘쳐나지, 이 물건들을 사줄 만한 후속 매수 세력이 약할 가능성이 높다는 사실이다. 그래서 건희아빠는 이렇게 남들이 다 좋다며 몰고 가는 B급 지역보다 이 지역에서 흐름투자로 에너지를 이어갈 만한 C급 지역을 눈여겨본다.

강서동의 한 구축 아파트다. 아직 전고점을 돌파하지 못했고, 갭도 붙어 있는 상황이다. 게다가 호반베르디움, 한라비발디 같은 홍골지구와도 가깝다. 그런데 아쉽게도 입지가 좋지 못하다. 임장 시 가경동을 둘러보다가 강서동으로 넘어가면 탄식이 절로 나온다.

실제로 강서로를 기준으로 홍골지구 엄마들은 강서동을 인정하지 않으려 한다. 입지가 정말 안 좋다는 뜻이다. 호반 쪽에서 강서동을 바라보면 대부분 빌라나 한두 동짜리 아파트뿐이어서 그렇게 좋은 인식이 아닌 듯하다.

그런데 무슨 상관인가? 가격이 싸고 따라갈 만한 상황과 입지를 가지면 되는 것이다. 우리는 투자자다. 리스크를 안고 현장으로 가서 매수하고, 그 리스크를 감내하며 투자를 감행한다. 세상에 완벽하게 안전한 투자가 있다고 보는가? 있다고 대답하는 사람이 있다면 딱 두 가지 유형일 수 있다. 사기꾼이거나 나쁜놈이거나!

건희아빠는 지방 부동산에 소액 투자를 하면서 지금까지 A급 지역을 매수해본 적이 없다. 단 한 번도 말이다. 대부분 B급과 C급 지역의 미분양 단지에 잔금을 치르고 돌아보니 1~2억 원씩 상승해 있었고, 그러한 주거 입지가 변화하는 축의 C급 단지들을 소액으로 세팅해서 시간에 베

▲ 복대동 보성 아파트의 시세 현황.　　　　　　　출처 : 호갱노노(hogangnono.com)

팅해 기다리고 있으니 자연적으로 가격이 올랐을 뿐이다. 그 당시에 그 가격에 들어가라고 해도 들어가는 사람은 극소수였다. 다들 좋은 것, 비싼 것, 안 떨어질 것만 찾아다니니 매번 투자금만 들어갈 뿐 수익률이 높지 않은 것이 아닐까?

　강서동도 비슷한 경우다. 주변에 거의 인프라가 없다. 특히 확장성이 부족하다. 중부고속도로가 인접해서 아파트를 개발해서 공급하기에 한계가 존재하는 입지다. 그래서 가격이 저렴했다. 하지만 지금 가경동이 폭등했고, 슬슬 가까운 강서동으로 그 흐름이 넘어올 시기라는 생각이 든다.

✅ 3_ 떠오르는 신흥 주자들

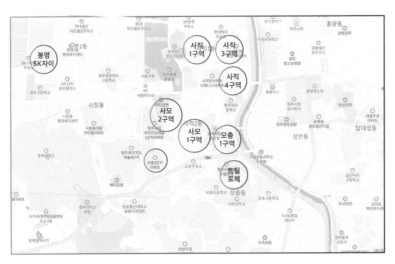

▲ 청주의 기타 관심 지역.

출처 : 부동산지인(aptgin.com)

앞서 언급했지만, 청주는 외곽의 택지 물량이 대부분 공급을 마쳤고, 안정화 시기다. 이럴 때 관심을 가져야 할 지역이 구도심의 재건축·재개발이 될 만한 입지다. 개발의 축에서 소외되었던 구도심의 도심재생이 앞으로 청주를 일으킬 요소로 작용할 가능성이 크다는 뜻이다.

청주는 구도심에도 정비구역이 많던 지역이었다. 그런데 기존 하락장에서 사업이 지지부진하고, 조합원들 간의 갈등이 높아지자 청주시에서는 진행이 안 되던 정비구역을 많이 해제하고, 될 만한 구역만 남겨놓는 선택과 집중 방식의 도시 재생 사업을 선택한다.

당연한 수순일 것이다. 서울에서도 얼마나 많은 정비구역이 서울시의 조정으로 해제되었는가? 조합원들 사이의 이해관계도 문제지만, 지나치게 장기간 정비구역으로 묶여 있다 보니 재산권 행사에 한계를 느끼

지방 아파트 소액 투자 비법

는 일도 비일비재했다.

그렇게 청주 구도심 지역도 많은 구역이 정비구역 해제의 아픔을 겪었다. 하락장에서 정비사업이 드러낼 수 있는 위험성을 알려주는 좋은 사례면서도, 반대로 지금 같은 청주의 상승장에서는 반대로 정비구역 재지정을 요구하는 목소리가 커지는 아이러니한 상황에 대한 설명이 될 수 있을 듯하다.

어쨌든 청주 구도심의 정비사업에서 살아남은 구역들은 다행히도 청주의 상승장에 힘입어, 정확하게 말하면 동남지구의 물량이 마무리되면서 안정화 상태를 가져오자 정비구역도 약진하기 시작했다.

대표적인 지역들이 사직구역, 사모구역, 모충구역들이다. 그동안 청주의 하락장 탓에 시세가 오르거나 프리미엄을 얻지 못하다가 도시 외곽의 신축들이 약진하는 상황을 맞이하면서 투자자들의 선택을 받게 되었다. 게다가 인근 재건축 단지들이 입주를 시작하면서 다시 한번 시세 상승을 견인하는데, 이 가운데 욕받이 아파트로 유명했던 모충2구역을 재개발한 트릴로채 LH 단지도 있다.

단지별, 구역별 사업에 대한 속도와 규모, 사업성 등이 다르기는 하지만 대체로 청주 구도심의 재개발 사업장은 불패라고 보아도 무방할 정도로 투자 메리트가 높다. 외곽 물량이 끝나는 도시의 다음 차례는 구도심의 도심재생 사업장이라는 사실에 기억하자. 건희아빠 같은 소액 투자자들은 그 도심재생 사업장 인근의 주거 입지가 변화하는 축을 이해하고, 그 중간에 있는 소형 구축 아파트들을 선점하고 있다면 훌륭한 접근일 것이다.

실제로 임장을 가면 정말 볼 것도 없고, 단독 다가구에 점집이나 무당집이 즐비하다. 이런 지역이 재개발로 신축 밭이 된다면 주거 입지는 비약적으로 발전할 것이다. 그 주거 입지의 개선 효과를 같이 누릴 수 있는 소형 아파트 난시들에 관심을 가져 보라는 것이다. 이것은 건희아빠가 지금까지 지방 부동산 소액 투자로 무너지지 않고 성장할 수 있었던 비법 중 하나다.

구도심의 신흥 주력, 사직구역

▲ 2구역을 제외한 3개 구역에서 재개발을 진행 중인 사직구역.

첫 번째 재생 구역은 사직구역이다. 원래 총 4개 구역으로 지정되어서 재개발이 추진되다가 아쉽게도 지난 구역 해제 시기에 1개 구역이 구역 지정에서 해제되었다. 지주택으로 전환해보려 노력해보고, 다시 재추진하자는 의견도 있었지만 청주의 하락장에서 지지부진한 분위기를 견뎌내지 못했던 것 같다.

사직 2구역이 해제된 이후 다른 3개 구역도 비대위들이 들고 일어나면서 해제를 이어가려는 바람이 불기도 했지만, 다행히 청주의 상승장과 시기가 맞물려 지금은 거의 태풍처럼 시세가 날아가고 있다. 사직구역은 전체 1~4구역으로 나뉘는데, 사업 속도가 가장 빠른 구역은 사직 3구역이다. 1구역은 세대수가 가장 많고, 4구역은 용적률에서 이점이 있어서 주상복합으로 개발을 추진하고 있다.

각기 재개발 사업장마다 장단점이 있고, 속도와 브랜드와 이미지 등이 다르다. 가장 선호도 높은 대장주 역시 사업 속도가 빠른 사직 3구역인데, 무심천이 인접하고 1군 브랜드가 공사를 진행할 예정이다. 앞으로 구도심의 대장주는 사직 3구역이 리딩할 것으로 예상된다.

첫 번째 사업장은 사직 1구역이다. 총 2,482세대가 공급되며, 사업시행인가를 얻고 관리처분 단계를 향해서 열심히 달려가고 있는 지역이다. 시공사는 GS와 대우 컨소시엄으로 더 센트럴타운이라는 브랜드를 가지고 재개발이 추진 중이다. 사직구역에서 가장 많은 세대수를 가지고 있으며, 중심부에 위치해서 교통이 편리하고 인프라가 잘 연계될 수 있는 입지를 가지고 있다. 약간 아쉬운 점은 사직 3

▲ 사직 1구역 주변에는 단독주택과 상가 건물이 많다.

구역처럼 무심천 조망이 나오지 않는 입지라서 3구역의 시세를 따라가는 단지가 될 것이라는 점인데, 큰 걸림돌은 아니라고 생각한다. 재개발

후 구도심의 신흥 강자가 될 것으로 보인다.

현장에 가보면 난독주택이니 상가 건물이 많다. 특히 단독이 많다. 그래서 개발 추진이 좀 힘들었을 것으로 보이기도 한다. 대지 지분 대비 보상금이 기대치만큼 나오지 않았을 것이고, 빌라 업자들의 달콤한 속삭임까지 더해졌다면 토지주들에게는 재산권 행사에 이점이 있는 해제가 더 매력적으로 느껴졌을 수 있다.

아직도 조합과 비대위 간에는 잡음이 있기는 하지만, 이제는 투자자들도 많이 진입하고 조합원들의 인식도 개선되어 문제가 크지는 않다고 한다. 청주 신축의 시세가 상승하면서 자연스럽게 사람들은 비대위 말에 귀 기울이지 않는 것이다. 사직 3구역과 같이 개발되면 참 좋은 주거 입지가 될 것이므로 지금이라도 관심 가져 볼 만한 사업장이다.

다음은 사직 3구역이다. 지하 3층과 지상 35층 26개 동으로 2330여 세대를 공급하는 재개발 사업으로 건설사는 현대와 금호건설이 수주했고, 곧 착공을 앞두고 있다. 2022년 6월 현재는 이주가 막바지에 이르러 곧 일반 분양을 앞두고 있는데, 대박 자리라 해도 과언이 아닐 듯하다.

조감도를 찾아보면 알겠지만, 조합에서 가장 강조한 부분은 무심

▲ 사직구역에서 3구역도 2구역처럼 정비구역 해제가 논의됐다.

지방 아파트 소액 투자 비법

천에 대한 조망권이다. 청주 사
람들은 이 무심천을 상당히 선
호한다고 한다. 예전처럼 후줄근
하고 지저분한 무심천이 아니라
어느덧 잘 정비되어 시민들의 휴
식공간으로 자리매김했기 때문
이다. 실제로 무심천 주변을 돌
아보면 운동하거나 여가를 즐기
는 청주 시민들을 많이 볼 수 있
다. 도심에서 이런 자연환경과 하
천을 자유롭게 이용할 수 있는
지역 인근의 단지들은 당연히 선

▲ 무심천 주변은 시민 휴식처로 잘 정비되어 있
다.

호도가 높을 수밖에 없다. 영구적인 무심천 전망이 나오는 신축이라면
설명할 것도 없지 않을까?

사직구역에서 핵심 사업장은 3구역인데, 구역 해지 시기에 2구역처
럼 3구역도 정비 구역에서 해지됐다면 단지 간의 연계가 부족해져 1구역
이나 4구역마저 향후 그렇게 선호하는 단지로 성장하지 못할 수도 있었
을 듯하다.

현장에 가보면 무심천이 잘 정비되어 있다는 것을 알수 있다. 인근에
신축 아파트가 들어오고 인프라가 더 정돈되면, 녹지가 부족했던 단독
다가구 중심이었던 구도심이 더욱 좋은 주거환경으로 변신할 것이다.

일반 분양 시기에는 저렴한 분양가와 무심천에 대한 선호도, 그리고 신축의 입지가 자리 잡으면서 주거 선호도나 분양률이 상당히 높을 가능성이 있다. 3구역이 성공해야 1구역도 성공할 수 있다. 사직 3구역이 기대되는 이유가 이런 데 있다.

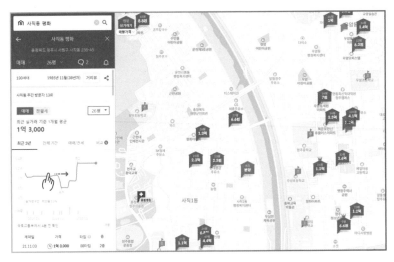

▲ 사직동 평화 아파트의 시세 현황.   출처 : 호갱노노(hogangnono.com)

그러면 인근의 소액 투자 대상 단지들을 둘러볼 차례다. 일단 사직 1구역과 3구역이 개발되고 나면, 인근의 주거환경은 비약적으로 발전할 것이다. 상가가 들어오고 학원가가 생기면서 슬리퍼 상권이 잘 정비될 것이다. 주거 정비가 되는 시점에서 그 흐름을 따라갈 만한 구축 아파트가 있는데, 사직동 평화 아파트가 좋아 보인다. 실제 가보면 좋은 입지라 할 순 없다. 단지도 130세대로 크지 않고, 인프라도 전무하다. 게다가 1985년식이다 보니 자질구레한 하자가 많이 발생할 가능성도 있다. 수리를 해도 장마철이면 전화가 요란하게 울리기에 딱 좋은 단지라는 뜻이다.

하지만 주변 주거환경이 정비되면서 그 인프라와 같이 성장할 수 있고, 1985년식이라는 노후도에 따라 가로주택정비사업이나 소규모 재건축으로 추진이 가능할 만한 상품성도 가지고 있다. 무엇보다 가격이 참 싸다. 이제 전고점을 돌파하려 하고 있고, 주변이 정비되면 알아서 성장할 만한 입지를 가지게 될 것이다.

이런 단지를 소액으로 세팅해놓고, 사직구역 단지들이 들어오기만 기다리면 된다. 건희아빠는 이렇게 지금은 별 볼 일 없지만, 향후 주거환경의 변화에 따라서 같이 따라갈 만한 단지들을 선호한다. 이 가격보다 떨어질 일이 절대 없고, 주변에 새 아파트들이 들어오면서 가만히 있어도 가치가 오를 수 있기 때문이다.

마지막으로 사직 4구역이다. 59층 주상복합으로 개발을 추진 중이고, 약 970세대가 들어온다고 한다. 재개발에서 도시환경 재생사업으로 개발방식을 변경해서 추진하고 있는데, 사직구역이 선방하면 자연히 따라갈 아우 사업장이라고 보면 될 듯하다. 인근에 상가 물건이 많아서 사업 속도가 지지부진하지만, 청주 구도심 개발의 축에서 관심 가져 볼 만한 사업장이라고 생각한다.

사직 1, 3, 4구역 개발이 완료되면 사직1동은 거대한 아파트 단지들이 들어와 있는 신흥 부촌으로 성장할 것이다. 단지들끼리 서로서로 끌어주며 시세를 주고받을 수 있고, 개발 인프라를 공유할 수 있기 때문이다. 사직구역의 성장이 기대되는 이유는 전체 지역이 개발되면서 주거 입지가 폭넓게 개선된다는 점에 있다.

형님 따라 질주 본능, 사모구역

사직동에서는 사모구역이 약진하고 있다. 세대수도 많은 데다가, 아파트 브랜드도 1군들이 선점하고 있다.

▲ 사모 1구역은 빌라보다 상가와 단독주택이 많다.

먼저 사모 1구역이다. 지하 3층과 지상 29층 약 30개 동으로 약 2512세대를 공급하는 사업장이다. 사직구역과 비교해도 세대수나 브랜드에서 밀리지 않는 대단위 재개발 사업장이다. 건설사는 두산과 한진중공업이 수주해 아파트를 시공하고, 관리처분인가를 향해 열심히 달려가고 있다.

한 가지 아쉬운 점은 사직구역과 사모구역을 통틀어 유일한 지주택 사업장이라는 것이다. 그래서 조합 내분이 심했고, 구역 지정 해제를 가장 강력하게 요구했던 사업장이기도 하다. 다행히 내분이 종결되기 전, 청주 부동산 시장이 반등해서 구역 지정 해지까지는 가지 않아 사업을 정상적으로 진행하고 있다.

사모 1구역은 빌라보다 상가와 단독주택이 많다. 특히 상가가 많다. 그래서 재개발에 대한 저항이 더 심하게 작용했는지 모르겠다. 지주택

🏆 지방 아파트 소액 투자 비법

으로 사업을 진행하다 보니 조합 내분이 심했던 듯하다. 마침내 청주시는 구역 지정 찬반투표라는 행정절차를 밟았는데, 인근에 있는 모충 1구역 재개발지구도 해제에 대한 목소리가 커져 있던 상황이라 청주 구도심에서 마지막으로 두 개 사업장이 해제에 대한 심사를 받아야 했다.

그런데 도심의 외곽에서 택지 입주 물량이 완료되면, 그다음 단계에는 구도심의 재개발·재건축 물량이 각광을 받게 마련이다. 아직 그 흐름이 모충동 인근으로 오기 전, 마지막으로 해제에 대한 목소리가 나오던 시기였기 때문에 우려와 기대가 공존하던 상황이었다고 보면 될 듯하다.

다행히 청주시에서는 사모 1구역과 모충 1구역의 정비구역 해제를 진행하지는 않았다. 청주시는 소유자들의 해제 신청 요건과 동의율이 해제 조건을 미충족한다는 이유를 들어 재개발을 지속하는 쪽으로 사업을 이어가기로 했다. 참 다행스러운 일이다. 오랜 하락장 탓에 재개발 사업에 회의를 가지던 조합원들의 인식이 바뀌기란 쉽지 않았을 것이다.

하지만 부동산 시장이 상승장으로 바뀌면서 투자자들도 진입하고, 기대감에 의해 실거주자들의 인식도 전환되었다. 막상 찬반 투표를 하고 보니 사업 진행 쪽의 의견이 압도적으로 많았다고 하니 말이다. 지역주택조합이라는 한계와 청주의 하락장 시기를 견뎌낸 사모 1구역은 어느덧 성장을 거듭하며 지역의 든든한 한 축으로 자리 잡아가고 있다.

다음은 사모 1구역 바로 옆에서 사업을 이어가고 있는 사모 2구역을 이야기하려 한다. 지하 3층과 지상 29층 약 35개 동으로 약 4050세대를 공급하는 대단위 사업장이다. 사직, 사모, 모충 구역을 통틀어 가장 세대수가 많고 구역 면적도 가장 넓다. 시공사는 두산, 일성, 한신 건설사가 수주했고, 사업시행인가 이후 관리처분 단계를 향해 열심히 달려가고 있다. 개발이 마무리되면 사직동의 신흥 부촌으로 성장할 것으로 예상되며, 대단지 프리미엄과 구도심의 인프라까지 공급되면서 인근 주거 입지가 비약적으로 발전할 것으로 보인다.

조감도에서 들여다보면 주변이 단독 다가구 저층 주거 형태를 가지고 있는데, 실제로 입주 시점이 되면 1만 세대가 넘는 대단위 신축 아파트들이 공급되어 있을 것이다. 서울로 비교하자면 장위뉴타운 정도의 아파트들이 공급된다고 보면 이해가 될까?

▲ 재건축 분위기가 물씬 풍기는 사무구역 일대.

2022년 2월 현장을 갔을 때는 사모 1구역과 비슷한 동네 느낌을 받았다. 단독 다가구가 많고, 대로변 주위에 상가들이 빼곡히 영업 중인 것을 볼 수 있었는데, 인근에서는 유명한 골목 상권이었다. 이주에 대한 걱정이 들기는 했지만, 지금까지 잘 진행되어 온 만큼 사업 주최 측에서 적절히 추진할 것이라 생각한다.

사업장 대부분에 아파트는 없고, 단독 다가구 근린상가 건물이다 보

　　　　　　　　🍚 지방 아파트 소액 투자 비법

니 소액 투자로 접근하기에는 다소 무거운 물건들이 많다. 물론 가치투자를 기준으로 삼는 투자자라면 사모 2구역의 물건에 접근하는 게 지금도 좋아 보인다. 하지만 건희아빠와 같은 소액 투자자라면 사모 2구역으로 인해서 주거 입지가 변화하거나 사모 2구역처럼 다시 신축으로 갈 만한 인근 단지나 구역을 미리 선점하는 것이 더 좋다.

사모구역이 신축 아파트들로 재개발되면 그다음으로 재건축될 차기 주자들이 주변에 포진해 있다. 대표적인 단지들이 모충주공 1단지와 2단지다. 특히 모충주공 2단지는 사모 2구역과 인접해 있고, 세대당 대지 지분이 약 18평으로 재건축으로 가기에 충분한 조건을 가지고 있다.

▲ 신축 아파트로 재개발될 것으로 기대되는 사모구역.

임장을 가보면 역시 입지가 좋지는 못하다. 평지도 아니고, 주변의 인프라가 단독 다가구의 저층 주거 형태가 많으니 실수요 입장에선 그다지 선호하지 않는 주공 아파트로 보일 수 있다. 그런데 실제로 둘러보다 보니 제법 잘 관리되어 쾌적한 단지라는 사실을 확인할 수 있었다. 땅도 넓어서 대지 지분도 충분하다. 경사도가 있고, 인근 아파트 단지와 단차가 좀 있기는 하지만 재건축으로 가기에는 아무런 문제가 없어 보인다.

모충주공 1단지는 세대당 대지 지분이 2단지보다는 작고, 상대적으로 단지 크기도 좀 작다. 하지만 2단지가 치고 나가주기만 한다면, 1단지

▲ 모충주공 1단지와 2단지도 차기 재건축을 기대해볼 만하다.

역시 꾸준히 따라갈 만한 입지와 상품성을 가지고 있으므로 모충주공 1단지도 꾸준히 관심을 가져보자.

떠오르는 신흥 주거, 모충동

다음은 모충동의 재개발 단지들이다. 모충동은 청주에서도 입지가 좋지 못하기로 소문난 지역 중 하나다. 청주는 지리적으로 속리산 줄기가 있는 동쪽보다는 평야와 평지가 있는 서쪽으로 개발 방향이 잡혀 있다. 이왕이면 산지보다 평지가 개발하기에 더 좋은 조건을 가지기 때문이다. 그래서 구도심 지역인 서원구나 모충동 지역은 초기 청주의 구도심에서 출발한 지역이기 때문에 초창기에는 부촌이었지만, 도심이 외곽 서쪽으로 확장하면서 자연적으로 쇠락의 길을 걷게 되었다.

그러다가 다시 도심재생의 중요성과 주거 인프라의 개선을 요구하는 목소리가 커지고, 서원구와 청원구의 다가구 밀집 지역에 있던 저층 주거 단지들도 개발 바람이 불게 되었다.

모충구역은 모충 1구역과 모충 2구역의 2개 사업장으로 나뉘어 도심재생사업이 진행되었다. 그중 모충 2구역이 먼저 개발되어서 트릴로채라는 LH 브랜드로 입주했고, 후속 사업장으로 모충 1구역이 사업을 진행

하고 있다. 모충 1구역은 지하 3층
과 지상 27층 약 10개 동으로 995
세대를 공급하는 재개발 사업장
이다. 시공사는 해림건설로 모아엘
가라는 브랜드로 아파트를 공급할
예정이다.

▲ 모충 1구역에서는 정비구역 해제 목소리가
컸지만, 모충 2구역의 프리미엄이 상승하는
것을 확인한 조합원들의 반대로 기존대로 사
업을 진행하기로 했다.

모충 1구역에서는 정비구역 해
제 목소리가 컸지만, 모충 2구역의
프리미엄이 상승하는 것을 확인한 조합원들의 반대로 기존대로 사업을
진행하기로 했다.

모충 1, 2구역 모두 비대위와 구역 지정 해제 이슈로 무척이나 힘든
시간을 보낸 사업장이다. 한때 모충 1구역에서는 정비구역 해제 목소리
가 컸지만, 모충 2구역의 프리미엄이 상승하는 것을 확인한 조합원들의
반대로 구역 지정 해제는 취소되고 기존대로 사업을 진행하기로 했다.

한 가지 투자 팁을 드리자면, 이렇게 사업이 진행되다가 조합 내분 등
으로 혼란한 상황에서는 기다리다 지친 조합원들의 실망 매물이 나오
기 마련이다. 해제될지 안 될지도 모르는 상황에서 사람들은 지쳐가는
것이다. 이런 분위기를 주목하고 있다 보면 이도 저도 싫다는 조합원의
물건이 나올 때 싸고 저렴한 가격에 매수할 수 있다. 기회는 이럴 때라고
본다.

실제로 모충 1구역이 해제될 수도 있었지만, 상승장의 힘으로 설사
해제되더라도 다시 추진하는 쪽으로 기울 수 있다는 의견이 다수였다.

▲ 2022년 6월 현재는 모충 1구역 인근 재건축 사업장들도 프리미엄이 상승하는 상황이다.

모충 1구역의 경우는 정비구역 지정 해제의 이슈였지만, 조합 내부의 균열이라든지 분양가 감정 평가 등이 발표될 때는 이렇게 실망매물이 나오게 되니, 그때를 노려보는 것도 좋은 투자 방법이다.

2022년 6월 현재는 인근 재건축 사업장들도 프리미엄이 상승하는 상황이다. 모충 1구역이 단지나 세대수가 작기는 하지만 사업성과 입지가 변화로 정비구역 지정 이슈가 사라지자 바로 조합설립 인가를 넘어서 사업시행인가 구간을 지나버렸다. 인근 사업장의 성공과 프리미엄이 상승하는 것을 바라본 조합원 내부의 결속과 시공사의 힘이 아닐까 싶다. 이렇게 빨리 사업시행인가를 받을 줄은 다들 몰랐던 것으로 보인다. 하반기 관처 및 이주까지 계획하고 있어서 속도 면에서는 청주 그 어느 사업장보다 빠르게 진행되는 듯하다.

마지막으로 소개할 곳은 모충 2구역을 재개발한 트릴로채 신축 아파트 단지다. 모충동 트릴로채는 지하 2층과 지상 29층 총 15개 동으로 구성되어 1692세대를 공급하는 재개발 사업장이다. 2021년 11월에 입주해 지금은 모충동의 서원구의 재개발 사업장 중 가장 먼저 입주를 완료한 단지로 사직구역과 사모구역 재개발사업장의 선발대 역할을 하고 있다

지방 아파트 소액 투자 비법

고 보면 되겠다.

▲ 모충동 LH트릴로채 신축 아파트의 전시관.

모충동은 외지라는 인식이 많았다. 그렇다 보니 일단 사업은 진행하는데 분양에 참패했고, 그 미분양은 한동안 해소될 기미가 보이지 않았다. 그나마 LH가 사업 주체여서 이만큼 끌고 왔지, 민영이었으면 아마도 사업 자체를 시작하지도 않았을 것이다. 미분양으로 허덕이던 트릴로채는 특약 처방으로 투자자들을 유도하기 위한 각종 유도정책을 시장에 내놓기 시작했다.

84㎡ 분양가가 2.57억 원이라는 저렴한 분양가와 계약금 1,000만 원 정액제에 중도금 대출도 유예해줘서 법인 계약도 가능한 단지로 만들어준 것이다. 한마디로 말해서 계약금 1,000만 원이면 청주의 차기 신축 아파트를 한 채씩 살 수 있는 절호의 기회였다는 말이다. 지금 생각하면, 이렇게 좋은 조건이 어디 있을까 싶다. 더욱이 시세가 하락할 경우 LH에 계약 포기 의사만 밝히면 계약금만 포기하고 계약을 해지할 수도 있었

다. 출구전략이 확실한 사업장이라는 뜻이다.

그 정도로 좋은 조건을 내걸고 판매를 시작하자 여기저기서 소문을 들은 투자자들이 하나둘씩 이 단지의 미분양 물건을 매수하기 시작했다. 물론 소진 속도가 그렇게 빠르지는 않았다. 주변의 인프라가 너무 없고, 단독 다가구 일변의 주변 입지 때문에 투자를 꺼렸기 때문이다.

당시 건희아빠가 이 단지에 투자하러 갔을 때도 정말 이 트릴로채가 투자가치가 있는지 확신이 서지 않아 머뭇거릴 정도였다. 법인투자도 가능했던 물건이라 지금은 몇 개 더 샀으면 좋았을 것이라는 반성과 후회(?)가 들기는 하지만 그때는 그게 최선의 선택이라고 생각했다.

▲ LH트릴로채 단지는 조경과 내부 구조 마감에 신경을 많이 쓰면서 실거주 수요로부터 호응을 얻고 있다.

그런데 그렇게 어렵게 사업을 이어오던 모충 2구역 사업이 입주를 마치고 보니 시세가 반등해 가격이 치고 나가기 시작했다. LH라는 저가 타이틀의 한계를 벗어내기 위해 단지 조경과 내부 구조 마감에 신경을 많이 쓰면서 실거주 수요들이 좋아할 만한 단지로 공급된 것이다.

분양가가 워낙 저렴해서 3억 원까지만 올라도 좋겠다던 초반 기대를 뛰어넘어 이제는 거의 1억 원 이상 가격이 올라서 거래되고 있다. 그런데 3억 원대 가격도 아직 저렴해 보인다. 청주의 신축 아파트가 3억 원대에 머물러 있다는 게 정상적인 상황인지 생각해보게 되는 것이다.

사직 3구역이 6억 원 이상만 치고 나가준다면, 모충구역도 최소 4억 원 이상으로 따라갈 만한 상품성을 가지지 않을까 예상해본다.

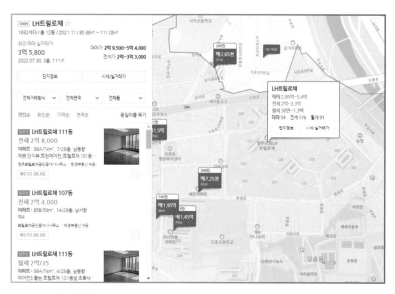

▲ LH트릴로채 단지의 시세 현황.　　　　　　　　　　　　　　　　　출처 : 네이버부동산

모충구역에는 또 하나의 호재가 있다. 매봉공원 개발사업이 진행되는 것이다. 매봉산이라는 작은 뒷산이 있는데, 여기에 한화포레나 단지가 분양을 하면서 야산을 공원으로 조성하는 사업을 진행한다. 도심에서 야산과 공원은 정말 천지 차이의 입지 변화를 가져온다. 이제 트릴로채는 무심천을 바라보는 강 조망권과 함께 숲세권 아파트가 될 것이다.

여기에 더해 무심천 주위로 분양형 플라자 상가들이 공급되고 있다. 모충동에는 지금까지 플라자형 상가가 없었다. 그런데 트릴로채가 개발되면서 무심천과 트릴로채 중간에 약 4개의 플라자 상가가 공급되는데, 이것도 트릴로채를 다시 한번 도약하게 만들 중요 호재로 보인다. 상권의 발달은 실거주 엄마들의 슬리퍼 상권으로의 발전할 것이며, 학원가가 들어올 가능성도 높다. 그만큼 주거 입지는 실거주자들에게 선택받을 만큼 개선될 것이고, 시간을 두고 그 가치가 높아질 것은 분명해 보인다. 이렇듯 호재가 많고, 가격 상승 요인이 많은 덕분에 현재 가격이 상대적으로 저렴해 보이는 것은 당연하지 않을까 싶다.

지금까지 재건축·재개발 단지들을 둘러봤으니, 그 주변에 자리한 소액 투자 단지들을 찾아볼 차례다. 제일 먼저 관심 가져야 할 단지가 청송아파트다. 트릴로채 바로 옆에 있으면서 플라자 상가의 상권을 같이 이용할 수 있고, 특히 트릴로채의 시세가 상승하면 같이 따라갈 만한 입지를 가지고 있다. 대장주 옆에서 따라가기 좋은 단지라는 뜻이다.

▲ 언뜻 보면 트릴로채인지 청송인지 구분이 안 갈 정도로 단지 구분이 모호하다.

외부에서 언뜻 보면 트릴로채인지 청송인지 구분이 안 갈 정도로 단지 구분이 모호하다. 정말 바로 옆에 붙어있는 단지다. 최근 도색도 새로 해서 구축 아파트인지도 모를 정도로 깔끔한 컨디션으로 보인다.

트릴로채와 청송의 동 간격도 정말 가깝다. 이런 단지의 최대 장점은 자기 자신은 가만히 있는데, 옆에 있는 대장주 신축 아파트가 치고 나가면 상대적으로 저렴해 보이는 가격으로 인해 따라 상승할 수 있다는 것이다.

원주의 대장주 원주더샵센트럴파크 2단지 옆에 자리하고 있는 영진 3차 아파트와 같은 경우라고 볼 수 있겠다. 즉 신흥 강자가 나타났는데, 그 주변에서 같이 따라갈 만한 단지, 즉 인프라와 상권을 같이 이용할 수 있는 데다가 학원이나 학교도 같이 다니는 수요층이 있는 단지는 절대 떨어지지 않고 대장주 옆에서 꾸준히 상승하는 특징을 가지는 안전한 투자처다.

▲ 모충동청송 아파트의 시세 현황.　　　　　　　출처 : 호갱노노(hogangnono.com)

가격을 보면 트릴로채가 개발되면서 가격이 상승하기 시작했다는 것을 알 수 있다. 이미 전고점을 돌파했는데, 아직 절대가격은 저렴하

다. 1억 원 이하의 공시지가를 가진 단지여서 취득세 부담이 덜한 장점이
있다.

매매가격이 좀 상승했다고 하너라도 주변 전세가도 같이 상승하는
시기이기 때문에 소액 투자가 가능하고, 일단 소액으로 세팅이 끝나면
트릴로채와 모충 1구역이 알아서 이 단지의 가치를 올려줄 것이기에 느
긋하게 시간에 베팅해놓기만 하면 된다.

명심하기를 바란다. 재건축·재개발로 사업 구역 안에 포함되지 않았
더라도 주변에 인접한 단지가 있다면 특별히 관심을 가져야 한다. 재건
축·재개발로 인해 좋은 입지 조건을 만들어주는 형님 단지가 이 이웃 단
지의 가치까지 올려줄 것이기 때문이다.

▲ 모충동 삼익세라믹 단지의 시세 현황.　　　　　출처 : 호갱노노(hogangnono.com)

다음으로 모충동 삼익세라믹 단지를 살펴보자. 앞서 언급했듯이 청주포레나 단지가 분양을 하면서 야산이었던 매봉산을 공원으로 개발하기로 했다. 단지 주변에 야산이 있는 것과 공원이 있는 것은 입지적으로 천지 차이다. 주변에 있던 단지들도 숲세권 아파트가 되는 것이다.

모충 1, 2구역에서 정비사업이 진행되면서 주거 인프라가 개선될 것이고, 삼익세라믹 단지 남쪽으로는 공원이 조성된다. 삼익세라믹 단지는 자체적으로는 아무것도 하지 않고 있지만, 주변의 주거 인프라가 개선되는 효과를 보는 셈이다. 아직 전고점을 돌파하기 전이라서 안전마진도 충분하고, 매매가격이 상승함에 따라 전세가도 동반 상승하는 시기이므로 소액 투자가 가능하다. 공시지가 1억 원 이하인 것 역시 또 하나의 투자 포인트다.

▲ 모충두산한솔 아파트의 시세 현황.　　　　출처 : 호갱노노(hogangnono.com)

이와 비슷한 입지를 가지는 1억 원 이하 구축 아파트가 주변에 많은데, 모충두산한솔 아파트도 좋은 소액 투자처로 보인다. 앞서 소개한 청송 아파트와 삼익세라믹 난시와 비슷한 입지를 가지고 있고, 주변의 주거 인프라가 개성되면서 가치가 상승할 가능성이 높다.

건희아빠는 지방에 소액 투자를 할 때 주변 입지가 변화하는 단지들을 선호한다. 왜냐면 그래야 투자자로서 투자금 회수가 용이하고, 혹시 잘못된 상황이 발생하더라도 주거 입지에 대한 가치 상승으로 언젠가 시세가 상승할 것이라는 확신을 가질 수 있기 때문이다. 덕분에 지금까지 건희아빠가 현장에서 살아 숨쉬고, 더러 소액 투자의 귀재라는 찬사를 듣고 있는지도 모르겠다.

☑ 4_ 청주시 소액 투자 접근 전략

지금까지 청주의 대장주 지역과 외곽의 택지개발지구, 그리고 구도심의 정비사업 구역 등을 두루 살펴보았다. 청주는 큰 도시다. 80만 인구를 가지고 있으며, 대전을 제외하고는 충북의 최강자로 군림하는 도시다. 한때 과도한 입주 물량으로 인해서 힘들어하다가 외곽의 물량이 안정되면서 대장주들의 시세 분출이 이뤄지는 지역이기도 하다.

이런 지역은 일단 외곽의 택지개발지구보다 그 택지 인근에 있는 20년 이상 지난 구축 아파트들에 투자하는 것이 좋다. 기존 주거 상권 인프라를 가지고 있고 입주 물량으로 인한 전세가 하락이 멈추기 때문에 소액 투자처로 추천할 만한 지역이다.

▲ 청주용암주공 1단지의 시세 현황.　　　　　　　　출처 : 호갱노노(hogangnono.com)

　　앞서 잠깐 언급한 용암동 지역의 구축 아파트들이 그러한 입지를 가지고 있는데, 아직 갭이 벌어지지 않아서 전세가와 매매가의 차이를 최소한으로 줄여서 접근하는 전략을 취하며 진입한다면 좋은 소액 투자처가 될 것이다.

　　다음으로는 구도심의 재건축·재개발 인근의 1억 이하 구축 단지들이다.

　　사직 3구역이 분양하고 입주를 할 시점이면 인근 사직동과 모충동의 주거 입지는 비약적으로 개선되어 있을 가능성이 크다. 그렇다면 그 주변에 있는 구축 아파트들 또한 이러한 주거 입지의 개선 효과를 같이 누릴 것이다.

개발 호재로 인한 주거 입지의 변화가 예측되는 구축 단지들은 소액으로도 접근해볼 투자가치가 충분하다. 자기 자신은 가만히 있지만, 주변에 큰 상권이 형성되고 대규모 시민공원이 조성되며 학원가기 생성되면 자연스럽게 그 주변 단지의 가치도 올라가니 말이다.

특히 모충동 인근의 1억 원 이하 단지들에 관심 가질 것을 추천한다. 미리 소액으로 구축 아파트들을 세팅하고 기다리고 있으면, 인프라 개선은 당연하고 사모구역이 이주하면서 그 이주 수요도 받을 수 있을 것이다. 이렇게 되면 전세가 상승은 불을 보듯 뻔해진다. 매매가 또한 밀어 올려주는 선순환 구조가 나올 가능성이 큰 지역이 바로 모충동 구축 아파트들이다.

더하여 모충동 주공 1단지에도 관심 가져 보길 권한다. 모충동 주공

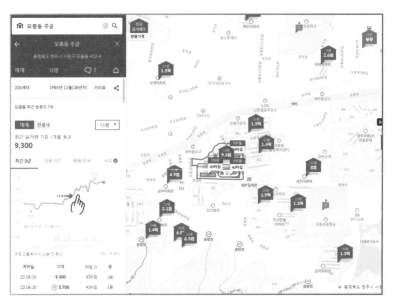

▲ 모충동 주공 1단지의 시세 현황.　　　　　출처 : 호갱노노(hogangnono.com)

2단지보다 세대당 대지 지분도 작고, 단지 크기도 넓지 않다. 하지만 모충 2단지가 재건축 이슈가 발생하면, 그다음 차기 주자는 모충동 주공 1단지가 될 것이다. 전세 세팅이 다소 어렵기는 하지만, 그래도 소액 투자와 가치투자에 좋은 단지라고 확신한다.

세법상으로 볼 때, 청주는 공시지가 3억 원 이하인 매물은 양도세 중과세 배제가 가능하다. 따라서 1억 원 이하의 구축 단지들을 소액으로 세팅해놓고 2년 정도 기다릴 것을 예상하고 들어가면 양도세 중과세도 피할 수 있다. 이래서 청주를 소액 투자하기에 적합한 지역으로 손꼽을 수 있는 것이 아닐까 싶다.

② 아름다운 관광도시 _ 충주시

역사적으로 볼 때, 충주는 군사와 교통의 요충지로 성장해온 지역이다. 고려 이전에는 삼국이 각축을 벌이던 전략적 요충지였고, 조선시대에도 한강 뱃길과 육로 등을 연결해주는 길목의 중심지였다. 교통이 편리해서 '사통팔달(四通八達)'이라는 표현과 함께 행정·경제의 중심도시였다고 한다.

조선시대에는 임진왜란 때 '탄금대'라는 호수 근처에서 조선군이 배수진을 치고 적군과 맞서 싸웠지만, 아군이 전멸했다는 애석한 사연이 있는 지역이기도 하다. 사실 투자자로 나서기 이전까지 건희아빠가 가진 충주에 대한 상식은 임진왜란과 탄금대를 둘러싼 그 정도 역사 인식이 전부였다.

그런데 투자자로서 청주라는 도시를 들여다보니 더 많은 것이 보였

지방 아파트 소액 투자 비법

다. 약 100년 전 충북도청이 청주로 이전하면서 청주가 변화하는 계기를 맞았고, 이후 경부선 라인에서 소외되었던 충주는 발전이 더디게 되어 도시의 성장이 느려지는 이유가 되기도 했다.

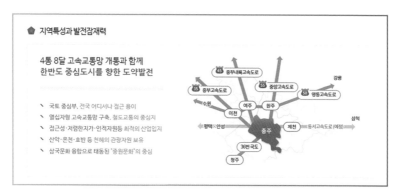

▲ 충주시의 지역 특성.　　　　　　　　　　　　　　　　　　　출처 : 충주시 홈페이지

지금도 충주는 우리나라 남부 지역과 서울로 이동하는 데 최적의 교통망을 갖춘 지역이라고 평가받고 있다. 앞으로 중부 내륙에 도로망과 철도망이 확충되고, 물류의 연결노선이 들어온다면 충주는 다시 한번

▲ 충주는 청풍호와 같은 아름다운 자연환경과 관광자원을 가진 관광도시다.　　출처 : 충주시 홈페이지

교통 허브의 중추적 역할을 하게 될 것이다.

충주는 아름다운 정풍호외 함께 최적의 자연환경과 관광자원을 가지고 있는 관광도시다. 내륙 즉 서울·수도권과의 접근성이 높아서 강원도까지 가지 않아도 푸르른 자연환경을 접할 수 있는 장점을 갖춘 지역이다.

그런 지역에서 또다시 교통과 일자리가 확충되어 들어오고 있으므로, 인근 청주라는 형님의 흐름을 따라갈 수 있는 지역이 충주라는 지역이라고 생각한다. 따라서 지속적으로 소액 투자처를 찾는 투자자들의 발걸음이 이어질 지역이 바로 충주다.

✅ 1_ 충주의 개발 호재

현대엘리베이터 본사 이전

뉴스에서 근로자 600여 명이 출근할 것으로 보도하고 있는 현대엘리베이터 본사는 충주에 들어오는 신규 사업장인 만큼 인근 상권과 인구 유입에 큰 도움이 될 것이다. 지역 최초로 현대그룹이라는 대기업의 계열사 본사를 이전하는 사업인 만큼 양질의 일자리 창출과 도시 인구 증가 효과 등이 큰 것으로 평가받고 있다.

특히 현대라는 브랜드파워를 가진 우량 일자리가 들어온다는 것 자체가 소득 수준의 증가로 인식될 것이고, 계열사나 협력사 등도 같이 이전해 들어오면서 추가적인 일자리 창출도 가능한 선순환 구조가 될 수

▲ 최근 현대엘리베이터 본사가 충주로 이전했다.

있다. 특별한 산업구조를 가지지 않던 충주 입장에서는 이러한 고급 일자리 창출에 따른 시너지효과가 클 것으로 보는 전망은 당연하다.

2021년 현대엘리베이터 본사가 한참 공사 중일 때, 현장을 답사했다. 충주시와 인근 실수요로부터 환영받으며 기대감이 높았고, 이에 따르는 시너지효과도 높을 것이라는 평가를 받았다. 당시부터 서울·수도권 인근 지역에 있던 소액 투자자들 가운데 현대엘리베이터 충주 이전 호재를 보고 충주에 접근하는 이들이 많아졌다.

2022년 2월 준공을 마친 현대엘리베이터 본사의 공장들은 공식적으로 운영을 시작했다. 2022년 4월 다시 답사를 가보니 공장이 완공되어 주변 정리까지 이뤄진 것을 확인할 수 있었다. 기존의 충주 제4산단 인프라와 함께 성장할 것으로 기대됐다.

교통망 호재

충주는 이전부터도 교통이 편리한 지역으로 손꼽혔다. 교통망 호재 가운데 하나가 'KTX 거제 연결선'이라 불리는 중부내륙고속철도 사업이다. 총 3단계 사업으로 진행되는 사업으로 이천에서 충주~거제 라인으로 연결되는 KTX 고속화 사업의 일환이다.

기존에는 대전에서 진주까지만 철도망이 연결되어 KTX 노선을 운용했는데, 그 속도가 기존 새마을호와 비슷했다고 한다. 그래서 고속화 사업을 진행하면서 거제까지 KTX 노선을 신설하는 중부내륙 고속철도 사업이 추진되었다. 충주 입장에서 보면 서울·수도권과 연결되는 KTX 노선이 개발되고, 거제까지 이어진다면 교통의 중추 역할을 제대로 할수 있는 입지로 성장할 가능성이 크다. 수려한 산세와 자연환경을 가진데다가 관광자원이 풍부한 충주로 당일 관광객을 유입할 수 있는 호재임에 틀림 없어 보인다.

충북선 고속화 사업도 진행 중이다. 기존 제천, 청주, 오송 역들을 연결하는 충북선은 일반 철도였다. 물류를 신속하게 연결하기 위해서는 고속화 사업이 필수적인데, 평택과의 연계성을 고려한 사업이라고 한다. 물류항과 내륙 소비 도시와의 연결, 그리고 향후 원주 내륙 KTX 노선과의 연계를 통한 고속화에도 도움이 될 수 있어 보인다.

충북선 고속화 사업은 부동산 시장에는 직접적인 영향을 미치기에는 부족한 호재지만, 중장기적인 물류의 증가는 점차 개발의 니즈를 증가시키는 요소로 작용하므로 청주와 충주 일대의 도시들에 좋은 호재로 작용할 수 있을 것이다. 즉 직접적인 호재는 아니더라도 장기적으로 간접적인 개발을 가속화하는 호재라는 뜻이다. 이미 역사적으로 교통의 요충지였던 충주가 교통 개선 덕분에 예전의 영화를 다시 가져올 수 있을지 지켜보면 좋을 듯하다.

지방 아파트 소액 투자 비법

☑ 2_ 주거 입지의 변화

충주의 자랑, 호암지구

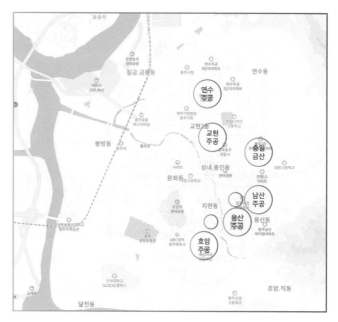

▲ 최근 현대엘리베이터 본사가 충주로 이전했다.

충주를 대표하는 주거 입지는 호암지구로 대번에 떠올릴 수 있다. 택지개발지구로 신축 아파트들이 들어서 있고, 추가적인 신규 아파트들이 입주를 기다리고 있다. 더불어 상권과 교육 인프라까지 잘 갖춰져 있으며, 특히 입주 물량의 시기가 지나감에 따라서 가격 안정성이 좋은 지역이다. 실거주 안정성이 높은 지역이 충주 호암지구라고 생각하면 될 듯하다.

호암지구는 크게 7개 신축 단지가 공급된 충주 최대의 택지개발지구이기도 하다. 인근에 호암지 호수공원을 인접하고 있어서 쾌적함이 높고, 호암체육관과 시민복지센터 등 사회 인프라도 접근성이 좋은 편이다.

실제로 임장을 가보면 아침에 아이들 통학 차량을 운전하는 엄마들의 모습을 심심치 않게 볼 수 있다. 젊은 인구가 많고, 소비 여력 또한 높은 수요층이 많이 유입되어 선호도가 꾸준히 높아질 지역이라고 생각한다.

▲ 주변 상권이 안정된 호암지구.

호암지구는 5년차가 넘어서는 택지개발지구의 특징상 주변 상권이 안정화되어서 공실도 없는 편이다. 병원과 음식점, 카페, 학원 등 상권 인프라가 잘 갖추어진 스마트 상권을 가지고 있다. 신축 아파트의 상품성이 그대로 남아 있어서 실거주 선호도가 아주 높은 지역이다.

▲ 호암힐데스하임 단지의 시세 현황.　　　　　　출처 : 호갱노노(hogangnono.com)

　　아파트 가격도 3억 원에 분양한 아파트가 거의 5억 원까지 올라 택지개발지구의 강한 상승세를 확인할 수 있다. 호암지구의 대장 아파트는 호암힐데스하임 단지다. 가장 신축이고, 초등학교와 가까운 장점이 있으며, 인근에 잔디밭이 넓은 공원이 조성되어 있어 정주 여건이 좋은 단지다.

　　제일풍경채가 22년 9월 입주를 시작하는데, 그때까지는 호암지구의 대장주 자리를 차지하고 있을 것으로 보이고, 꾸준히 실거주 수요층의 관심과 사랑을 받을 단지라고 생각한다.

　　여기서 조금 더 생각해보자. 현재 호암지구의 대장은 호암힐데스하임이고 그 단지의 가격은 5억 원 구간이다. 그런데 제일풍경채가 입주하면 호암지구의 모든 아파트 단지는 입주를 마무리하게 된다. 그렇다면 제일풍경채의 입주 후 가격은 얼마여야 적정할까? 고민해봐야 하지 않을까!

최소한 호암힐데스하임보다는 높을 것이니, 입주가 마무리되는 시점에는 6억 원 구간을 바라보는 가격이 형성되시 않을싸 조심스럽게 에성해본다. 앞으로 충주의 대장주 가격은 6억 원대를 형성할 가능성이 크다는 뜻이다.

✅ 3_ 충주 재건축·재개발 단지들

▲ 충주의 주요 소액 투자 단지.

지금까지는 충주의 각종 호재와 대장 단지들의 입지, 그리고 가격을 알아봤다. 다음으로 관심 가져야 할 입지의 단지들은 후속으로 신축이 될 만한 도심의 정비사업 단지들이다. 지금은 5층짜리 저층 아파트지만,

'신축으로 변신했을 때 인프라를 갖추고 있는 구도심의 새 아파트는 불패'라는 사실을 잊지 않았으면 좋겠다.

소액 투자처를 찾으려면 이렇게 개발 이슈가 발생하면서 주변의 인프라가 변화하는 지역의 단지들이 좋다. 자신은 가만히 있는데, 주변의 주거환경이 좋아지면서 당연히 자신의 가치도 올라가는 단지들이 있는 것이다. 현재의 상품성은 현저히 떨어지지만, 형님 단지들이 약진하면서 같이 따라가는 아우 단지들이 소액 투자하기에 적합한 단지다.

건희아빠도 이런 단지들에 주로 투자하고 있다. 가성비를 따져 투자금을 최소화할 수 있고, 특히 형님 단지들이 치고 나가면 나갈수록 지가를 공유하기 때문에 안전한 투자처라는 확신이 있다. 지방이라고 분양권이나 신축 아파트만 투자처로 바라보기 보다는 신축 아파트 옆에서 따라가는 단지들이 더 좋은 소액 투자처라는 점을 잊지 않았으면 한다.

달려가는 충주의 양대 주자들

충주의 차세대 주자로는 용산주공과 교현주공이 있다. 평균 대지 지분이 높고 사업성도 좋으며, 특히 입지가 좋은 위치에 있다는 장점을 가진다. 차기 충주의 대장주로 자리매김할 가능성을 가지고 있는 재건축 단지로 인근 인프라

▲ 활발하게 재건축 사업이 진행 중인 용산주공 아파트.

와 연계되면 상당히 주거 입지가 좋은 신축 아파트로 개발될 것이다.

먼저 눈에 띄는 재건축 단지는 용산주공 아파트다. 앞서 언급한 충

주의 대장 지구인 호암지구와 인접해 있다는 장점이 있어서 그 상권까지 같이 이용할 수 있는 단지다. 현재 680세대 16개 동 1981년식 아파트로, 세대당 대지 지분은 약 17평이다. 지하 2층과 지상 28층 8개 동 총 847세대를 공급하는 재건축 사업으로 2022년 4월 사업시행인가를 받았다. 조합원 분양가는 평당 1050만 원, 일반 분양은 1150만 원을 예상하는데 조금 더 높아질 가능성도 있다.

충주 용산주공 아파트는 재건축 사업시행인가를 받아서 안정성을 확보했고, 이제 관리처분인가를 받기 위해 준비하고 있다. 임장을 가보면 대지 지분이 넓고 쾌적성이 좋으며, 단지도 잘 관리된 느낌을 받는다. 특히 조합 내부에서 재건축 사업에 대한 이해도가 높아서 사업 추진 속도가 빠른 장점도 있다.

▲ 용산주공 1단지의 시세 현황.

출처 : 호갱노노(hogangnono.com)

지방 아파트 소액 투자 비법

가격에도 훈풍이 불어서 거의 1억 원 가까이 상승했다. 이러한 상승 추세는 계속 이어질 것으로 보이는데, 계단식 상승이 가능한 입지와 상품성을 가지고 있기 때문이다. 용산주공의 최대 장점은 호암지구와 인접하고 학교를 끼고 있어서 신축이 이뤄지면 그 상권과 교육 인프라의 시너지가 상당할 것으로 예상된다. 투자자들의 관심이 꾸준히 이어지는 것도 이러한 입지의 강점과 향후 상승 여력에 대한 기대감이 높기 때문이다.

다음으로 충주에서 관심 높은 단지가 교현주공 아파트다. 용산주공과 함께 양대 재건축 단지로 알려져 있고, 충주공설운동장이 인접해서 주거 입지로는 상당히 좋은 요건을 갖추고 있다.

교현주공은 1979년식 720세대 17개 동으로 구성된 저층 아파트다. 용산주공 대비 2.5년 정도 사업 속도가 느린 사업장이다. 세대당 대지 지분은 약 16평으로 충주 중심부의 지가가 높은 것은 감안하면 양호한 대

▲ 교현주공 아파트와 그 주변.

지 지분을 가진 셈이다.

충주공설운동장과 충주체육관이 인접해서 도시 한가운데에서도 산 책로와 공원, 체육시설늘을 도보로 이용할 수 있어 입지석으로노 1등급 입지를 가진 아파트다. 신축 아파트로 재건축되면 주거 선호도는 아주 높을 것이라 예상할 수 있다. 현재 5층짜리 저층 아파트여서 전세가를 높게 받을 수는 없지만, 기대 수익이 클 수밖에 없어서 투자자들의 관심과 실거주 수요가 꾸준히 늘 것이다.

교현주공은 용산주공보다 재건축 사업을 조금 늦게 시작했다. 그래 서 아직은 추진위 단계에서 초기 재건축 사업장으로 분류되는데, 재건 축에 대한 기대감이 높고, 많은 건설사들의 러브콜을 받고 있어서 사업 성이 양호한 단지다.

▲ 교현주공 아파트는 초기 재건축 사업장의 특징상 사업 주체 간에 갈등이 남아있는 듯하다.

현재 교현주공은 초기 재건축 사업장의 특징상 사업 주체 간에 갈등 이 남아있는 듯하다. 시공사와 조합 간의 알력이나 조합 내부의 갈등이 있을 수 있는데, 현재는 시공사 선정 건으로 내부에 의견들이 충돌하고 있다고 한다. 시공사로 한화포레나와 GS자이가 시공권을 선점하기 위해 서 영업을 열심히 하고 있는 듯하다. 어느 시공사가 맡든 재건축 후에는 충주에서 손꼽히는 아파트가 될 것임에는 틀림이 없어 보인다. 2022년 6월 현재 한화포레나가 사업을 수주할 가능성이 높다고 하는데 조금 더 지켜봐야 하겠다

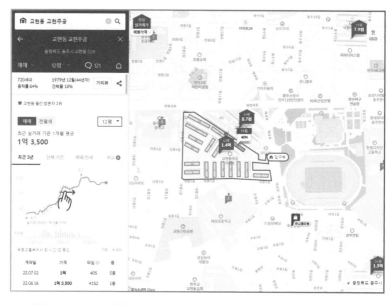

▲ 교현주공 아파트의 시세 현황.　　　　　　　출처 : 호갱노노(hogangnono.com)

　　교현주공 역시 시세가 많이 상승해서 저점 대비 거의 1억 원 가까이 올랐는데, 추가 상승 여력도 충분하다. 충주의 대장주들이 6억 원 구간을 넘어서고, 신규 공급 단지들이 평당 1,300만 원을 넘어서면 교현주공 또한 일반 분양을 1,400만 원 이상 끌어올릴 수 있다. 그렇게 된다면 조합원 분양가 대비 일반 분양의 수익성은 더 높아질 것이므로 사업 속도 또한 빨라지고 수익성은 더 증가할 것이다.

▲ 남산주공 아파트의 최대 장점은 3개 단지가 통합 재건축을 추진한다는 점이다.

마지막으로 양대 산맥을 바짝 추격하고 있는 단지가 있는데, 바로 남산주공이다. 전체 3개 단지로 나뉘어 있는 단지인데, 재건축 이슈가 발생해서 현재는 통합 재건축으로 추진하는 방향으로 가고 있다. 1단지는 1986년식 390세대로 평균 대지 지분은 약 16.56평이다. 2단지는 1984년식 160세대로 평균 대지 지분은 약 25.3평, 그리고 3단지는 1987년식 330세대로 평균 대지 지분은 약 13.6평이다. 2단지의 평균 대지 지분이 가장 높고 사업성이 좋다 보니, 대장주의 시세 리딩도 2단지가 이끌고 있다고 보면 될 것 같다.

남산주공 아파트의 최대 장점은 3개 단지가 통합 재건축을 추진한다는 점이다.

남산주공은 총 3개 단지로 구성된 5층짜리 저층 아파트 단지다. 이중 가장 사업성이 좋은 단지는 2단지인데 세대당 대지 지분이 좋아서 가격도 가장 비싸게 거래되고 있다. 남산주공의 최대 장점은 3개 단지가 통합 재건축을 추진한다는 점이다. 단지 규모가 커지면서 사업성 확보는 물론 1군 건설사들의 러브콜도 무난하게 받을 수 있지 않을까 생각한다.

▲ 남산주공 아파트 곳곳에 내걸린 재건축 관련 플래카드.

아직 초기 사업장이기는 하지만, 3개 단지가 통합 재건축으로 방향을 잡고 추진하고 있으며, 예비안전진단 단계를 통과해서 사업속도도 빠른 편이다. 충주의 양대 재건축 단지인 용산주공과 교현주공의 뒤를 이어 신축 아파트로 자리할 만한 사업장이다. 형님 단지들의 사업속도와 일반 분양가격 형성에 따라서 남산주공의 사업성도 따라갈 수 있을 듯하다. 입지적으로는 교현주공과 용산주공의 주거 입지만큼은 아니지만, 남산주공이 재건축되면 충주의 한 축으로 성장할 가능성이 큰 주거 입지를 제공할 수 있을 것이다.

2단지의 경우, 세대당 대지 지분이 높아서 가격도 3개 단지 가운데 가장 비싸다. 저점 대비 약 1억 원 이상 상승한 것으로 보이며, 앞으로도 상승 여력은 충분해 보인다. 세대당 대지 지분이 높아서 3개 단지가 통합 재건축으로 가면 용적률이나 건폐율에서 메리트가 있기 때문이다.

개인적으로 남산주공 주변의 재래시장 상권도 좋은 주거 입지라고

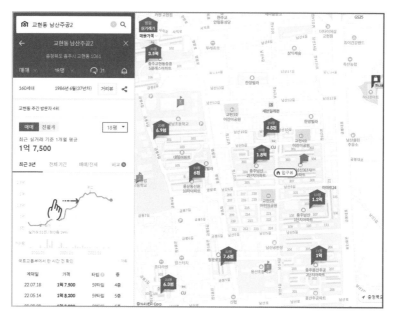

▲ 남산주공 2단지의 시세 현황. 출처 : 호갱노노(hogangnono.com)

생각한다. 신축 아파트 가까이 재래시장이 있으면 현대적인 재래시장으로 함께 개발하는 경우를 종종 보아왔기 때문인데, 주변이 정비되는 효과도 있다. 주거 입지와 상권 입지가 같이 성장하면서 가치를 높이고 있는 남산주공의 미래가치가 기대된다.

기회는 우리에게, 추격 주자들

지금까지 충주의 대장 단지들과 재건축 주자들의 입지와 사업성을 분석했다. 모두 좋은 단지다. 그렇지만 소액 투자로 접근하기에는 이미 많이 올랐다는 점을 인정할 수밖에 없다. 추격 매수하기에는 갭이 크다는 단점이 존재한다.

　　　　　　　　　　　　　　　　　　🏆 지방 아파트 소액 투자 비법

그래서 건희아빠는 이렇게 많이 상승한 단지보다 입지와 사업성은 좀 떨어지지만 아직 오르지 않는 단지들이 소액 투자하기에 더 좋다고 생각한다. 아직 수익 구간이 많이 오르지 않은 이유는 입지와 평당 대지 지분이 좋지 못하기 때문인데, 반면에 충주 재건축 단지들이 약진하면 흐름투자하기에 좋은 투자처가 될 수 있다.

그렇다고 아예 오르지 않았다는 것이 아니라 상승을 따라가는 단지도 있으며, 이미 제법 시세가 오른 단지도 있으니 선별적으로 투자금과 상황에 따라서 접근하면 될 것이다.

첫 번째 관심 단지는 연수주공 1단지다. 1990년식 5층 18개 동 총 860세대 저층 아파트다. 세대당 대지 지분은 약 16평으로 재건축하기에 양호하다. 교현주공이 치고 나가면 다음으로 재건축이 될 만한 대지 지분과 입지를 가지고 있다.

연수주공도 1~3단지로 구성되어 있는데, 1단지는 저층 아파트고, 2단지는 임대 아파트, 3단지는 중층 복도식 아파트다. 투자하기에 장단점이 고루 존재하는 단지들이다.

▲ 연수주공 1단지는 재건축 이슈를 가져올 수 있기에 좋은 투자처가 될 수 있다.

갭으로 접근하기에는 연수주공 3단지의 전세가가 높기 때문에 부담이 적게 투자할 수 있는 장점이 있는 반면, 재건축 이슈로 접근하기에는

▲ 연수주공 3단지의 경우, 전세가가 높기 때문에 갭투자에 용이하다.

무리가 있다. 향후 수익 구간에 대한 기대치로 본다면 연수주공 1단지가 재건축 이슈를 가져올 수 있기에 좋은 투자처가 될 수 있다.

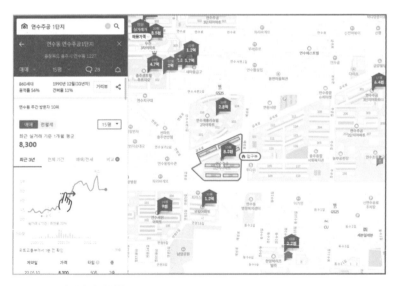

▲ 연수주공 1단지의 시세 현황.　　　　　　　출처 : 호갱노노(hogangnono.com)

　　가격 면에서 연수주공 1단지는 교현주공 대비 6000만 원 정도 저렴하다. 향후 재건축 이슈가 발생하거나 교현주공의 가격이 치고 나가면 충분히 상승 여력이 있다고 생각한다. 다시 정리하자면, 재건축에 대한 장기적인 투자 관점으로 접근하기에는 1단지가 좋고, 소액으로 투자금을 최소화하면서 안전한 투자처를 원한다면 3단지가 좋다.

신흥 강자, 서충주 기업도시

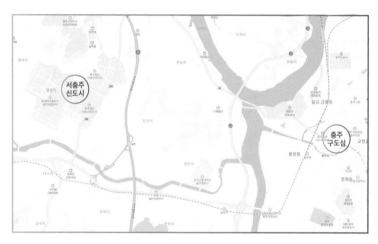

▲ 서충주 신도시의 위치.

충주에는 원주기업도시처럼 외곽에 '서충주 신도시'라는 택지개발지구가 있다.

서충주 기업도시라 불리는데, 지방 재정과 기업 이전을 위해 만들어진 기업형 자족도시라고 보면 될 것 같다. 원주 편에서 다룬 적이 있는데 우리나라에는 6개의 기업도시를 추진한 적이 있고, 현재 남아있는 지역은 충주와 원주가 유일하다. 기업도시가 얼마나 어려운지 잘 알려 주는 대목일 수 있다.

지역		종류	출자사	진행 현황
충주		지식기반영	포스코건설, 글로웨이	2012년 준공, 분양률 92.5%
원주		지식기반영	롯데건설, 경남기업	2019년 준공, 분양률 88.6%
태안		관광레저형	현대건설	공정률 48.0%, 분양률 37.9%
영암 해남	삼호지구	관광레저형	에이스투자, 한국관광공사	공정률 13.7%
	구성지구		전남도, 전남개발공사	공정률 27.0%
	삼포지구		SK건설, 전남도	사업 중단
무안		산업교역형	2013년 사업 취소	
무주		관광레저형	2011년 사업 취소	

▲ 기업도시 추진 현황 출처 : 국토교통부

일단 원주기업도시는 성공했다는 평가를 받고 있다. 자족도시로 기업들이 들어오고 있고, 물량도 안정되며 가격도 많이 상승했기 때문이다. 그에 반해 서충주 기업도시는 2019년 준공했지만, 실제 기업이 많이 들어오지는 못했다. 아파트 공급도 조금 주춤했는데, 충주의 부동산 시장이 좋지 못했기 때문에 시기적으로 분양을 미룬 결과이기도 했다.

서충주 기업도시는 기업과 상권, 주거와 자연을 복합적으로 설계해서 디자인한 산업도시인데, 조금씩 성장해 가고 있는 지역이다. 현재 서충주 기업도시의 대장주는 e편한세상충주와 서충주자이 2개 단지가 시세를 리딩하면서 성장하고 있다. 서충주가 충주 외곽이라는 인식과 인프라 부족 탓에 고전하다가, 시간이 지나면서 주거 입지와 상권이 안정화되어 가격이 점차 상승하기도 했다.

e편한세상충주 아파트는 서충주 기업도시에서 가장 비싼 시세를 가지고 있다. 서충주자이와 비슷한 입지를 가지고 있는데, 서충주 중심 상권과 가깝다는 장점이 작용했다고 보인다. 둘 다 좋은 단지다. 가격도 많이 올랐고, 서충주의 신축 가운데 대단지에 속하며, 브랜드도 좋은 단지다.

▲ e편한세상충주 아파트는 서충주 기업도시에서 가장 비싼 시세와 함께 인프라의 구심점 역할을 하고 있다.

서충주 기업도시는 도시가 작고 인프라가 부족하다는 인식이 있기는 하지만, 교통이 편리하고 추가적으로 성장할 가능성이 있는 도시다. 택지개발지구의 특징상 입주가 마무리되고 나서 단지 내 상권과 인프라가 점차 충원되기 때문이다.

실제 임장을 가보면 아파트 단지 주위 상가의 공실률도 적고, 브랜드 점포들도 많이 입점해 있어 작지만 강한 서충주 기업도시의 면모를 보고 올 수 있다.

아파트 가격도 많이 올라서 시세로는 약 4억 원 구간을 향해서 달려가고 있다. 저점 대비 1.5억 원 정도 상승한 것으로 보이며 서충주 기업도시가 확장되는 시점이 다가옴에 따라 상승 여력도 충분할 것으로 보인다. 도시가 확장하면서 인프라와 주거 입지도 같이 발전하기 때문이다. 서충주 기업도시가 기대되는 이유도 이런 추세가 잡히기 때문이다.

▲ e편한세상충주 아파트의 시세 현황.

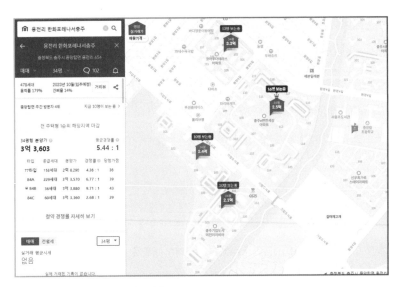

▲ 한화포레나서충주 단지의 분양가 현황.

출처 · 호갱노노(hogangnono.com)

🏆 지방 아파트 소액 투자 비법

이런 상황에서 서충주 기업도시에도 신축 아파트들이 공급되기 시작했다. 입지가 좋은 메인 입지에 들어서는 단지도 있고, 서충주에서도 외곽에 해당하는 지역에 공급되는 단지들도 있다.

먼저 메인 입지에 해당하는 자리에는 한화포레나서충주 단지가 공급되었다. 기존 단지들과 연계도 잘될 것이고, 신축인 데다 공원 조성 계획이 있어서 청약 시장에서 완판을 기록한 단지다.

▲ 한화포레나서충주 단지의 시공 현장.

2023년 10월 입주 예정이며, 입지적으로 완성된 택지에 공급되는 단지라서 안전성과 상품성이 좋은 단지가 될 것으로 보인다. 프리미엄도 5000만 원 내외로 형성되어 있어 시세가 상승세를 향상하고 있음을 증명하고 있다. 한화포레나서충주는 좋은 주거 입지로 성장할 것이다.

다음으로 공급된 단지는 서충주푸르지오더퍼스트 아파트다. 서충주 메인 입지에서 약간 떨어진 택지개발지구에 공급되는 단지로 서충주가 성장함에 따라서 확장되는 단지라고 보면 될 듯하다. 일단 푸르지오라는 1군 브랜드의 힘이 있어서 청약에서도 완판 행진을 이어가고 있고. 충주 실거주민들의 관심을 듬뿍 받고 있는 단지다.

한동안 충주에 신축 분양이 없어서 새 단지에 대한 갈망이 높았는데, 서충주의 성장 가능성이 더해져 사람들의 관심이 쏟아진 것으로 보인다. 약 3.9억 원이라는 높은 분양가에도 불구하고 전 세대 완판이라는

홍행에 성공했고, 프리미엄도 상당히 높게 나타날 수 있는 상품성 높은
단지다

▲ 서충주푸르지오더퍼스트 아파트의 분양가 현황.　　　　출처 : 호갱노노(hogangnono.com)

　　서충주의 외곽에 공급되는 단지라서 2022년 6월 현재 아직까지는 허
허벌판인 지역이지만 곧 공사가 시작될 것으로 보인다. 당장은 인프라가
부족하고 아무것도 없는 택지여서 초기 입주율이 좋지 않을 수 있다. 하
지만 푸르지오라는 1군 프리미엄에 실거주 수요가 합세한다면 입주장도
빠르게 안정화될 수 있을 것으로 예상한다. 입주 시점인 2025년에는 충
주에 입주 물량이 거의 마무리되는 시점이 될 수도 있기에 가격 상승도
기대해볼 수 있다.

　　2022년 6월 실제 모델하우스에 답사를 해보니 대부분 실거주 수요층
이 많이 방문한 것을 확인할 수 있었고, 충주에 대한 투자자들의 관심도

높은 것을 확인할 수 있었다. 실거주와 투자자들의 적절한 진입은 단지의 가치 상승을 배가시켜줄 것이고, 출구전략의 확실한 조건을 가져다줄 것이다.

✅ 4_ 충주시 소액 투자 접근 전략

지금까지 충주시의 핵심지역과 대장주의 동향, 그리고 재건축 단지들의 입지와 현황을 둘러보았고, 충주의 외곽지역인 서충주 신도시의 분양권 등을 알아보았다.

대부분 충주의 주력 단지들이며, 충주의 아파트 시세를 리딩해줄 단지들이다.

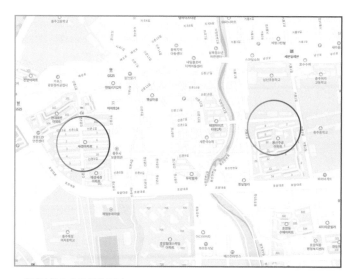

▲ 충주의 주요 소액 투자 입지.

소액 투자를 위해서도 이러한 대장주들의 움직임과 분양권의 동향, 시세 등을 파악하고 있어야 한다. 그래야 그다음으로 재건축될 단지들의 사업성과 가격을 예상 해볼 수 있고, 투자하고자 하는 아파트 단지의 투자가치를 분석할 수 있기 때문이다.

◆ 세경 아파트 :

▲ 다음 재건축 주자로 기대되는 세경 아파트.

이 단지는 1994년식 616세대 2종으로 5층 10개 동 저층 아파트다. 세대당 대지 지분은 약 12.78평으로 충주 용산주공 대비 약간 좋지 못하다는 단점이 있다.

이 단지의 최대 장점은 용산주공의 입지가 가지는 장점과 비슷하다고 보면 될 듯하다. 일단 호암지구와 인접해서 충주 최대의 상권을 도보로 이용할 수 있고, 용산주공이 치고 나가면 그다음 재건축 주자로 관심을 받을 만한 저층 아파트라는 사실도 눈에 띈다.

원래 임대 물량이 있어서 재분양하는 물건들도 나온다고 한다. 가격이 저렴하고 입지가 양호한데 전세 가격은 높아서 소액 투자로 적합하다고 볼 수 있다.

소형 평형을 기준으로 약 6,000만 원 내외의 가격으로 매수할 수 있는데, 전세 갭을 이용하면 약 1,000~2,000만 원으로 투자가 가능해진다.

▲ 세경 아파트의 시세 현황.

출처 : 호갱노노(hogangnono.com)

향후 충주 용산주공이 약진하면 다음으로 관심 가질 단지이므로 미래 가치는 충분하다고 생각한다. 이렇게 아직은 오르지 않았고 미래가치가 높은 단지를 소액으로 세팅해서 장기적으로 가져 간다면 훌륭한 소액 투자 전략이 될 수 있다.

◆ 교현동 충일 아파트와 금산 아파트 :

앞서 언급한 남산주공이 향후 재건축 사업을 진행하면 그다음으로 눈여겨볼 입지를 가지고 있는 단지들이다. 충일 아파트나 금산 아파트 모두 세대당 대지 지분이 11평 내외로 알려져 있다. 사업성은 남산주공에 미치지 못하지만, 입지적으로 향후 재건축 이슈를 받을 만한 상품성을 가지고 있다. 게다가 인근에 대규모 택지개발지구인 충주안림지구가 개

▲ 교현동 충일 아파트와 금산 아파트는 재건축
을 준비 중이다.

발될 예정이다. 안림지구는 공공
청사와 공동주택을 택지개발 형
태로 이전해 공급하는 사업으로
인근의 구도심과 인접한 장점이
있어서 입지적으로 성공 확률이
높은 택지개발지구다.

안림지구 같은 대규모 인프
라 사업이 인근에 진행되는 상황에서 재건축 이슈가 발생하면 충일과
금산 등 주변에 자리한 저층 아파트들에 대한 관심도는 높아질 수밖에
없다.

실제 임장을 가보면 쾌적하고 단지 관리도 잘되어 있는 것을 확인할
수 있다. 게다가 사람들은 아직까지 교현주공이나 용산주공 등에 관심
이 있을 뿐 이러한 차기 재건축 주자들에 대한 관심은 적은 편이라서 소
액 투자로 진입하기도 편하다.

아직 먼 미래이기는 하지만, 남산주공 같이 통합 재건축 이슈나 추진
세력이 나온다면 또 다른 충주의 신흥 강자가 될 수도 있다고 건희아빠
는 생각한다.

아파트 가격도 저렴하다. 6,000만 원 정도 가격을 가지고 있고, 남산
주공이나 용산주공의 초기 사업장일 때 가격을 유지하고 있다. 아직 시
세가 오르지 않았지만 가능성 있는 재건축 단지가 될 수 있으며, 틈새 소
액 투자처로 상당히 좋은 입지를 가지고 있다고 보인다.

매매가와 전세가의 차이도 별로 크지 않고. 매매가가 상승하더라도

▲ 교현충일 아파트의 시세 현황.   출처 : 호갱노노(hogangnono.com)

전세가가 꾸준히 따라서 오를 수 있는 상황으로 보이기 때문에 갭을 줄이면서 소액으로 접근하면 훌륭한 접근 전략이 되지 않을까 생각한다.

충주는 22만 인구를 가진 소도시이기는 하지만, 기업도시를 가지고 있고 핵심지역은 이미 상승을 시작한 것으로 보인다. 일자리는 꾸준히 들어올 것이고 교통망 확충으로 물류 기반의 핵심지역으로 성장하는 지역이기도 하다.

이렇게 주거 입지가 변화하고 물량이 적정하며 신축에 대한 갈망이 높은 지역일수록 부동산 가격에 대한 상승 여력이 높다. 이러한 상태에서 투자금이 많이 들어가는 대장주나 재건축 단지들보다는 이를 추격하는 C급 단지들이 소액 투자로 더 적합할 수 있다.

또한 재건축 이슈가 발생하지 않더라도 연수주공 3단지처럼 1단지가 재건축되면 입지적으로 순환매가 가능해지는 중층 단지들도 소액으로 두사하기에는 좋다. 이러한 틈새시장을 찾기 위해 소액 투자자들은 꾸준히 임장 가고 분석하고 고민해야 할 것이다.

3

작지만 강하다 _ 제천시

지리적으로 제천시는 서쪽으로 충주시, 북쪽으로 강원도 원주시, 남동쪽으로 경상북도 문경시와 맞대고 있다. 이전부터 교통이 발달할 수 있는 이점을 가지고 있어서 중앙선과 태백선, 충북선이 환승하고, 강원도와 충청북도, 경상북도로 향하는 철도 교통의 요지이기도 하다.

충청북도 동북부에 자리한 지역으로 청주시, 충주시에 이어서 충청북도 제3의 도시로 관광지로 유명한 의림지가 있는 곳이기도 하다. 자원도 풍부한데, 시멘트 생산량이 많아서 명실상부한 시멘트 공업도시로 성장했으나, 광공업이 쇠퇴하면서 산업구조가 서비스업과 관광업 위주로 변경되어가고 있다고 한다. 전국 3대 약령시와 황기 생산 거점 도시 등을 근거로 '자연치유도시'와 '한방도시'로 소문나고 있는 도시다.

제천은 충청북도에 속해 있지만 충북의 정체성이 약하고, 전체적으로 강원도의 정체성을 많이 가진다고 한다. 그 이유는 제천 자체가 영월,

정선, 태백을 잇는 교통 거점 도시로 성장해왔으며, 시멘트 산지로서 산업구조를 강원 남부 지역과 상당량 공유하고 있기 때문이다.

산업구조뿐 아니라 인적 교류가 강원 남부와 활발히 이뤄졌기에 이 지역의 언어, 문화는 충청도보다 '영평정'이라 불리는 영동 동남부 지방과 더욱 유사하다. 따라서 이 지역은 충북 내지 충청도 생활권보다 강원도의 수요와 공급에 더 민감할 수 있는 지역이라고 보는 게 맞을 듯하다.

충북의 최대도시 청주에 대한 반감도 높다고 한다. 왜냐면 충청북도가 정부로부터 각종 사업을 수주하면서 내세우는 논리가 지방의 '지역 균형 발전'이었음에도 정작 사업을 확보한 후에 청주와 충주 중심으로 대도시에만 집중하고, 제천과 같은 소도시에는 발전과 개발의 힘을 집중시키지 못했기 때문이다.

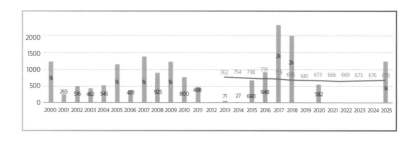

▲ 충북 제천시 기간별 수요·입주.　　　　　　　　출처 : 부동산지인(aptgin.com)

하지만 13만 인구를 가진 소도시라 해서 무시할 순 없다. 작지만 강한 제천의 힘이 있기에 부동산 가격이 상승하는 요인 또한 확실하기 때문이다. 우선 제천의 입주 물량을 확인해보면 2024년까지 전무하다. 2019년 이후로는 입주 물량이 없었던 것을 확인할 수 있다. 자체 물량이 없었음에도 인접 지역인 원주시와 충주시의 물량이 많았기 때문에 부동산 시장 상승에는 한계를 보였던 듯하다.

하지만 2025년까지 제천은 입주 물량에서 청정지역이라고 볼 수 있다. 전세가는 꾸준하게 상승할 것이고, 신축에 대한 갈망도 커지는 시점이 지금이 아닐까 예상해본다.

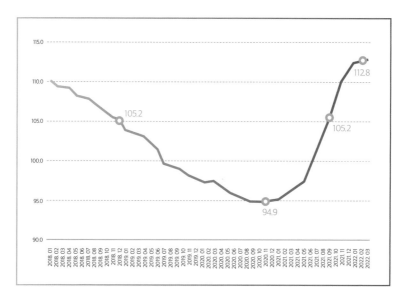

▲ 제천시 아파트 매매가격지수　　　코시스 국가통계포털(kosis.kr) 자료를 바탕으로 건희아빠가 작성한 그래프.

제천 아파트 매매가격지수를 살펴보면 입주 물량이 마무리되는 2019년을 기점으로 하락 폭이 줄어들기 시작하더니, 2020년 바닥을 찍고 상승하는 모습을 볼 수 있다.

지방 시장에서 입주 물량이 아파트 가격에 얼마나 큰 영향을 미치는지 볼 수 있는 대목이 아닐까. 입주 물량이 인근 지역과 연계해서 줄어들면 바닥을 찍었다가 상승하고, 입주 물량이 과대하면 부동산 시장도 약세로 돌아선다는 것을 알 수 있다.

정리하자면 제천은 2025년까지 물량이 없는 지역이다. 하방보다는 상방으로 갈 가능성이 높은 지역이다.

✅ 1_ 제천의 주요 호재

관광도시로 가자, 드림팜랜드

제천은 관광도시로 성장하고자 노력하고, 체험형 관광산업을 육성하려는 방향성을 가지는 도시다. 비록 인구수는 적지만, 원주와 같은 강원도 도시들과 인접하며 천혜의 자연녹지와 관광자원을 가지고 있다는 장점이 있다. 수도권과의 접근성도 높아서 강원도로 가려는 관광 수요를 제천의 수요로 끌어올 수 있는 장점도 있다.

그래서 제천에서 심혈을 기울여 추진하는 체험형 관광 테마가 '드림팜랜드'다. 제천의 자랑인 의림지 뜰 인근에 조성되는 체험형 농업 테마 관광단지로 '자연 치유 단지'라는 키워드를 가지고 조성되고 있는 사업이다. 195ha의 의림지뜰을 자연치유특구로 지정해 농경문화 체험과 자연치유를 테마로 한 대규모 휴양·편의시설을 조성하고 있다.

2026년 완공을 목표로 토지 보상이 일부 진행되는 등 중기 단계로 접어든 상황이지만, 아직은 넘어야 할 산도 많다. 어쨌든 제천시는 드림팜랜드 조성을 통해 3,700억 원의 생산과 750억 원의 소득 유발, 그리고 3,800명의 고용 창출 효과를 예상하고 있다. 제천시와 함께 정부에서도 중요시하는 사업으로 추진력을 높이고 있는 상황이다.

그 외의 개발 호재들

제천은 작은 도시다. 그래서 도시에 이미지를 단박에 바꿀 수 있을 정도의 큰 호재는 없다. 하지만 도시가 성장하고자 하는 방향에서 여러 작은 호재를 찾을 수 있다.

먼저 교통망 호재다. 충주 편에서도 잠깐 언급한 충북선 고속화 사업이 여기에 해당한다. 청주와 제천의 기존 철도망을 고속화하는 사업인데, 2027년 개통 예정으로 추진하고 있다. 산업단지가 많은 충북으로서는 사활을 걸고 진행 중인 사업인데, 접근성이 부족하고 교통이 불편한 충북 지역의 교통망을 개선시킬 호재로 보인다. 교통망을 획기적으로 개선되면 전국 어디로든 이동 속도가 빨라져 인구 유입에도 큰 효과가 있을 것으로 예상할 수 있다.

또한 이에 더불어 제천 시민의 숙원사업인 제천~원주 간 중앙선 전철 복선화 사업이 마무리되면, 기존 1시간 40분이 소요되던 청량리~제천 운행 시간이 56분으로 대폭 단축된다고 한다. 그동안은 기존 중앙선이 단선 철도로 운영돼 열차 운영 횟수가 제한적이었고, 일정 속도 이상으로 가속하는 것도 불가능했다. 하지만 복선화를 통해 양방 통행이 이뤄져 준고속열차 수준의 속도 개선이 가능해져서 충북과 제천의 접근성은 더욱 좋아질 것으로 보인다.

이에 더불어 제천역사 개선사업과 보도육교 개선사업도 눈에 띈다. 제천역사와 주변 인프라의 접근성을 향상시켜서 도시의 유동인구를 늘리고 세수 확보를 목표로 한 각종 개발 계획이 있는 것이다.

다음으로는 제천 제4 산단 조성 계획이다. 일반적으로 지방 산단은 일자리 확보와 인구 유입을 목표로 개발되게 마련이다. 제천도 현재 제 3 산단까지 개발이 완료되었고, 추가적으로 제4 산단을 조성해 공급하려는 계획을 가지고 있다. 아직 산단을 가시화하기까지는 상당한 시간이 소요되겠지만, 미래전략산업에 대응하고자 하는 제천시의 목표가 좋아 보인다.

사업 테마로는 2차전지, 전장부품, 신소재 등 미래전략산업 단위의 사업을 추진하고, 첨단산업단지로 조성한다는 계획이다.

⊘ 2_ 주요 주거 입지

▲ 제천의 주요 주거 입지.

어느 지역이나 그 지역에서 가장 선호하는 지역이 있고, 따라가는 지역이 있으며, 선호하지 않는 C급 지역도 있는 법이다. 그 지역의 A급, B급, C급 입지를 알아놓으면 부동산 투자를 할 때 안전하고 비교할 수 있는 근거를 마련할 수 있다.

제천의 A급 지역은 강저지구와 하소동이라는 지역이다. B급 지역으로는 고암동이 있고, 이들 대장 지역을 따라가는 지역은 신백동이라는 지역이 있다. 지역마다 특징과 상품성, 투자 시기가 다르니 접근전략도 차별화해서 접근해야 할 것이다.

제천의 대장 단지들

제천의 대장주, 즉 가장 비싼 아파트가 있는 지역은 강저지구에 있는 제천 롯데캐슬 아파트다. 강저지구는 제천역 남쪽에 위치한 택지개발지구로 신축급 아파트 2개 단지가 있고, 단독과 근린상가들이 포진해 있다.

제천에서 유일한 택지개발지구로 깔끔하고 신축급이라서 상품성도 좋다. 제천 시민들이 선호할 만하다. 기존에 강저지구에 들어가려면 코아루 아파트를 상당히 우회해서 접근해야 했지만, 롯데

▲ 이전까지 제천 강저지구에 들어가려면 코아루 아파트를 우회해서 접근해야 했지만, 롯데캐슬 정문에 2차선 도로가 개통되면서 교통도 편리해졌다.

캐슬 정문에 2차선 도로가 개통되면서 교통도 편리해졌다.

▲ 제천강저롯데캐슬 단지의 시세 현황.

출처 : 호갱노노(hogangnono.com)

부동산 가격도 꾸준히 상승하고 있는데, 4억 원 정도의 시세를 가지고 있다. 미분양의 천국인 제천의 입장에서 보면 상당히 놀랄 만한 선전이 아닐 수 없다. 인구수가 작다고 무시해서는 안 되는 이유가 이런 데 있다. 지금은 인구수 20만~30만 명인 것이 중요한 게 아니라 그 지역의 절대가격이 얼마인지가 중요한 시기다. 충주의 시세가 5억 원대가 넘어가면 제천의 시세도 충분히 더 상승할 수 있다고 생각한다.

개인적으로 건희아빠는 이런 대장주의 가격을 상당히 중요하게 지켜본다. 왜냐면 후속타로 공급되는 분양 단지나 재건축 단지들의 분양가에서 기준점이 되기 때문이다. 건설업계에 따르면 이제 원자재 가격 폭등과 지가의 상승으로 84㎡를 기준으로 하면 아무리 시골이라 하더라도

3.5억 원 이하로는 분양하기가 힘들다고 한다. 조합원 분양가와 일반 분양가의 척도가 되는 대장주의 가격 파악이 중요한 이유다.

제천에는 2022년에 총 3개의 분양 단지가 공급된다. 2개는 제천 구도심에, 1개는 제천 외곽지역에 공급되는데, 분양가와 입지 브랜드에 따라서 선호도가 달라질 것이다.

▲ 장락동세영리첼 단지의 분양가 현황.　　　　　　출처 : 호갱노노(hogangnono.com)

장락동세영리첼 단지의 경우 분양가가 4.2억 원으로 약간 비싸다는 느낌을 자아내며 분양을 시작했는데, 완판이 힘들더라도 신축급의 선호도를 앞세워 미분양으로는 가지 않을 것으로 보인다. 장락동에 공급되는 신규 주택이라서 건희아빠 같은 소액 투자자는 꾸준히 관심을 가져야 할 곳이다.

장락동에 두 번째로 공급되는 단지는 e편한세상제천더프라임 아파

▲ e편한세상제천더프라임 단지의 분양가 현황.　　　　　출처 : 호갱노노(hogangnono.com)

트다. 그래도 1군 브랜드를 가진 아파트고, 장락동세영리첼이 먼저 비바람을 맞아준 상태에서 분양하는 단지라서 더욱 관심을 받은 아파트로 보인다. 분양가도 3.9억 원으로 장락세영리첼 단지보다 저렴하게 책정해 실거주자들에게 선호도가 더 좋을 것으로 예상한다. 전매제한도 없고 1순위 통장도 많이 들어올 것으로 보여, 당첨자 발표 이후 초피 시장도 활발할 것 같다.

e편한세상제천프라임 단지가 공급되는 장락동 외곽은 공업지역이 많다. 주거 입지로는 그다지 추천할 만한 지역이 아니지만, 신축의 힘과 브랜드 단지 자체가 입지를 만들어 줄 것이기에 기대치가 크다.

뒤에 '5.3-3 제천시 소액 투자 접근 전략'에서 언급하겠지만, 이 주변에 있는 1억 원 이하 구축 단지들을 관심 가져볼 만하다. 주변 입지가 변

지방 아파트 소액 투자 비법

화하고 인프라가 개선되면서 지가 상승으로 이어질 가능성이 크기 때문이다.

▲ 제천자이더스카이 단지의 시세 현황. 출처 : 호갱노노(hogangnono.com)

마지막으로 제천의 외곽지역에 공급하는 단지로 제천자이더스카이 단지를 눈여겨볼 만하다. 인근에 산업단지를 조성할 예정이고, 국도와 중앙고속도로가 인접하다는 장점도 있다. 택지개발지구이다 보니 학교 부지도 잡혀 있고, 여러 환경 여건이 개선될 가능성이 높은 지역이다. 물론 지금은 인프라가 전혀 없는 허허벌판에 아파트를 공급하는 상황이다 보니 주거 입지가 좋아지려면 상당한 시간이 필요해 보인다.

분양가 가격이 저렴하고, 자이라는 1군 브랜드 덕분에 미분양으로 가지는 않겠지만 투자자라면 입주장 때 전세가로 잔금을 준비하기에 어려울 가능성이 있는 단지다. 하지만 실거주라면 자이라는 브랜드와 고급화 전략의 신축 아파트 프리미엄을 느낄 수 있는 좋은 기회로 보인다.

3년 전매제한에 해당하는 단지인데, 입주 전에 등기 전 전매가 가능해서 출구전략은 양호한 편이다. 입주 예정인 2025년에는 상품성이 좋은 단시로 성상할 것으로 예상하는 단지다.

재건축 단지 현황

지금까지 제천의 대장주와 차기 대장주가 될 신축 아파트들을 분석해보았다. 다음으로는 머지않아 신축으로 변신할 재건축 단지들을 찾아보도록 하자.

제천에는 현재 총 3개의 재건축 단지들이 약진하고 있다. 2020년까지는 아무런 움직임이 없었지만, 제천의 대장주들도 4억 원 구간을 넘어서고 신축에 대한 갈망이 커지자 차기 재건축 단지들도 투자자들의 관심을 끌면서 재건축 사업이 진행되고 있다.

▲ 재건축이 추진 중인 하소주공 아파트.

제천에서 가장 입지가 좋은 지역은 하소동이다. 롯데마트가 있고, 상권과 학군이 성장한 지역이다. 하소동에도 재건축 단지가 있는데, 하소주공 아파트. 1989년식 5층 12개 동 총 420세대로 이뤄진 아파트며, 세대당 대지 지분은 약 16평이다. 대지 지분도 양호하고, 입지도 좋은 단지여서 재건축되면 선호도 높은 단지로 성장할 것으로 보인다.

지방 아파트 소액 투자 비법

　　사업 진행은 재건축 초기인 안전진단 단계를 거치고 있고, 조합 설립을 향해서 나아가고 있다고 한다. 임장을 가보면 단지가 넓고, 큰 대로변 옆이라서 교통도 편리한 편이다. 롯데마트와 같은 대형 편의시설도 있으며, 병원과 상가, 학원도 잘 공급된 지역이라서 주거환경은 양호한 편이다. 이런 지역에서 신축 아파트가 나오면 실거주 선호도는 높을 수밖에 없다.

▲ 하소주공 1단지의 시세 현황.　　　　　　　　　出처 : 호갱노노(hogangnono.com)

　　재건축 이슈가 나오기 시작한 2020년 하반기부터 가격이 상승하기 시작하더니 지금은 원래 있던 가격 대비 2배 정도 오른 것으로 보인다. 3,000~4,000만 원 하던 아파트 가격이 지금은 호가이기는 하지만 1억 원

가까이 하니, 많이 오른 편이다. 상대가격이 저렴해서 상승폭도 더 크게 보이는 것이다.

▲ 시영 아파트와 함께 통합 재건축을 추진 중인 청전주공 1차 아파트.

다음은 청전주공 1차 아파트다. 고암동의 재건축 아파트로 이 일대는 고암주공, 청전주공, 시영 아파트 등 5층짜리 저층 아파트들이 많고, 도시가 시작될 때 택지 형태로 공급된 지역이다 보니 인프라와 기반 시설이 양호한 지역 중 하나다. 청전주공 1차는 1980년식 5층 14개 동 640세대로 구성된 단지다. 세대당 대지 지분은 약 15평으로 양호한 편이다.

현지 시영 아파트와 함께 통합 재건축을 추진 중이며, 하소주공과 비슷하게 안전진단 단계를 밟고 있다. 2022년 6월 현재 아직 조합 설립 전이기는 하지만, 입지나 사업성이 좋아서 시공사들이 눈독을 들이고 있다. 한화포레나와 GS자이 같은 대형 메이저급 건설사들이 시공권을 획득하기 위해 영업 중인 것을 볼 수 있었다. 어느 시공사가 되든 입지가 좋고, 드림팜랜드 사업 호재와 맞물려 좋은 단지로 재건축될 것이기에 시세 차익도 기대해볼 만한 단지다.

가격도 많이 상승해서 저점 대비 2배 정도 상승했다. 아직 안전진단 단계라서 취득세는 1.1% 구간이므로 진입장벽도 낮은 편이다. 투자자들의 관심이 많을 수밖에 없는 단지다. 제천 드림팜랜드가 가까이에서 개

▲ 청전주공 1단지의 시세 현황.　　　　　　출처 : 호갱노노(hogangnono.com)

발되면 최대 수혜주로 떠오를 수 있기에 하소주공보다 청전주공을 선호하는 투자자들이 더 많다.

　특히 시영 아파트와 통합 재건축을 하면서 단지 면적도 넓어지고, 조감도도 현대적으로 나올 수 있어서 투자가치와 시세 상승 여력은 충분하다고 생각한다.

　다음은 고암주공 아파트다. 1차와 2차 단지가 있는데, 입지와 상품성은 비슷한 편이다. 고암주공은 1986년식 5층 14개 동 500세대로 구성된 아파트고, 세대당 대지 지분은 약 19평이다. 대지 지분이 양호해서 재건축되면 감평가나 조합원분양가에서 혜택이 높을 수 있다.

　청전주공 아파트가 재건축으로 사업이 진행되면, 고암주공 아파트

▲ 청전주공 아파트가 재건축으로 사업이 진행되면, 고암주공 아파트도 같이 재건축 이슈가 나타나서 사업을 따라갈 가능성이 높다.

도 같이 재건축 이슈가 나타나서 사업을 따라갈 가능성이 높다. 아직은 재건축에 대한 별다른 이슈가 없지만 바로 옆 청전주공이 조합설립인가 구간을 지나면, 고암주공도 어느 정도 재건축에 대한 열망이 높아지지 않을까 예상해본다.

실제로 임장을 가보면 고암주공은 청전주공 대비 대지 지분이 많은 것을 확인할 수 있다. 쾌적성이 높고, 공용 부문의 대지가 많은 것을 볼 수 있기 때문이다. 개인적인 관점이기는 하지만, 건희아빠는 청전주공보다 고암주공의 투자가치가 더 높다고 본다. 두 단지가 비슷한 가격과 연식이라면 대지 지분이 더 좋은 고암주공을 선택할 것 같다.

물론 속도와 입지도 중요하다. 그런데 비슷한 입지에 비슷한 상황이라면 세대당 대지 지분이 조금이라도 더 높은 고암주공이 사업성이 더 좋을 것이라고 판단하고 있다. 실제로 건희아빠는 지방 재건축을 투자할 때, 입지와 타이밍을 전반적으로 검토하지만, 예상되는 사업성도 큰 고려 사항으로 생각하고 투자하고 있다.

청전주공의 재건축 사업이 진행되면서 인근 재건축 단지들도 기대감

지방 아파트 소액 투자 비법

▲ 고암주공 아파트의 시세 현황.

이 높아짐에 따라서 가격이 오르고 있다. 청전주공 대비 사업속도는 느리겠지만, 대지 지분이 높고 주거 입지가 개선되는 고암주공도 투자가치가 높아 보이는 것은 당연하다. 가격이 오르기는 했지만, 그래도 절대가격이 저렴한 고암주공의 성장을 지켜봐야 하는 이유다.

⊘ 3_ 제천시 소액 투자 접근 전략

지금까지 제천시의 대장 지역과 신축급 분양권 동향, 그리고 재건축 단지들을 분석했다. 이렇게 주거 입지가 변화하는 일대에서 가치가 높아지는 이웃 단지들이 소액 투자처로 적합하다. 가격이 많이 오르지 않은 단지들을 살펴봐야 한다. 2년 전만 해도 하소주공이나 청전주공은 그 누구도 쳐다보지 않던 천덕꾸러기 아파트였다.

청전주공이나 하소주공처럼 추후에 재건축 이슈가 발생할 가능성이 높거나 차기 재건축 주자들을 관심 가져야 한다. 지금은 아무도 관심 가지지 않지만 차기 재건축으로 입지가 변화하거나 지가가 상승하는 지역을 소액으로 선점하고 기다린다면 훌륭한 소액 투자 전략이 될 수 있다.

◆ 고암부강 아파트 :

▲ 차기 재건축으로 관심가져 볼 만한 입지를 가진 고암부강 아파트.

입지적으로 청전주공과 고암주공과 가장 가까이 인접한 단지며, 5층짜리 저층 아파트면서 차기 재건축으로 관심을 가져볼 만한 입지를 가지고 있다. 세대당 대지 지분이 약 13평으로 재건축되기에는 단지 크기도 작고, 지분도 작은 단점이 있기는 하다.

하지만 청전주공이 GS자이 같은 1군 아파트로 재건축되면, 분명 지역 자체적으로 주거 입지와 지가는 상승할 수밖에 없으므로 고암부강 아파트도 그러한 시류와 흐름에 편승할 가능성이 크다.

4동짜리 작은 아파트 규모를 가지고 있어서 당장은 재건축 이슈가 발생하기에는 시기적으로 이른 감이 있다. 하지만 소액으로 투자해서 장

▲ 고암부강 아파트의 시세 현황.　　　　　　出처 : 호갱노노(hogangnono.com)

기적인 관점으로 가져 간다면 상승 여력은 충분하다. 아직 가격이 전고점을 돌파하기 전이고, 기대 가치도 크기 때문에 소액 투자 단지로 적합하다.

　◆ 고암두진백로 아파트 :

　구축으로 갭투자에 좋은 단지다. 고암동에서 저렴하면서도 실거주가 튼튼한 단지 중 하나다. 고암주공, 청전주공과 인접한 장점이 있고, 교통이 편리한 복도식 아파트다.

　재건축 이슈가 발생하는 단지는 아니지만, 그래도 실거주 선호도가 높고 아직 가격이 저렴하다는 인식이 있으며, 전세가가 높아서 소액 투자에 적합하다.

▲ 고암두진백로 아파트는 갭투자에 적당한 단지다.

2020년을 기점으로 바닥을 다지고 상승하기 시작해서 현재는 전고점을 거의 회복한 것으로 보인다. 하지만 아직 절대가격이 저렴하고, 주변 입지가 변화하고 있으며 호재가 많은 지역이라서 투자가치는 여전하다. 특히 전세가가 계속 상승해서 갭이 얼마 되지 않는다는 점이 소액 투자자에게 메리트로 작용할 수 있다. 입지적으로 주거환경이 개선되고 있고, 실투 금액이 낮으며, 주거 선호도가 높은 단지라서 소액 투자로 세팅해놓고 기다린다면 좋은 투자처다.

▲ 고암두진백로 아파트의 시세 현황.　　　　　출처 : 호갱노노(hogangnono.com)

◆청전주공 2차 아파트 :

청전주공 1단지가 재건축되는 줄은 알고 있지만, 2단지가 있다는 것조차 모르는 사람도 많다. 1단지보다 대지 지분이 작고, 단지 크기도 넓지 않기 때문이다. 그래서 재건축 초기 시장에서는 1단지만 관심을 가지고 재건축에 대한 프리미엄을 이야기하지만, 건희아빠가 생각하기에 소액 투자 관점으로 접근한다면 1단지보다 오히려 2단지가 더 좋은 투자처다.

왜냐면 1단지는 갭이 벌어져서 투자금 자체가 많이 들어간다. 재건축에 대한 기대감으로 매매가격은 많이 올랐는데, 실제 그 아파트 매물에서 거주하는 전세 세입자는 전세금을 높게 받을 수 없기 때문이다. 그러면 차라리 많이 오른 1단지보다 아직 오르지 않은 2단지가 더 소액 투자로 접근하기에 더 좋을 수 있다고 생각한다.

▲ 청전주공 2단지의 시세 현황.　　　　　　　　출처 : 호갱노노(hogangnono.com)

청전주공 2단지는 아파트 매매가격도 5,000~6,000만 원 선이라서 절대가격이 매우 저렴한 편이다. 아직 오르지 않은 2단지가 따라가기에 좋은 입지와 상품을 가지고 있다.

건희아빠는 지방의 재건축 물건에 접근할 때, 1단지보다 2단지 물건을 많이 사는 편이다. 앞서 언급했듯 1단지의 경우 바람을 미리 타기 시작해서 갭이 벌어지는 바람에 투자금이 많이 들어가는데, 소액 투자의 관점에서는 가성비가 떨어지는 투자다. 그래서 1단지보다 조금 못하더라도 흐름을 따라가기 좋은 2단지를 더 선호한다. 소액으로 접근해서 보유하기도 편하고, 1단지가 다시 상승하기 시작하면 2단지도 따라서 상승하는 것을 여러 번 경험했다. 지방 재건축에 접근할 때 수익의 관점에서 투자를 하려면 1단지를, 수익률의 관점에서 접근할 때는 2단지가 좋다는 뜻이다.

▲ 딕일 아파트는 새건축 초기 단계인 추진위가 만들어져 사업을 진행하고 있다.

◆ 덕일 아파트 :

청전주공 2단지 바로 남쪽에 위치한 아파트 단지로 5층짜리 저층 아파트고, 중형 평형이 많아서 세대당 대지 지분도 넓은 편이다. 재건축 초기 단계인 추진위가 만들어져 사업을 진행하고 있으며, 덕일 아파트는 중형 아파트가 주력인 단지이다 보니 재건축 아파트의 최대 단점인 전세가가 낮지 않고, 따라서 갭이 적다는 장점이 있다. 30평형 아파트이기는 하지만, 전세가율이 높아서 소액 투자가 가능

▲ 청전동 덕일 아파트의 시세 현황.   출처 : 호갱노노(hogangnono.com)

한 단지라는 뜻이다.

    매매가가 조금 오르기는 했지만, 아직 전고점을 돌파하지는 않았다. 매매가가 상승함에 따라 전세가도 같이 상승하는 것을 볼 수 있다. 실거주 선호도가 높은 단지다.

    이렇게 30평형 이상으로 구성된 단지의 특징은 재건축 동의율이 낮을 수 있다는 점이다. 실거주 입장에서 보면 재건축하지 않아도 넓은 집에서 조용하게 지낼 수 있는데 굳이 이주하고 싶지 않다는 것이다. 재건축에 대한 번거로움을 거부하는 수요층이 많다는 것이다.

    하지만 주변 재건축 단지들이 약진하고, 세대당 대지 지분도 넓어서 투자자들이 진입하고 추진위에 힘을 실어준다면 충분히 동의율도 높아질 수 있다. 이런 단지를 소액으로 세팅해서 선점하는 전략으로 접근한다면, 좋은 투자처로 성장하기에 적합하다.

◆ 수정타운 아파트 :

▲ 인근 부강타운 아파트와 통합 재건축을 하면 좋을 입지를 가진 수정타운 아파트

덕일 아파트와 가깝고 근처에 부강타운 아파트와 통합 재건축을 하면 좋은 입지를 가지고 있다. 아직 사람들에게 많이 알려지지 않은 단지라서 가격도 저렴하며 인근에 상권이 발달하고 있어서 주거 입지도 나쁘지 않다.

▲ 장락동 수정타운 단지의 시세 현황

출처 : 호갱노노(hogangnono.com)

지방 아파트 소액 투자 비법

이 단지의 최대 장점은 절대가격이 싸다는 점이다. 청전주공이나 고암주공 등은 이미 매매가 상승을 시작해서 갭이 벌어져 소액 투자가 어려운데, 수정타운 아파트는 아직 갭이 벌어지지 않았고 절대가격도 저렴해서 소액 투자가 가능하다.

실제로 임장을 가보면 인근 주거 입지가 나쁘지 않다는 것을 알 수 있다. 수정타운 옆이 청전대로인데, 대로변 인근으로 롯데슈퍼나 이마트 에브리데이 같은 중견 상권이 들어오면서 더욱 안정하게 자리 잡고 있는 것을 볼 수 있다.

◆ **장락주공 2단지 아파트 :**

앞서 언급했듯 장락동 인근에 신축 아파트 2개 단지가 공급될 예정이다. 그동안 신축 단지가 없어서 아쉬움이 많았지만, 이제 e편한세상프라임 같은 상위 브랜드 아파트가 들어오면 주거 입지도 개선될 것이기에 주변에 있던 구축 아파트들도 이런 주거 개선 효과를 같이 누릴 수 있다. 자연스럽게 아파트 시세는 높아질 것이고, 소액 투자자는 그러한 시류의 흐름만 잘 이용하면 좋은 투자 타이밍을 잡을 수 있다.

장락주공 2단지는 매매가격이 전고점을 돌파한 상태다. 하지만 아직 절대가격이 1억 원 언저리로 저렴하고, 매매가를 따라 전세가도 꾸준히 상승해주는 상황이기에 상승 여력은 충분하다.

제천은 향후 3년 동안 입주 물량이 전무한 지역이다. 게다가 제천의 형님 지역인 충주도 물량이 없는 편이다. 하방보다는 상방으로 갈 가능성이 높은 지역이며 입주 물량이 없어서 전세가는 꾸준히 상승할 가능성이 크다.

▲ 장락주공 2단지의 시세 현황.   출처 : 호갱노노(hogangnono.com)

    이러한 지역에 소액으로 차기 재건축 사업이 진행될 만한 단지들을 선점해놓고 시간에 배팅한다면 훌륭한 지방 소액 투자가 될 수 있다. 재건축 단지와 대장주들이 상승하는 속도도 빠른 편이며, 시장이 적응하는 방향도 가파를 가능성이 크다. 고작 13만 인구를 가진 소도시라고 해서 무시해서는 안 되는 이유가 이런 데 있다.

    작은 소도시이지만 청주나 충주의 지가를 이어서 같이 따라갈 수 있는 입지를 가지고 있는 도시며, 개발 호재와 힘도 나름대로 지닌 지역이 바로 제천이다.

2022년 8월의 이야기

2022년 상반기 부동산 시장이 바짝 움츠러들었습니다. 뉴스에선 전체적인 부동산 경기 하락 속에서 서울 강남마저 위태롭고, 지방에서 깡통전세가 속출한다고 이야기하더라고요. 전 지구적인 인플레이션과 금리 인상 탓에 찾아온 경제 침체인데, 이러한 위기에서 부동산 투자자는 어떻게 대처해야 할까요?

'부동산은 심리'라는 말이 있습니다. 2022년 상반기까지만 해도 정권 교체에 대한 기대감과 규제 완화에 대한 뉴스 등으로 부동산 시장이 잠깐 반등하는 듯한 모습을 보였습니다. 그러다가 2022년 중반기에 들어서며 다시 거래량이 감소했고. 부동산 시장이 얼어붙는 상황을 보이고 있습니다. 당연히 부동산 관련 심리 또한 가라앉는 모습입니다.

부정적인 뉴스와 하락장에 대한 두려움이 많이 퍼지고 있는 것은 사실인 것 같습니다. 하지만 부동산이라는 시장은 항상 하락이 있으면 상승이 있고, 보합이 있으면 이동이 있는 법입니다. 2020년 코로나 초창기만 해도 전 세계 시장이 무너진다는 공포감이 경제 전반에 퍼져서 거래량이 감소하고 부동산 시장에서 떠나는 사람들이 무더기로 나오기도 했습니다. 하지만 지나고 보니 그때가 기회였다는 것을 우리는 잘 알고 있시 않습니까?

2022년 7월 현재 부동산 거래량 감소와 하락장에 대한 공포감도 그리 오래가지는 않으리라 생각합니다. 그러한 근거는 크게 2가지를 들 수가 있습니다.

첫째, 윤석열 정부의 규제 완화 정책이 계속 나와주고 있기 때문입니다. 2022년 7월 현재 양도세 일부 완화와 종부세 완화에 대한 세제 개편안이 발표됐습니다. 이제 남은 것은 취득세 구간에 대한 규제 완화인데, 이러한 투자와 실거주 진입장벽에 대한 규제가 완화된다면 다시 부동산 시장 전반에 훈풍이 불어올 수 있는 여지가 충분하다고 생각합니다.

둘째, 금리 인상에 대한 공포감도 지속적이지 않을 수 있기 때문입니다. 그동안 금리 인상 시기에 부동산이 무너지거나 오르는 경우는 부지기수였습니다. 하지만 금리 인상이 부동산 가격 하락의 직접적 원인인 경우는 50:50 정도였습니다. 다른 변수와 같이 분석해야 한다는 뜻이죠. 대외 변수와 글로벌 경제 추이, 전쟁 물가, 주식 시황 등 경제 전반적인 상황이 복합적으로 작용해서 경제를 일으키는 것이지, 금리만으로 부동산이 하락한다고 보기에는 조금 부족한 면이 있습니다. 단기적으로 금리 인상이 부동산 심리에 악영향을 미치는 것은 있을 수 있겠으나 장기 불황으로 가는 시그널이라고 보기에는 부족한 면이 많다고 생각합니다.

본문에도 언급하셨지만, 지방 부동산에 관심을 가지게 된 특별한 계기가 있으셨나요?

지방 아파트 소액 투자 비법

저는 돈이 없었습니다. 정확히 말하자면 제가 가진 자산의 규모와 버틸 수 있는 체력이 얼마나 되는지 몰랐습니다. 한마디로 경제와 재테크에 문외한이었던 것이죠. 서울·수도권에 투자하고 싶었지만, 아무리 외곽지역이라고 해도 수천만 원의 투자금과 수억 원에 달하는 매매가는 제가 감당하기에 너무나도 높은 진입장벽이었습니다.

그래서 제가 할 수 있고, 감당할 수 있는 투자의 범위를 넓혀보고자 한 것이죠. 그래서 어느정도 상승 여력이 있고, 투자가치가 있으며, 내가 감당할 수 있는 범위의 투자처를 찾아보니 매력적인 지방 시장이 보이기 시작했습니다.

처음에는 5대 광역시에 관심을 가졌습니다. 그런데 5대 광역시도 만만하지 않았습니다. 대장주들은 경기도급으로 가격이 비쌌고, 투자를 하려면 적어도 1억 원 이상의 투자금이 필요했습니다. 그래서 제가 선택한 지역은 5대 광역시급은 아니지만, 그래도 인구수와 '체력이 어느 정도 되는', 즉 수요가 받쳐주는 청주와 전주, 포항 등의 중견도시를 투자 범위로 삼은 것입니다.

그리고 이러한 중견도시의 부동산 시세가 상승함에 따라서 자연스럽게 그 지역의 영향을 받는, 수요층이 움직일 만한 중소도시로 관심을 확장했습니다. 미리 '선점의 투자'가 가능했다고 할 수 있습니다. 미분양이지만 그 지역의 대장주가 될 만한 입지를 가지고 있고, 대장주가 상승하면 따라갈 수 있는 인근 재건축 단지들을 공략했으며, 그 도전은 큰 수익으로 돌아왔었습니다.

책에도 적었지만 제가 원주의 미분양 단지가 극단적으로 넘쳐날 때 아무도 쳐다보지 않던 원주더샵, 양우내안애, 이지더원 2차 단지들을 공격적으로 매수할 수 있었던 이유도 이러한 경험치가 쌓였기 때문입니다.

당연히 부동산 투자자로서 실패와 성공의 경험이 있으셨으리라 생각합니다. 가장 큰 실패는 어떤 경우였나요? 또 가장 큰 성공은 어떤 경우였는지 귀띔해주세요!

조금 뜨끔하기는 하네요. 저의 가장 큰 실패 경험은 '갭충이'로 투자했던 때였습니다. 무슨 얘기인가 하면, 상승 여력은 없는데 매매가와 전세가가 붙어 있거나 역전세가 나와 있는 지역의 구축 아파트들을 단순히 투자금이 들지 않는다고 출구 전략 없이 마구잡이로 매수했던 것이죠.

구체적으로 말씀드리자면 2018~2020년 청주와 세종에 극단적으로 입주 물량이 많았던 시기가 있었습니다. 물량이 많으니 당연히 가격이 하락할 것을 우려해서, 사람들이 매매보다 전세로 살고자 했죠. 매매 물건이 많지만, 전세는 없는 '갭'이 붙어 있는 시기가 발생한 것입니다. 이때는 가령 매매가 1.5억 원에 매수한 뒤 1.5억 원 전세로 내놓으면 그렇게 전세가 잘 들어왔습니다. 하물며 청주 가경동 24평형 아파트를 한 채 매수할 때는 매매가보다 전세가가 더 높아서 돈을 더 회수하는 경우도 생기더라고요. 참 재미있었습니다. 그런데 후일을 대비하지 않은 대가는 참으로 혹독했습니다.

그런데 그즈음 청주의 입주 물량이 쏟아지면서 전세가는 폭락하고, 매매가도 동반 하락했습니다. 전세가 5,000만 원이 하락하면, 매매가는 3,000만 원 하락했던 거죠. 전세 세입자는 나가겠다고 전세금을 돌려달라고 하는데, 새로운 전세 세입자가 들어올 생각을 안했습니다. 중개소에 전화해보면 전세가 너무 많아서 그 가격에는 절대 안 된다고 하고, 겨우겨우 매매가로 맞춰도 3,000만 원은 더 내줘야 하는 상황을 맞은 거죠. 이런 매물이 동시다발적으로 약 10개 이상이 날아왔습니다. 정말 힘들

지방 아파트 소액 투자 비법

었습니다. 기존 세입자에게서 계속 전화가 오고, 내용증명이 날아들더니, 보증보험에서 추심한다는 연락이 오더군요. 잠을 이룰 수가 없었습니다.

그 역전세 물건들을 해결하기 위해 눈물을 머금고 수도권의 핵심지역에 있던 물건들을 헐값에 매도할 수밖에 없었습니다. 그때 매도했던 물건 가운데 하나가 인덕원대우푸르지오 단지였습니다. 지금 인덕원 인근이 얼마나 올랐는지 잘 아실 겁니다. 제가 매도하고 나서 약 7억 원이 상승했습니다. 지금 이렇게 잘 살아남았으니, 여러분께 저같이 투자하지 말라고 당당하게 말씀드릴 수 있네요.

다음으로 제가 지방 투자에서 성공하기 시작한 시점을 말씀드리고자 합니다. 저는 크게 2가지 측면에서 지방을 바라봤습니다. 물량과 수요. 입주 물량이 과대하면 절대 상승하지 않는 것이 지방 시장의 특징입니다. 아무리 입지가 좋고 상품성이 훌륭해도 물량 앞에서는 아무런 힘도 쓰지 못하더라는 거죠. 그래서 '물량이 끝나는 시점'이면 그 지역의 진입 타이밍이 좋을 수 있겠다는 생각이 들더라고요. 이왕 같은 투자금이라면 신축이 더 좋을 것이고요. 그래서 선택한 투자법이 미분양과 재건축 투자였습니다.

2019년부터 가장 관심을 많이 가진 지역은 경상남도 지역이었습니다. 물량이 너무 많았는데, 특히 포항의 경우에는 지진으로 심리가 완전히 떨어져서 사람들이 매매고 뭐고 아무것도 하지 않던 시기였습니다. 입지가 좋고 상품성이 높으며, 게다가 미분양인데 중도금이나 잔금유예 같은 고급 조건들을 들고 '떨이 분양'을 하는 단지들이 나오더라고요. 저도 처음에는 긴가민가 했습니다. 감당할 수 있는 범위 내에서 미분양 단지를 하나씩 구입하기 시작했습니다.

이것이 정말 크게 적중한 것입니다. 마지막 입주 물량이 끝나면서 전세가격이 안정되고 매매가가 상승하기 시작하더니, 신축들이 치고 나가기 시작했습니다. 그렇게 밀던 미분양 단지들이 기지개를 켜면서 분양가 대비 2배씩 오르는 기염을 토했던 것입니다. 이때가 정말 '줍줍'했던 최고의 타이밍이 아니었을까 싶습니다. 대장주들이 치고 나가니, 신축과 분양권도 가격을 받쳐주며 상승했습니다. 그리고 차기 주자인 재건축 단지들도 약진하더군요. 투자금이 1,000~2,000만 원 정도였으니, 정말 '신의 투자'였던 것 같습니다.

그런데 그거 아시나요…? 이러한 시기가 또다시 돌아오고 있는 지역들이 있다는 사실을요! 영원한 상승도 영원한 하락도 없습니다. 지금은 천대받고 못난이 취급받지만, 경남 지역처럼 올라올 수 있는 지역들이 지금도 제 눈에 보이고 있습니다. 책의 중간중간에 힌트를 넣어놨으니 한번 찾아보시는 것도 흥미진진한 독서가 될 듯합니다.

임장을 갈 때, 어떤 점들을 반드시 살피시나요?

제 투자의 시작은 '경매 베이스'였습니다. 그러다 보니 초반에는 지역보다는 물건에 집중하는 임장을 배웠습니다. 즉 입지나 현황, 물량, 개발호재 등의 전체적인 부동산 시장을 보지 못하고, 경매로 나온 물건의 가격만 주야장천 찾아다녔던 거죠. 그 물건을 낙찰받아도 다음에 그 시장이 오를 지역인지, 위험한 지역이지는 생각하지 못하고 그냥 낙찰받기 위한 임장만 했었던 것 같습니다. 참 위험한 임장 방법이었던 것이죠.

지금은 물건 임장보다는 지역을 많이 보려 노력하고 있습니다. 그 지

지방 아파트 소액 투자 비법

역의 전체적인 분위기와 사람들, 편의시설의 위치, 그리고 개발의 축이 어디로 움직이고 있는지 등 그 지역을 총체적으로 보려는 지역 임장을 많이 하고 있습니다. 경매 임장처럼 그 단지 내 모든 부동산을 들어가서 급매가 있는지나 찾아보는 멍청한 현장 답사는 하지 않는다는 거죠.

기회비용이라는 생각으로 임장에도 투자를 해야 합니다. 그 지역이 어떤 시기를 기준으로 상승할 만한 여건을 가졌는지, 개발의 축에서 얼마나 가까운지, 그리고 상승 여력은 얼마나 될 것인지… 분위기를 두루 살펴야 합니다. 부동산은 한 군데 정도 들려 분위기 정도만 문의하고, 도시를 많이 돌아보는 데 더욱 집중하는 편입니다.

그러면 "건희아빠님, 물건 매수는 어떻게 하나요? 전세도 맞춰야 하는데"라고 물어보실 수 있는데요. 저는 급매를 찾아서 세팅하라는 말을 믿지 않습니다. 저한테까지 급매가 오지도 않을뿐더러 정말 급매가 맞다 하더라도 이미 중간과정에서 사라질 것이 분명하기 때문이죠. 그냥 적당한 매물을 그 시기에 조금 저렴하다 싶은 물건을 중개사에게 전화로 매수 문의를 하곤 합니다. 물건은 전화로 사는 것이지, 촌스럽게(?) 현장에서 깎아달라느니 집을 10개 이상 둘러본다느니 하며 물건 작업을 하지는 않습니다. 그 정도만 해도 별로 차이가 나지 않더라는 것을 경험으로 충분히 알고 있기 때문이죠.

전세도 마찬가지입니다. 본인이 직접 전세를 뺄 것이 아니잖아요. 전세는 중개사님이 세팅해줘야 합니다. 그 물건을 빼줄 중개사님이 보고 알려줄 수 있도록 유도만 하면 됩니다. 얼마 정도의 가격에 어느 정도 수리하면 이 정도 갭은 가능하겠다는 말을 들으면, 거기서 약 500~1,000만 원 정도만 높게 내놓아 달라고 부탁드리는 거죠. 되면 좋고, 아니어도 뭐

안전한 것이므로 저는 좋다고 생각합니다. 그래서 투자 마인드 갖춘 중개사님을 찾는 것이 정말 중요하다고 생각합니다. 임장갈 때도 마찬가지고요.

15년가량 근무했던 직장을 관두고, 현재는 부동산 실전 투자 전문가로서 강의도 하고 계신 것으로 알고 있습니다. 건희아빠 블로그도 운영하고 계시고요. 강의와 블로그 운영은 어떤 재미를 주는지 궁금합니다.

강의와 블로그는 공통적으로 소통이라는 장점이 있습니다. 사람들과 소통하고 무엇을 원하는지, 무엇이 필요한지, 그리고 제가 드릴 수 있는 인사이트는 무엇인지 등을 공유할 수 있죠.

지금 건희아빠가 어느 방향의 어느 지역을 '어떻게 생각하면서' 투자하고 있는지를 나눌 수 있습니다. 건희아빠라는 투자자는 지금 창원 지역의 이 동네를 이렇게 관심을 가지고 지켜보면서 투자가치를 이렇게 예상한다고 알려드리면, 블로그 구독자님들이나 강의 수강생분들의 생각을 섞을 수 있는 좋은 대화 창구라고 생각합니다.

블로그에는 임장기를 많이 올리는 편입니다. 구독자님들의 대리만족을 위해서이기도 하지만, 답사를 갈 때 어느 지역을 어떤 식으로 보고 왔는지 알려드리면서 왜 그곳이었을까 하는 질문을 스스로 할 수 있도록 유도하는 것입니다. 일종의 힌트라고 보시면 될 듯합니다.

강의할 때 가장 강조해서 소개하는 부분은 저의 실패담입니다. "저는 이럴 때 이런 생각을 해서 그렇게 실패를 많이 했습니다. 그러니 여러분은 저같이 실패하지 마세요." 그리고 실패하지 않으면 성공하는 확률은 더 높아진다고 귀띔하죠.

이번 책을 내시며 가장 신경 쓴 부분은 무엇인가요?

요즘 부동산 관련 책들이 중구난방으로 많이 출간되면서, 경쟁력 있는 도서를 만들고 싶었습니다. 제가 가장 신경 쓴 부분은 바로 '지역'이었습니다. 지난해까지 전국이 상승장으로 가는 듯했지만, 2022년 하반기를 기점으로 극단적으로 상승과 하락 또는 보합으로 흐름이 바뀌는 지역들이 나타날 것입니다. 이왕이면 좀 기다려야 하는 지역들보다 지금 당장 가봐야 하거나 관심 가져 볼 만한 지역들을 선정해서 지역 분석과 접근 전략을 알려드리려 노력했습니다.

"왜 저런 지역에서 저런 단지를 추천하는 거야?"라고 반문하는 분들도 계실 겁니다. 그런 분들께 이렇게 조언하고 싶네요. 딱 1년만 가상투자해 보시라고 말입니다. 저는 지역을 추천할 때 누구나 추천하는 택지개발지구나 구도심의 신축들을 추천하지는 않습니다. 개발의 변화에 따라서 주거환경이 개선되는 지역의 물건들과 재건축·재개발 물건, 그리고 그 주변에서 따라갈 만한 단지들을 추천했습니다. 물론 그 근거, 때론 결과도 알려드렸죠. 투자자로서 제가 투자하면 어디를 할지를 가장 많이 신경을 쓰면서 집필했습니다.

책을 엮으시며 가장 힘들었던 점은 무엇이었나요?

아무래도 저의 첫 책이고, 부동산 관련 집필이었기 때문에 방향이 맞는 것인지 수십 번 돌아보게 되더라고요. 지금은 맞는데 2년 후에 이

지역이 오를까? 정말로 추천할 만한 단지들이 있을까? 이런 가상투자의 관점을 여러 차례 돌아보았습니다.

저는 오늘까지 '이 지역이 맞다'라고 생각했지만, 시상이 변화하고 물량이 추가되면 타격을 입을 수 있으므로 우려가 많았습니다. 독자님들께서 결론만 보는 우를 범하게 되지는 않을지 걱정도 되었습니다.

하지만 저는 우리 독자님들을 믿습니다. 제가 어느 지역을 추천했을 때 그 당시의 조건들과 입지 환경들을 충분히 고려하고 실제 투자에 임하시리라 믿습니다. 제가 블로그에 제 투자 관점과 투자 물건들을 공개하면서까지 구독자님들에게 인사이트를 알려드리는 것처럼, 책에서도 제 경험과 노하우를 소화한 독자님들께서 현명한 선택을 할 수 있도록 조언을 하는 것이 옳다고 생각했습니다. 그랬더니 제 어깨의 무게가 조금은 내려가는 것을 느낄 수 있더라고요.

책에는 강원도와 전라북도, 충청북도 지역만 본격적인 지역 분석과 추천 입지 분석 리스트가 실려 있습니다. 경상남북도 지역이나 전라남도 지역도 궁금한 독자 입장에선 아쉬울 수밖에 없습니다. 특별히 세 지역만 선정해 소개하신 이유가 있으신가요? 또 이후에 다음 책에서 다른 지역들을 소개할 계획을 가지고 계신지도 궁금합니다.

앞선 답변과 비슷하지만, 전국의 모든 지역이 다 같이 상승하지는 않을 것으로 보이거든요. 향후 몇 년간은 계속 무너질 지역도 있고, 1~2년 정도만 있으면 바로 진입해야 할 지역도 있으며, 당장 가봤으면 좋겠다는 지역도 있습니다.

그래서 이왕이면 지금 이 상황에서 관심을 가져 볼 만한 지역을 위주로 지역 분석을 했죠. 너무 먼 미래의 지역을 공부하는 것보다는 현실적이라고 생각했기 때문입니다. 물론 앞으로 2권과 3권을 출간해 남아 있는 지역들의 지역 분석과 투자 관점, 그리고 접근 전략 등을 추가로 집필할 마음을 가지고 있습니다.

어느덧 '부동산 투자'도 '주식 투자'만큼이나 보편화되었습니다. 훌륭한 부동산 수업과 관련 서적도 넘쳐나고 있습니다. 초보 부동산 투자자들이 더욱 주의해야 할 투자 원칙(조건)이 있을까요?

상승 여력이 없는데 단순히 갭만 붙어 있다고 접근하는 우를 범하지 않았으면 좋겠다는 얘기는 이미 말씀드렸고요. 원론적인 이야기지만, 꾸준히 공부하고 답사 가고 분석하는 습관을 기르셔야 합니다. 어느 강사가 어떤 지역을 밀고, 어떤 목록을 제시해도 스스로 소화해서 판단할 수 있는 눈을 기르는 것이 가장 중요합니다. 다른 조건들은 제 책에 소상히 나와 있으니 참고해 보시면 좋을 듯합니다.

첫 책 출간에 대한 주변 지인들과 가족의 반응이 어떤지 궁금합니다.

아직은 책이 나오기 전이어서 긴가민가하는 상황인가 봅니다. 별다른 반응이 없네요. (웃음) 저 역시 책이 서점에 놓이고 나서야 실감이 날 것 같습니다.

마지막으로 덧붙이고 싶으신 말씀이 있다면 적어주세요!

부동산은 비교학문이라는 말이 있습니다. 학문의 영역이라는 뜻도 됩니다. 공부하면 시험을 봐야 하고, 시험 결과에 따라 우리는 웃고 울며 때로는 인생을 결정짓기도 합니다. 즉 노력하지 않는 투자는 실패할 수밖에 없는 것이죠. 세상에 공짜 점심은 없습니다. 내가 노력하고 열정적으로 공부하고 투자하는 만큼 독자님들의 인생에도 분명히 긍정적인 도움이 될 것이라고 믿어 의심치 않습니다. 그 곁에 건희아빠의 책이 도움이 될 수 있다면, 저는 그보다 더 좋은 일은 없을 것이라 생각합니다. 정말 감사합니다.

지방 아파트 소액 투자 비법

지방 부동산 소액 투자용 시크릿 추천 50

대한민국 전국의 부동산 가운데 소액 투자처로 좋은 곳만 골라 추천 리스트를 작성했다. 본문에서 다루지 못했던 거제시와 통영시, 사천시 등의 지역도 포함했다. 순서는 지방 가나다 순이다.

	지역	아파트명	추천
1	강원도/강릉시	포남동 옥포 아파트	재건축, 저평가
2		포남동 진달래 아파트	재건축, 저평가
3	강원도/속초시	교동 교동주공 2단지	재건축
4		교동 삼호 아파트	저평가
5		교동 속초대명 3차 아파트	저평가
6	강원도/원주시	명륜동 명륜영진 3차	개발 호재
7		원동 원동현진	이주 및 개발
8		원동 한주 아파트	이주 및 개발
9		태장동 태장주공 2단지	저평가
10	강원도/춘천시	후평동 석사주공 2단지	저평가
11		후평동 세경 4차 아파트	재건축 이슈
12		후평동 주공 7단지	재건축 이슈
13		후평동 청실 아파트	재건축 이슈
14	경남/거제시	옥포동 덕산 4차	재건축
15		옥포동 무지개타운	재건축
16		옥포동 석천아트타운	재건축
17		옥포동 옥포덕산 5차	저평가
18		옥포동 옥포혜성	재건축
19		장승포동 장승포주공	저평가
20	경남/사천시	대방동 웰뷰파크	저평가

	지역	아파트명	추천
21		선안리 덕진봄	저평가
22		수석리 신성	저평가
23		룡강동 룡강수송	저평가
24		월성리 사천한주빌라트	저평가
25	경남/통영시	도남동 통영성원 2차	저평가
26		도남동 통영청솔	재건축 개발
27		봉평동 봉평주공	재건축 저평가
28		인평동 충무인평주공	재건축 저평가
29	전북/군산시	조촌동 조촌시영 3차	저평가
30		미룡동 미룡주공 3단지	저평가
31		산북동 산북주공	재건축 이슈
32		산북동 시영 1차	재건축 저평가
33	전북/익산시	동산동 동산동비사벌	재건축 개발
34		마동 상우맨션	개발
35		마동 신설지 아파트	재건축 개발
36		영등동 영등 2단지	재건축
37	충북/제천시	장락동 부강타운	재건축 저평가
38		장락동 수정타운	재건축 저평가
39		청전동 덕일 아파트	재건축 저평가
40		청전동 청전주공 2단지	재건축 저평가
41	충북/청주시	모충동 모충주공 2단지	재건축 개발
42		모충동 모충동청송	개발
43		모충동 형석	재건축 개발
44		수곡동 산남주공 3차	재건축 저평가
45		수곡동 산남주공 4단지	저평가
46	충북/충주시	교현동 교현충일	저평가
47		교현동 금산	저평가
48		용산동 대림	재건축 저평가
49		용산동 신원 10차	저평가
50		호암동 세경	재건축 개발

2년 안에 반드시 오른다!
지방 아파트 소액 투자 비법

초판 1쇄 인쇄 2022년 8월 12일
초판 1쇄 발행 2022년 8월 19일

지은이 | 건희아빠 (김용성)
펴낸이 | 권기대
펴낸곳 | ㈜베가북스

총괄 | 배혜진
편집장 | 정명효
편집 | 허양기, 김재휘
디자인 | 이재호
마케팅 | 이인규, 조민재

주소 | (07261) 서울특별시 영등포구 양산로17길 12, 후민타워 6~7층
대표전화 | 02)322-7241 팩스 | 02)322-7242
출판등록 | 2021년 6월 18일 제2021-000108호
홈페이지 | www.vegabooks.co.kr **이메일** | info@vegabooks.co.kr
ISBN 979-11-92488-09-7 (03320)